HEYNE

Das Buch

Im Idealfall ist die Familie Fundament und Sprungbrett für ein erfülltes Leben. Leider erweist sie sich oft als Last, die uns niederdrückt. Das kann so weit gehen, dass familiäre Prägungen, statt psychologischen Rückhalt zu geben, zu erfolglosen Liebesbeziehungen und einem unbefriedigenden Arbeitsleben führen.

Chuck Spezzano widmet sich in seinem Buch erstmals diesem überaus wichtigen Thema. Grundlegend ist für ihn die Erkenntnis, dass alle Probleme letztlich Beziehungsprobleme sind. Die Loslösung von einengenden Rollenmustern ist die Basis für wirkliche Nähe in Beziehungen und Glück im Leben. Anhand vieler Fallbeispiele zeigt der renommierte Therapeut und Berater, wie unbewusste Generationenaufträge unser Leben manipulieren und wie wir uns davon befreien. Ein überaus hilfreiches Buch, um die richtigen Lösungen zu finden, innerlich frei zu werden und Erfolg in allen Lebensbereichen zu haben.

Der Autor

Chuck Spezzano ist promovierter Psychologe und ein weltweit renommierter Beziehungstherapeut, der durch die Verbindung klassischer Psychologie mit spirituellen Prinzipien bekannt wurde. Seine Bücher, darunter *Von ganzem Herzen lieben* (Heyne), wurden zu Bestsellern und in zahlreiche Sprachen übersetzt.

CHUCK
SPEZZANO

Wenn es fesselt, ist es keine Freiheit

Familiäre Prägungen
erkennen und aus
negativen Mustern aussteigen

Aus dem Amerikanischen
übersetzt von Wulfing von Rohr

WILHELM HEYNE VERLAG
MÜNCHEN

MIX
Papier aus verantwortungsvollen Quellen
FSC® C014496

Verlagsgruppe Random House FSC-DEU-0100
Das für dieses Buch verwendete
FSC®-zertifizierte Papier *Holmen Book Cream*
liefert Holmen Paper, Hallstavik, Schweden.

Taschenbucherstausgabe 03/2013

Titel des Originals: The Family Conspiracy

Printed in Germany 2013
Umschlaggestaltung: Guter Punkt, München,
unter Verwendung von Motiven von Shutterstock
Satz: Leingärtner, Nabburg
Druck und Bindung: GGP Media GmbH, Pößneck
ISBN 978-3-453-70219-6

http://www.heyne.de

Inhalt

Für meine Ursprungsfamilie:
meine Eltern, Peter und Katherine,
und meine Schwestern und meinen Bruder,
Carol, Kathy und Peter.

Für meine eigene Familie:
Lency, Christopher und J'aime.
Wo wäre ich ohne euch!

Der Schlüssel zur Freiheit

Vorwort

Wenn ich auf mein eigenes Leben zurückblicke, habe ich eines auf jeden Fall gelernt: Jedes Trauma in meinem Leben habe ich selbst verursacht. Ich habe meine Angehörigen auf eine Weise benutzt, mit der ich mich selbst blockierte. Ich habe mich bemüht, völlig unabhängig* zu sein. Ich habe erwartet, dass die anderen meine Bedürfnisse erfüllen. Ich hatte Angst vor meinem Lebenssinn und davor, Gaben und Talente zu besitzen. Ich hatte Angst vor Liebe und vor meiner Bestimmung. Ich habe die Hilferufe meiner Familienmitglieder überhört und ihre Verletzungen benutzt, um mich selbst zu verletzen. Ihre Wunden waren in Wahrheit meine eigenen unbewussten Wunden.

Ich bin nicht einfach irgendwie in meine Familienverschwörungen gestolpert, sondern bin aktiv hineingesprungen, und zwar mit dem Kopf zuerst. Ich habe meine Lektionen auf die harte Tour gelernt – aber ich habe sie gelernt. Ich bin nicht völlig frei von Familienmustern, wie man ja an den

* In der Psychologie der Vision ist mit »Unabhängigkeit« eine Loslösung und Getrenntheit, quasi eine Abspaltung aus einer echten und ebenbürtigen Partnerschaft gemeint, also eine Form von Bindungslosigkeit und Bindungsunfähigkeit. Deren Gegenteil und Vorläuferin in der psychologischen Entwicklung ist eine quasi blinde Abhängigkeit. Die nächste Entwicklungsstufe nach Abhängigkeit und dann Unabhängigkeit ist Partnerschaftlichkeit, danach folgt Meisterschaft. Im Englischen gibt es dazu die Begriffe dependence, independence und interdependence sowie mastery. (Anm.d.Ü.)

vielen kleinen Problemen in meinem Leben ablesen kann. Aber ich habe Verantwortung für mein Leben übernommen. Ich bin jetzt auf dem richtigen Weg. Ich habe erkannt, dass weder meine Ursprungsfamilie noch meine eigene Familie dafür da sind, meine Bedürfnisse zu erfüllen. Vielmehr bin ich aufgerufen, ihnen zu helfen, wo ich nur kann.

Ich weiß jetzt, dass eure Schwächen meine Schwächen waren. Anstatt mich darüber zu beklagen, hätte ich erkennen sollen, dass sie ein Hilferuf an mich waren. Überall dort, wo ihr versagt habt, habe ich darin versagt, mich euch zu schenken, damit ihr erfolgreich sein konntet. Es tut mir unendlich leid, dass ich all diese Chancen, euch mehr zu lieben und zu helfen, verpasst habe. Erst jetzt erkenne ich die vielen Gelegenheiten, bei denen ich euch hätte helfen können. Ich sehe jetzt auch, *wie* ich hätte helfen können. Es hat ein ganzes Leben gedauert, das alles zu lernen. Ihr wart in meine Obhut gegeben. Ihr seid in Wahrheit die besten Geschenke, die ich je in meinem Leben erhalten habe. Bitte verzeiht mir, wo ich euch im Stich gelassen habe. Ich danke euch für all eure Güte und die Lernmöglichkeiten, die ihr mir geboten habt. Es tut mir leid, dass ich euch benutzt habe, um mich selbst zu blockieren. Es tut mir leid, dass ich euch als Vorwand gebraucht habe. Es tut mir leid, dass ich euch nicht mehr geliebt habe. Bitte vergebt mir. Bitte verzeiht mir, dass ich kein besserer Sohn, Bruder, Ehemann und Vater war.

Danke, dass ihr mich liebt. Danke für eure überwältigende Schönheit und Freundschaft, für eure Hilfe und all die Segnungen, die ihr mir gebracht habt. Ich liebe euch. Ich liebe euch, wie ihr seid, und für das, was ihr seid. Ich liebe euch um des Lichtes willen, das ihr leuchten lasst, um der Liebe willen, die ihr schenkt, und um des Lachens willen, das wir geteilt haben. Von all den zarten Gnaden, die ich in meinem Leben empfangen habe, seid ihr die besten.

Einführung

Ich habe mehr als 38 Jahre lang in Heil- und Therapieberufen gearbeitet. In dieser Zeit war ich als Berater und Direktor des Outreach-Programms in einem kommunalen Drogenberatungszentrum tätig, als Psychologe für die Marine, als Ehe-, Familien- und Kinderberater, als Trainer, als spiritueller Berater und in den letzten 29 Jahren als Trainer und Coach. Gemeinsam mit meiner Frau habe ich den Therapie- und Heilungsansatz *Psychologie der Vision* entwickelt, ein neuartiges psychologisches Modell.

In diesem Buch möchte ich etwas weitergeben, was eine notwendige Voraussetzung dafür zu sein scheint, dass wir Freiheit erlangen und unsere Bestimmung annehmen. Die Fesseln der Familienverschwörung aufzubrechen bedeutet, echte Partnerschaft zu gewinnen – und echte Partnerschaft ist der Beginn wahren Erfolgs und wirklicher Nähe. Das ist nicht die Art von Erfolg, der blockiert werden und in der »toten Zone«* in Habgier umschlagen kann – also nicht die Art von Erfolg, die sich in den letzten zwanzig Jahren

* Tote Zone = ein Entwicklungsstadium in der *Psychologie der Vision* auf dem Weg von falscher Unabhängigkeit und Abspaltung zu wahrer Partnerschaft. Sie ist der Abschnitt in der »Unabhängigkeit«, der auf das Stadium von Machtkämpfen folgt. (Anm.d.Ü.)

ja ganz offensichtlich sehr häufig manifestiert hat. Es ist vielmehr eine Form von Erfolg, die alle Aspekte unseres Lebens einschließt. Wenn wir uns von den Fesseln der Familienverschwörung befreien, erreichen wir die Bewusstseinsebene der Meisterschaft.

Solange wir diese Transformation nicht erfahren haben, können wir unser Bewusstsein nie von allen Ablenkungen und Irrwegen des Lebens, der Arbeit und der Beziehungen befreien. Die Familie, die eigentlich unser Fundament und Sprungbrett fürs Leben sein sollte, ist zu einem schweren Anker geworden, der uns nach unten zieht. Das kann allerdings nur so lange passieren, wie wir in Rollenmustern gefangen sind oder eine falsche Unabhängigkeit als Lebensziel haben. Es gibt nur wenige Fallen, hinter denen keine Familienthemen stecken. Hier geht es nun darum, sie besser zu verstehen und Lösungen zu finden, statt vor dem Problem wegzulaufen.

Noch vor ein paar Jahren waren viele Therapeuten der Ansicht, dass Menschen sich von ihren Familien unabhängig machen sollten, um die Opferrollen zu vermeiden, die in Familien entstehen. Da dieser Ansatz jedoch keine Interdependenz, keine ebenbürtige gemeinsame Verbindung, darstellt (sondern eben eine Abspaltung), werden Themen von Opferrollen und Aufopferung dissoziiert, abgetrennt, und ins Unterbewusstsein abgeschoben.*

* Dr. Chuck Spezzano verwendet manche Begriffe anders, als sie im allgemeinen Sprachgebrauch und auch anders als sie bei manchen Psychologen gebraucht werden. Dazu zählen die Begriffe Unabhängigkeit und Interdependenz. Unabhängigkeit ist in der *Psychologie der Vision* ein Durchgangsstadium, das eher »negativ« ist, wenn man darin stecken bleibt. Der Begriff bezeichnet in der Psychologie der Vision die Herrschaft des Egos, Konkurrenzdenken und Macht-

Dort beeinflussen sie uns nicht nur, sondern bewirken auch, dass wir in Kontrollmustern und Leblosigkeit stecken bleiben. Das erschöpft uns und macht uns Angst vor Intimität, Nähe und Erfolg – denn die Opferthematik wird in unseren Beziehungen und im Beruf doch immer wieder auftauchen. Dann entwickeln wir vielleicht die irrige Ansicht, dass Machtkämpfe, Leblosigkeit und Burnout einfach zu Beruf und Arbeit dazugehören. Und in diesem Glauben passen wir uns irgendwie an und geben auf.

Wir geben unsere Familien auf und versuchen stattdessen sie zu retten, indem wir uns selbst in eine unechte Unabhängigkeit abspalten. Unser Leben ist dann voller Widersprüche, die aus einem gespaltenen Bewusstsein heraus entstehen. Diese Art von Unabhängigkeit von unserer Familie zu erlangen bedeutet so viel wie einen Anker nicht einzuholen, um loszusegeln, sondern ihn abzuschneiden. Im Leben ist es wie auf dem Meer: Ein richtig eingesetzter Anker gibt uns Halt und kann eine große Hilfe sein, wenn wir auf einen Felsen zusteuern. Ohne ein gutes Fundament aus Liebe und partnerschaftlicher Verbundenheit besitzen wir keine Basis für jene Ebene von Partnerschaft, die Erfolg und Intimität auf eine leichte, fließende Weise mit sich bringt.

Es ist zunächst gut, auf der Ebene der Unabhängigkeit zu sein, besonders weil das ja ein Schritt über die Ebene der

---

kämpfe oder leblose, gestockte, blockierte Energie, die sogenannte »tote Zone« oder Leblosigkeit. Interdependenz wird hingegen in der *Psychologie der Vision* als eine durchweg positive Ebene von Einstellungen und Verhalten betrachtet, die von Partnerschaftlichkeit und Ebenbürtigkeit gekennzeichnet ist. (Anm.d.Ü.)

Abhängigkeit hinaus ist, die von Bedürfnissen, Bedürftigkeit und Opferthemen bestimmt wird. Die meisten von uns sind jedoch auf eine Weise unabhängig geworden, die eine Abspaltung mit sich gebracht hat. Das geschah als Reaktion auf und als Kompensation für den Schmerz, die Verluste, das gebrochene Herz, die Schuldgefühle und den Burnout – alles Folgen unserer Aufopferung für die Familie.

Abspalten ist, als ob man eine Wunde betäuben würde, um nicht mehr spüren zu müssen, dass es sie gibt. Damit weichen wir den Themen aus, die wir klären müssen, um Partnerschaft und Erfolg zu erreichen. Indem wir uns abspalten, vermeiden wir Emotionen und vergraben Themen, damit sie weniger spürbar und weniger zugänglich sind. Aber indem wir sie aus unserem Bewusstsein verbannen, entziehen wir diese Themen nicht nur der Heilung, sondern auch unserem eigenen Bedürfnis nach Heilung. Der Vorschlag des Egos, doch unabhängig zu werden, verkennt die Tatsache, dass wir uns verpflichtet fühlen, unsere Familie zu retten. Das gelingt den meisten von uns noch nicht einmal annähernd, und wenn wir dann versagen, fühlen wir uns schuldig. Um weiter funktionieren zu können, schieben die meisten von uns dieses Schuldgefühl ins Unterbewusstsein ab. Ich habe siebzehn Jahre und viel praktische Erfahrung in der Therapie gebraucht, bis ich begann, die Familienverschwörung und damit auch das Unterbewusstsein überhaupt zu verstehen. Das Unterbewusstsein enthält alles, was seit der Empfängnis bis jetzt geschehen ist und womit wir uns nicht auseinandersetzen wollen.

Das Ego schlägt uns Verleugnung und Dissoziation als einen Ausweg aus dem Leid vor. Indem wir sein Vorhandensein einfach abstreiten, tun wir so, als sei das Thema oder das Gefühl nicht mehr da. Wie der Vogel Strauß, der seinen Kopf in den Sand steckt, glauben wir dann, die Gefahr sei vorüber. Auf diese Weise verdrängen wir nicht nur inakzeptable Aggressionen und sexuelle Gefühle, sondern auch Ereignisse, die wir als zu schmerzlich oder zu transzendent empfunden haben, um sie ertragen zu können. Unsere Familienmuster stehen im Zentrum all dessen, was wir ins Unterbewusstsein abgeschoben haben.

Da ich ein Problemlöser bin und Zugangswege zum Unterbewusstsein kenne, konnte ich irgendwann ganz unmittelbar sehen, wie die negativen Programmierungen unserer Kindheit zu vielen unterschiedlichen Problemen führen. Deshalb liegt der Schlüssel zur Erlangung von Interdependenz und ihren höheren Ebenen – Erfolg, Flow und Nähe – in der Heilung unserer Familienmuster. Diese Familienmuster können unsere Liebesbeziehungen, unsere Arbeit und unsere eigene Familie entweder sabotieren oder unterstützen. Erfolglose persönliche Beziehungen, Tätigkeit und Familienbeziehungen sowie erfolglose berufliche Arbeit spiegeln nicht geheilte Muster aus unserer Ursprungsfamilie wider. Auch ernstere Krankheiten und Geldmangel sind Schlüsselmuster aus der Kindheit.

Bonding* ist das Kernstück jeder erfolgreichen Familie, Karriere und Beziehung. Als wir uns entschlossen haben, unabhängig zu sein, haben wir uns auch für Abwehrmuster und Abspaltungen statt für Transformation und Bonding,

* Bonding: Ein Begriff in der *Psychologie der Vision,* der innige Herzensverbundenheit meint. Etwa auch: Bindungsfähigkeit, Verbindlichkeit und Verbundenheit ohne fesselnde Bindungen. (Anm.d.Ü.)

also Herzensverbindung, entschieden. Was wir jedoch in unserer Ursprungsfamilie geklärt und geheilt haben, macht unsere späteren Beziehungen viel leichter und erhöht unseren Erfolgsquotienten. Meine Studien beruhen auf Forschungen und Erfahrungen mit Familien aus allen Ländern der Erde, und das Modell zur Heilung, das ich vorschlage, ist offensichtlich in allen Kulturen wirksam.

Ich bin selbst der Familienverschwörung anheimgefallen. Es hat viele Jahre energischer Arbeit bedurft, bis ich mich ausreichend von meinen Kindheitsmustern befreit hatte, um eine erfolgreiche Ehe und Partnerschaft mit meiner Frau zu haben und ein hohes Maß an Erfolg in unserer Arbeit zu erreichen.

Bevor dies geschehen konnte, musste ich mein gebrochenes Herz sowie viele Traumen und zerstörte Kindheitsträume heilen. Ich habe zwar den großen Sprung vom Bewusstseinsstadium der Vision zum Bewusstseinsstadium der Meisterschaft*, der ein Zeichen dafür wäre, dass ich alle meine Familienmuster vollständig transzendiert hätte, noch nicht vollständig abgeschlossen, verbringe jedoch einen guten Teil meiner Zeit damit, die *Golden Life Story,* die »Geschichte eines goldenen Lebens« voller Freude zu erfahren. Das ist die Erfahrung anhaltenden Glückes, das auch nicht von irgendwelchen Themen getrübt wird, die vielleicht auftauchen. Es ist die Erfahrung des Überflusses und des Friedens, ein Zeichen für Meisterschaft und Selbstvergebung. Die meiste Zeit bin ich also glücklich und das

* Die verschiedenen Stadien und Stufen der Persönlichkeitsentwicklung beschreibt der Autor ausführlich in seinem Buch *Es muss einen besseren Weg geben*; siehe Anhang. (Anm.d.Ü.)

Leben ist viel leichter und effektiver als früher. Ich schaffe auch viel mehr als vor zehn oder zwanzig Jahren, leicht und mit viel weniger Schwierigkeiten.

Vielleicht meinen Sie nun, dass mein ganzes Leben eine Art Zauber war, aber das entspricht nicht dem, was ich anderen früher über mein Leben und meine Kindheit erzählt habe. Wenn ich heute zurückblicke, nach all diesen Jahren des Heilens, kann ich erkennen, dass mein Leben mit einer *Golden Life Story* begann. Aber ich hatte zu viel Angst, ein so glückliches Leben von Anfang an zu leben, wo ich doch miterlebte, wie die Menschen um mich herum litten. Jetzt, da ich den größten Teil meines Glücks wiederhergestellt habe, kann ich die Fehler, die ich gemacht habe, aus einem anderen Blickwinkel betrachten. Und ich kann sogar anderen helfen, ihre Fehler zu korrigieren. Ich habe festgestellt, dass meine eigene Heilung mit meinen beruflichen Forschungen Hand in Hand ging. Was ich auf dem Weg in die Freiheit gelernt habe, gebe ich nun anderen mit, die sich auf demselben Weg befinden.

Ich werde in diesem Buch einen entscheidenden Teil dessen mit Ihnen teilen können, was ich im Laufe der Jahre über Familie gelernt habe. Derzeit gelte ich als Beziehungsexperte, obwohl mich all die Bücher, die ich über Beziehungen geschrieben habe, nicht automatisch dazu machen. Ich glaube vielmehr, dass ich qualifiziert bin, über Beziehungen zu sprechen, weil ich selbst eine glückliche Beziehung mit meiner Frau, unseren Kindern sowie mit meinen Eltern und Geschwistern habe. Viele Familienmuster mussten erst geheilt werden, um das zu erreichen, denn immerhin hatte ich bei den Olympischen Spielen der gebrochenen Herzen, der Schuldgefühle, der Opfermuster und des Festhaltens etliche Goldmedaillen gewonnen. Ohne Heilung der alten Muster sind Familien eine Prüfung und Beziehungen eine Plackerei. Sie ähneln dann eher einem glitschigen Abhang, der in die Hölle führt, als einer Treppe in den Himmel.

In Wirtschaftsseminaren werde ich häufig gefragt, warum ich über Familienmuster spreche. Meine Antwort ist einfach: In der Familie fangen die Erfolgs- oder Versagensmuster an. Indem wir ein Problem mit der Wurzel herausziehen, ersparen wir uns viele Jahre des überflüssigen Beschneidens von Ästen. Wenn wir ein Kernthema heilen, wird unser Leben in jeder Hinsicht und in allen Bereichen davon profitieren.

Ihre Familie ist wie eine Art Blaupause, ein Bauplan Ihrer Seele, der entscheidende Hinweise auf Ihren Lebenszweck und Ihre Bestimmung enthält. Doch leider betrachten die meisten Menschen ihre Familie nicht nur als Falle, sondern auch als Verschwörung. Eine Verschwörung ist eine Falle, die so clever entworfen wurde, dass man ihr scheinbar nicht mehr entkommen kann, sobald sie einmal zugeschnappt ist. Das war die Inspiration für dieses Buch: Ich möchte mit Ihnen Wege und Möglichkeiten teilen, wie man diese chronische Belastung namens Familienverschwörung heilen kann.

1

Verschwörungen

Ich habe Jahrzehnte gebraucht, um zu entdecken, dass wir selbst viel mehr für unsere Familie und unsere Kindheit verantwortlich sind, als sich die meisten jemals eingestehen. Verantwortlich zu sein ist etwas Gutes, denn es führt zur Selbstermächtigung und verändert unser Leben. Wir können eine glückliche Kindheit erleben oder eine, die uns als Sprungbrett in ein kraftvolles, transzendentes Leben dient. Wenn wir wirklich verantwortlich sind, betrachten wir die Geschichte* unserer Kindheit und unseres Lebens ganz anders und gelangen zu einer einzigartigen psychologischen Aufrichtigkeit.

Leid, Niederlagen und ein gebrochenes Herz zeigen an, dass wir irgendetwas missverstanden haben. Es bedeutet, dass *wir* – und keineswegs nur alle anderen in der Familie – einen Fehler gemacht haben. Leid signalisiert, dass Illusion und Verleugnung Teil unserer Geschichte sind. Wahres Verständnis stellt Bonding wieder her und heilt den Schmerz. Wenn wir Verständnis haben, gibt es kein Problem. Wenn wir kein Verständnis haben, schätzen wir etwas anderes offenbar höher. Allerdings verbergen wir

* Der Autor verwendet den englischen Begriff »story« – »Geschichte« – in Zusammenhang mit psychologischen Mustern und Prägungen synonym zum psychologischen Fachbegriff »Skript«. Dieser geht auf die Vorstellung eines »Drehbuchs« zurück, das dem Leben zugrunde liegt und vom Einzelnen mehr oder weniger bewusst geschrieben und deshalb auch wieder umgeschrieben werden kann. (Anm.d.Ü.)

das vor uns selbst, denn es würde unvernünftig erscheinen: Kein Mensch, der bei Sinnen ist, würde ja Schmerz mehr schätzen als Verstehen. Wenn wir jedoch aufhören, das Ego hochzuschätzen, das Prinzip der Abtrennung also, und den Schmerz, mit dem das Ego uns dafür belohnt, dann löst sich das Leid auf.

Jede Opfersituation enthält versteckte Ziele, Absichten und unbewusste Muster, die uns dazu verführen, immer wieder die gleichen falschen Entscheidungen zu treffen und so ein ganzes Leben voller Herzschmerz und unsinnigen Problemen zu erschaffen.

Dieses Buch soll Ihnen andere Möglichkeiten aufzeigen, wie Ihr Leben sein kann, und Ihnen bessere Grundlagen geben. In so vielen Fällen ist das Leiden an der eigenen Kindheit Teil einer Verschwörung, die Sie wie gelähmt hält. Zu oft haben Sie Erfolg gegen Versagen eingetauscht – die Muster, in denen Sie stecken, und Ihre chronischen Probleme bezeugen das ja. Und all das hat Ihnen nicht etwa jemand anderes angetan. Es passiert alles in Ihrem Unterbewusstsein. Wenn man leidet, zeigt das nicht nur an, dass man Fehler gemacht hat, sondern dass man auf der tiefsten Bewusstseinsebene nicht aufrichtig ist. Leid steht der wahren Absicht der Seele nämlich diametral entgegen. Auf einer bestimmten Ebene betrachten Sie Ihre Verschwörungsmuster als Erfolge. Das muss sich natürlich ändern und Sie müssen entdecken, was Sie vor sich selbst versteckt haben, damit Sie bessere Entscheidungen treffen und sich von dem Leid, den Schmerzen und den Einschränkungen befreien können, die Sie sich selbst auferlegt haben.

Verschwörungen

Eine Verschwörung ist eine Ego-Falle, aus der es keine Rettung zu geben scheint. Das Ego versucht sich immer weiter aufzubauen, indem es sich selbst versteckt und unsere falschen Entscheidungen als sakrosankt darstellt. Der Ödipus-Komplex ist eine solche Verschwörung. Nachdem ich ihn fünf Jahre lang intensiv erforscht hatte, kam ich zur Erkenntnis, dass das Ego diesen Komplex so trickreich aufgestellt hat, dass man sich nicht allein daraus befreien kann. Später erkannte ich, dass der Ödipus-Komplex nur eine von vielen Verschwörungen ist. Ich habe inzwischen fünfzig davon entdeckt. Manche sind recht weit verbreitet, andere kommen seltener vor. Sie alle sollen unser spirituelles Erwachen verhindern. Da Verschwörungen meistens unbewusste Muster oder Seelenmuster aufweisen, sind viele von ihnen zu gut verborgen, als dass man sie einfach entdecken könnte. Ich habe also die *Karten der Heilung** entwickelt, um wesentliche Verschwörungen zu entdecken und wirksame Gaben zu ihrer Auflösung zu aktivieren.

Die Familienverschwörung

Die Familienverschwörung ist die erste und wichtigste Verschwörung, die uns fesselt. Zwar bedeutet jede Verschwörung eine Fesselung unserer Bestimmung und eine

* *Karten der Heilung:* Set von 90 Karten und Begleitbuch; siehe Anhang. (Anm.d.Ü.)

Stärkung des Egos, aber die Familienverschwörung ist das Paradebeispiel dafür, wie wir gefangen und gefesselt werden. Zusammen mit der Ödipus-Verschwörung benutzt das Ego sie, um uns mit zwei Hieben k.o. zu schlagen. Die Familienverschwörung kann an unseren Beziehungen nagen und ist ein wichtiges Element in Beziehungs- und Rache-Verschwörungen sowie in den Verschwörungen des gebrochenen Herzens und des Festhaltens. Damit ist sie auch mit zahlreichen anderen Verschwörungsmustern verwoben, den Verschwörungen von Ödipus-Rollen, Schuldgefühlen, Versagen, Märtyrerhaltung, Aufopferung, Unabhängigkeit, Opferrollen, Kompensation und Leblosigkeit.

Und als wäre nicht schon jede einzelne dieser Verschwörungen schlimm genug, verbinden sich drei von ihnen auch noch zu einer Konstellation, die in der *Psychologie der Vision* »Zerbrochene Träume« heißt. Das sind Traumen, die so verknüpft sind, dass sie auf traumatische Weise ein gebrochenes Herz oder einen entscheidenden Bruch im Leben herbeiführen.

Eine Familienverschwörung hängt immer mit anderen Verschwörungen zusammen und führt meistens zur schlimmsten und schmerzlichsten Art des gebrochenen Herzens, nämlich zur Zerschmetterung unserer Träume. Verschwörungen können den Traum von einer glücklichen Familie zerbrechen oder den Traum, geliebt und gebraucht zu werden. Es kann Jahrzehnte dauern, bis man solche zerschmetterten Träume klären kann oder überhaupt erst entdeckt. Ich habe mit einer Reihe von Menschen gearbeitet, die schon in ihren Achtzigern waren und immer noch an einem gebrochenen Herz aus ihrer Kindheit oder ihren Zwanzigern litten. Es ist schon eine wesentliche Sache, sich von einem Rückzug zu erholen, der die Folge eines gebrochenen Herzens oder einer Niederlage ist.

Je mehr Verschwörungen wir mit uns herumtragen, desto weniger sind wir bereit vorwärtszugehen. Mit einer Konstellation aus zerbrochenen Träumen, einer unheiligen Allianz von Verschwörungen also, die wesentliche Muster aus Versagen und Niederlagen erzeugt, nehmen wir die eigensinnige Abwehrposition von jemandem ein, der entweder tief verletzt oder stark gespalten und unabhängig ist. Das geht manchmal so weit, dass wir noch nicht einmal mehr offen für positive Veränderungen sind.

Vom geheimen Einverständnis zur Verschwörung

Eines der wichtigsten Prinzipien, die ich im Laufe der Jahre erkannt habe, ist, dass jedes Problem oder Trauma eine Form des geheimen Einverständnisses ist. Nichts, was uns geschehen ist, passierte gegen unseren Willen. Irgendwie haben wir gedacht, dass ein Trauma unseren verborgenen Absichten dienen und sie zum Erfolg führen würde. Wir meinten, dass uns diese Ziele, die wir (oft unbewusst) verfolgten, auf irgendeine Weise Glück bringen würden. Als ich Mitte der 70er-Jahre Hypnose studierte, begann ich, diese versteckten Muster und Zusammenhänge zu erforschen. Ich nutzte meine Forschungsergebnisse, um zuerst mich selbst und dann viele Tausende in meiner psychologischen Arbeit davon zu befreien. Dabei entdeckte ich schon bald, dass es bei allen negativen Ereignissen ein geheimes unterbewusstes Einverständnis vonseiten des Betroffenen gab.

1977 lernte ich das Prinzip der Eigenverantwortlichkeit zum ersten Mal in einem Workshop kennen. Plötzlich begriff ich intuitiv, welche Blockade mich jedes Mal so erschöpft machte, wenn ich mich hinsetzte, um an meiner Dissertation zu arbeiten. Unmittelbar vor dieser Erkenntnis hatte ich intuitiv die Mechanismen hinter einem Nahtoderlebnis von vor vier Jahren entdeckt. Das war eine aufregende Zeit für mich, weil sich einige Faktoren, die ich in Therapiesitzungen erforscht hatte, nun zu einem aufschlussreichen Gesamtbild fügten. Zunächst erkannte ich, welchen Anteil ich selbst an den Ereignissen in meinem Leben hatte. Ich sah meine eigenen Entscheidungen und erkannte meine Fehler. Von da an konnte ich bessere, lichtvollere Entscheidungen treffen und mich von destruktiven Mustern befreien.

Nach diesem Durchbruch konnte ich die letzten vier Kapitel meiner Dissertation in weniger als einem Monat fertigstellen – wo ich doch immerhin ein Jahr gebraucht hatte, um das erste Kapitel zu schreiben. Als ich die Arbeit abgeschlossen hatte, sagte die Fakultätsvorsitzende, dies sei die beste Dissertation, die sie je gesehen habe. Und ein anderer Professor im Prüfungskomitee – ein Fachmann auf dem Gebiet meiner Arbeit – meinte, in dieser Dissertation stecke mehr Arbeit, als in jeder anderen, die er jemals beurteilt habe. Es ist wirklich erstaunlich, was man schaffen kann, wenn die Blockaden erst einmal weggeräumt sind.

Es bedeutete eine ungeheure Erleichterung für mich, diesen Teil meiner eigenen Familienverschwörung durchbrochen zu haben. Ich erkannte, dass ich durch meinen möglichen Tod nach einem Football-Unfall versucht hatte, meine Familie zu versöhnen. Ich war das zweite Kind – der »Friedensstifter« – und hatte immer versucht, meine Familie zu heilen. Dabei hatte ich allerdings so schrecklich versagt, dass ich nun (unbewusst) versuchte, mich als »Märtyrer« zu opfern, um es doch noch zu schaffen. Dann bemerkte ich, dass die Blockade durch Erschöpfung während des Schreibens meiner Dissertation im Kern auf dasselbe Thema zurückging. Ich schrieb nicht nur meine Abschlussarbeit, was schon anstrengend genug war, sondern machte damit auch den unterbewussten Versuch, meine Familie wieder zu versöhnen. Schließlich verstand ich, warum ich – obwohl auf der Höhe meiner sportlichen Leistungsfähigkeit – schon nach wenigen Minuten Schreibarbeit an der Dissertation körperlich, mental und emotional völlig erschöpft war.

Partei für das Ego ergreifen

In 38 Jahren Beratungsarbeit habe ich gelernt, dass wir uns bei jedem Trauma, in jeder Falle und bei jedem Problem auf die Seite des Egos gestellt haben. Wir standen am Kreuzweg und sind den Schmeicheleien des Egos erlegen, haben uns für seinen Weg entschieden. Wenn wir das Ego als unseren Berater einsetzen, sehen seine Vorschläge auf den ersten Blick gut aus und funktionieren vielleicht sogar eine Weile, bevor alles umschlägt und schlimmer wird. Das Ego wird Dinge vorschlagen, die sich gut anhören und zu klappen scheinen, bis wir plötzlich in ein Loch fallen, aus dem wir anscheinend nicht mehr herauskommen. Wenn die Empfehlungen des Egos scheitern, was sie früher oder später immer tun werden, sagt das Ego: »Nein, nein. Das hat nicht geklappt. Probier mal dies aus.« Aber dann wird alles nur noch schwieriger, bis das Ego auf die Idee kommt, der einzige Ausweg aus all diesen Qualen bestünde darin zu sterben. Das Ego ist verrückt genug zu glauben, dass es unseren Tod überleben würde!

Unser höheres Bewusstsein empfiehlt stattdessen einen Weg der Gnade und der Anmut. Es hilft uns, unseren Geist so weit zu öffnen, dass wir erkennen können, welche Seelengabe wir mitgebracht haben, um die anstehende Herausforderung zu meistern und die Situation zu verwandeln. Auch der Himmel wird uns genau das Geschenk oder Wunder anbieten, das notwendig ist, um das Leiden aufzulösen, das den Entscheidungen unseres Egos folgen würde.

Das Ego gibt zu, dass wir ein wenig Leid ertragen müssen, wenn wir seinen Weg gehen. Zuweilen lügt es auch nach Strich und Faden, vor allem bezüglich des Lohns, den es angeblich für uns bereithält. Und manchmal gibt es uns tatsächlich genau das, was es versprochen hat. Aber es wird uns nie Erfolg bescheren oder uns glücklich machen. Das Ego lockt uns mit Anreizen wie recht zu haben, jemanden anderen anzugreifen, uns vor Angst zu schützen, eines unserer Bedürfnisse zu erfüllen, Schuld abzutragen, Rache zu üben, an etwas festhalten zu können, die Kontrolle zu bewahren, Aufmerksamkeit zu bekommen, etwas Besonderes zu sein, unserer Bestimmung zu entkommen, weil sie uns zu groß vorkommt; etwas, womit wir nicht klarkommen, hinter etwas anderem zu verstecken (zum Beispiel ein ödipales Schuldgefühl hinter einem gebrochenen Herzen).

Hinter all diesen und noch mehr Mechanismen des Egos steckt ein *Schlüsselmuster: unabhängig sein und alles nach eigenem Gutdünken machen.*

Die wichtigste Schutzmaßnahme des Egos gegen den Schmerz, den es selbst verursacht hat, indem es sich unabhängig machte, ist die Dissoziation, eine weitere Abspaltung. Wenn wir den Weg des Egos wählen, wissen wir nicht, welchen Preis wir dafür zu bezahlen haben. Und wir wissen auch nichts von den Problemen, die durch unsere Angst vor Nähe und die Unfähigkeit zu empfangen ausgelöst werden, wenn wir uns für diese Art von falscher Unabhängigkeit entscheiden. Das Ego empfiehlt Dissoziation als gute Möglichkeit, mit dem gegenwärtigen Leid klarzukommen, und verheimlicht oder verbirgt den Preis, den wir später dafür bezahlen müssen.

Unser Verlangen nach Dingen wie Ruhm, Macht, Geld, Sex und Erfolg in Unabhängigkeit hat uns mit dem Ego als Berater verkuppelt. Doch in Wahrheit interessiert sich das Ego gar nicht für uns oder unseren Erfolg. Es geht ihm vielmehr ausschließlich um *seinen* Erfolg. Wenn Probleme dazu führen, dass sich das Ego noch mehr als etwas Besonderes fühlen kann, freut es sich darüber. Geschmälert wird das Ego, wenn es zu einer natürlichen Rückverbindung auf der Herzensebene kommt, die aus echtem Erfolg und wahrer Nähe entsteht. Das Ego arbeitet also gegen die Liebe und den Erfolg, die wir eigentlich anstreben. Wir arbeiten, wenn wir den Anweisungen des Egos folgen, scheinbar hart für Liebe und Erfolg, während das Hauptziel des Egos darin besteht, sich selbst weiter aufzubauen und zu erhalten, indem es in der Trennung bleibt.

Bis wir echte Partnerschaft erreicht haben und damit die Balance unserer inneren Männlichkeit und Weiblichkeit, wird unser Unterbewusstsein – das dem Ego-Verlangen entsprechend auf Unabhängigkeit ausgerichtet ist – gegen unsere bewussten Ziele arbeiten. Das ist der Grund, warum wir Erfolg und Liebe nicht erlangen, obwohl wir uns dafür entscheiden. In vielen Fällen ist das ein hartes Stück Arbeit. Sie dauert so lange, wie es braucht, um die Angst zu überwinden, die sowohl vom Ego als auch von den Folgen seiner Abspaltung ausgeht.

Angesichts der Stärke unserer Egos und seines Widerstandes ist es ein Wunder, dass wir die Liebe und den Erfolg, die wir anstreben, überhaupt bekommen und dann auch noch in der Lage sind, sie aufrechtzuerhalten. Wenn wir erst einmal Partnerschaft erreichen, werden wir noch mehr Aspekte der Trennung entdecken – sowohl auf den Ebenen des Unterbewusstseins als auch auf denen der Seele. Wenn wir dann auch diese Ängste heilen, finden wir noch größere Seelengaben, noch stärkere Bewusstseinskräfte und noch mehr Offenheit – nicht nur für Gnade, sondern auch für Wunder, die dann in unser Leben treten können.

Das Ego

Um in dieser Welt »funktionieren« zu können, brauchen wir ein Ego. Das entwickelt sich bei den meisten Menschen ungefähr ab dem achtzehnten Lebensmonat. Das Ego sollte aber eigentlich um unser achtzehntes oder neunzehntes Lebensjahr herum wieder kleiner werden. Dann sollte sich die Hauptkonzentration der Energie vom Parietallappen, einer Gehirnregion im Mittelhirn, zum Frontallappen bewegen, besonders zum linken Vorderlappen, dem Sitz unseres Wohlbefindens und unseres Glücks. Heutzutage bleibt der Parietallappen jedoch extrem aktiv. Das Ego sorgt dafür, dass wir uns mit ihm und unserem Körper identifizieren, und will die Kontrolle, die wir ihm einmal gegeben haben, auf keinen Fall wieder aufgeben. Unser Ego mag uns eigentlich gar nicht wirklich und hält sich für etwas Besseres als uns oder unseren Körper.

Wenn Sie sich mit Ihrem Körper identifizieren, glauben Sie, dass Sie eines Tages sterben werden. Das Ego benutzt diese Angst vor dem Tod und übrigens alle Ängste, um sich selbst aufzubauen und stärker zu werden. Es nährt sich von unseren Schuldgefühlen und der damit verbundenen Neigung zur Selbstbestrafung. Das Meisterstück des Egos bei seinem Versuch uns zu blockieren besteht im Einsatz der Familienverschwörung mit ihren Hilfsverschwörungen ödipale Verstrickung, Schuld, Aufopferung und Beziehung. Die meisten unserer Familien- und sogar Beziehungsthemen laufen unterbewusst ab, aber Verschwörungen sind Bewusstseinsmuster, die noch tiefer verwurzelt sind, nämlich im Unbewussten. Das macht es uns natürlich besonders schwierig, uns selbst zu befreien. Um das Stadium der Partnerschaft zu erreichen, das beginnt, wenn man die »tote Zone«* durchquert hat, müssen wir zunächst eine be-

* Tote Zone = Zur Erinnerung: der letzte Abschnitt des Stadiums der (falschen) Unabhängigkeit, bevor man die Ebene von ebenbürtiger Partnerschaft und Ausgleich von männlichen und weiblichen Energien erreicht. Mehr über dieses Modell in *Es muss einen besseren Weg geben* (siehe Anhang). (Anm.d.Ü.)

stimmte Ebene von Familienmustern heilen. Um die Ebene des Bewusstseins zu erreichen, die ich in unserem Modell »Meisterschaftsebene« nenne, und den Zustand der Unschuld, des Friedens und der Freude zu erlangen, der dafür notwendig ist, müssen wir über unsere Verschwörungen hinausgehen.

Spätestens im Stadium der Meisterschaft werden wir unsere ödipale Verschwörung mit Gott heilen, die ein Teil unseres verborgenen oder offenen Autoritätskonfliktes mit dem Himmel ist. Hier auf der Ebene der Meisterschaft nehmen wir unsere Bestimmung wahrhaft an und erleben das, was man das »goldene Leben« nennt. Die ödipale Verschwörung mit Gott hat damit zu tun, dass wir meinen, Gott halte uns von dem fern, was wir wollen, vor allem von Macht. Wir betrachten uns dann als Opfer und halten das für einen Beweis dafür, dass Gott seine Elternrolle sehr mangelhaft ausübt, dass er eigentlich ein schlechter Gott ist und wir seinen Job haben sollten. Das führt zu einem Autoritätskonflikt epischen Ausmaßes, weil wir dann versuchen, Gott auszuweichen und unsere eigene Welt zu regieren. Dann müssen die versteckte Angst und die verborgenen Schuldgefühle, die den Autoritätskonflikt überdecken, zunächst geheilt werden, bevor wir in das Bewusstsein der Einheit mit all seiner Macht und Freude aufsteigen können.

Lösungen

Es gibt eine Reihe von Möglichkeiten, um Verschwörungen zu überwinden. Bereits die Erkenntnis, dass ein chronisches Problem wirklich eine Verschwörung ist, die vom Ego derart aufgebaut wurde, dass wir uns niemals daraus befreien können, erlaubt uns, das Problem als das zu betrachten, was es eigentlich ist. Und das öffnet den Geist für Alternativen und Lösungen.

Eine weitere ganz entscheidende Möglichkeit besteht darin, Gaben zu verschenken. Wir haben auf der Seelenebene Gaben erhalten, und zwar für jede Herausforderung, vor die wir jemals im Leben gestellt werden. Dann gibt es noch das *Centering* (die Erdung bzw. Zentrierung), das *Bonding* (die Herzensverbindung), die Entscheidung, in die Eigenverantwortung zu gehen, und natürlich Vergebung als zentrales Heilprinzip.

Trotz der Tatsache, dass Verschwörungen die besten Fallen des Egos sind, sollte man wissen, dass es Licht am Ende des Tunnels gibt. Natürlich ist immer die Falle die beste, mit der uns das Ego gerade fängt. Die erwähnten Lösungen und weiteren Methoden werden in den Kapiteln über Heilung (7, 8 und 9) näher erläutert. Manche Lösungen sind spiritueller und halten sich nicht an die Regeln des Egos. Das Allerwichtigste aber ist: Sobald wir erkennen, dass hinter einem Problem eine Verschwörung steckt, müssen wir aufhören, in dieses Problem »zu investieren«. Und wenn wir entdecken, welchen Anteil wir selbst am Aufbau unserer Verschwörungen hatten, können wir von da an andere Entscheidungen treffen.

Was sich hinter der Familienverschwörung verbirgt

Die Familienverschwörung ist eine Falle, in der wir klein gehalten werden, damit wir nicht bemerken, wie gut das Leben sein kann. Alles zu haben ist das goldene Leben* und, soweit ich es untersucht und erfahren habe, ein natürlicher Teil unseres Erbes. Wir alle haben das Potenzial dafür. Die Familienverschwörung lenkt uns von *Dolce Vita,* vom guten Leben ab. Doch erst ein gutes Leben gibt uns die Möglichkeit, unsere Identität als Spirit zu erkennen. In den letzten beiden Jahren ist mir sehr deutlich geworden, dass wir das goldene Leben meistens aufgegeben haben, weil wir versucht haben, unsere Familie durch Selbstaufopferung zu retten und unabhängig zu sein. Nun, nachdem wir dem goldenen Leben den Rücken gekehrt haben, plagen wir uns lieber mit dem Leben ab als leicht hindurchzuschweben. Aber das goldene Leben ist immer noch da und wartet nur darauf, dass wir es und unsere Identität als Spirit wiederentdecken. Je näher wir dem kommen, desto schöner wird das Leben, weil wir mehr Liebe und Fülle erlangen. Der Mangel an Herzensbindung wird ja über die Generationen weitergegeben, bis er bei uns und in unserer Familie ankommt. Früher oder später führt dieser Mangel zu Bedürftigkeit, Missverständnissen, Angst, Schuldgefühlen, Konkurrenzverhalten, Knappheit aller Art und all den anderen Dingen, die das Ego ausmachen.

* Wörtlich: *Having It All* is the Golden Life. (Anm.d.Ü.)

Unsere ersten negativen Muster entstehen zwar schon im Mutterleib, aber in der Regel verlieren wir unsere Mitte erst nach der Geburt ganz und gar. Früher hätte ich vermutlich gesagt, dass wir unsere Mitte *verloren* haben. Aber nach zwanzig Jahren psychologischer Praxis in Forschung und Beratung müsste ich eigentlich sagen, dass wir unsere Mitte *fortgeworfen* haben, mitsamt dem goldenen Leben, das für uns bestimmt war. Wir haben unsere Familie als unseren besten Vorwand benutzt, um unabhängig zu sein und damit das goldene Leben aufzugeben. Schon vor Jahren habe ich aus meinen Beziehungsberatungen eines gelernt: Wenn jemand sagte: »Mein Partner hat mich benutzt«, bedeutete das in Wahrheit, dass dieser Mensch seinen Partner unbewusst benutzt hatte, um sich selbst zu blockieren. Derselbe Mechanismus wirkt auch in der Familie. Wenn wir meinen, uns aufzuopfern oder von der Familie ausgenutzt zu werden, benutzen wir in Wahrheit die Familie, um uns selbst zurückzuhalten. Unsere Familie wurde zu unserer besten Entschuldigung, um unabhängig zu sein, keine echte Partnerschaft einzugehen, keinen wirklichen Erfolg zu haben und das Versprechen, das wir unserer Familie und der Welt gegeben haben, nicht wirklich zu erfüllen, indem wir unserer Bestimmung gemäß lebten.

Wir haben das goldene Leben verlassen, weil wir eine Welt und eine Familie erlebt haben, die es ebenfalls bereits verlassen hatten. Und nun hatten wir Angst davor, selbst Pioniere zu sein und uns unseren eigenen Weg zu bahnen. Wir haben unsere Gaben versteckt und unser Licht unter den Scheffel gestellt, so wie es alle um uns herum zu tun schienen. Entweder sind wir aufgrund von Traumen in die

Opferrolle gefallen oder wir sind selbst in die Aufopferung gesprungen, weil wir mit ansehen mussten, wie ein Familienmitglied litt. Anstatt in unserer Mitte zu bleiben und die Gaben und die Gnade zu überbringen, die nötig gewesen wären, um unsere Angehörigen auf leichte Weise zu befreien, verließen wir unsere Mitte mit ihrem Frieden und ihrer Unschuld. Das passiert in der Regel im Alter von drei Jahren oder etwas früher. Das dritte Lebensjahr ist das, welches unserer Generation die meisten Traumen beschert. Wir haben unsere Mitte vorgeblich verlassen, um jemand anderen zu retten. In Wirklichkeit warfen wir das goldene Leben fort, mit dem wir einfach nicht mehr zurechtkamen. Jeder Schritt aus unserer Mitte war ein Schritt in Opfermuster, Schuldgefühle und die verworrenen Bereiche der *Fusion** mit ihren unklaren Grenzen. Aufopferung ist höchst ineffektiv und bewirkt selten irgendetwas. Mit unserem scheinbar so notwendigen Opfer erreichen wir vor allem die Trennung, nach der wir gestrebt haben, um unsere Unabhängigkeit zu stärken. Als wir bewusst anfingen, Ziele wie unsere Unabhängigkeit vor uns selbst zu verbergen, hat auch das Unterbewusstsein begonnen, solche Ziele vor uns zu verbergen.

* *Fusion:* Ein Begriff in der *Psychologie der Vision,* der eine unechte Verschmelzung, eine Symbiose aufgrund von Bedürftigkeit bezeichnet. Mehr im Buch *Es muss einen besseren Weg geben* (siehe Anhang). (Anm.d.Ü.)

Das Triumvirat der Herzensbrüche*

Im letzten Jahr erlebten meine Frau und ich eine Reihe von Durchbrüchen in Form eines Erwachens für tiefere Ebenen der umfassenden Freude in der Beziehung zu anderen, zur Natur und zum Himmel. In den fünf Jahren zuvor hatte ich das Einheitsbewusstsein erforscht, ein Stadium, das auf jenes Erwachen folgt, das der Buddha erreicht hatte. Wir machen auf ganz natürliche Weise Erfahrungen mit diesem Zustand, und zwar lange bevor er zu einem alltäglichen Erlebnis wird.

Doch warum sind wir überhaupt aus der Einheit, der Bewusstheit und dem goldenen Leben »herausgefallen«? Drei Schichten oder Ebenen von Herzensbrüchen bzw. von Erfahrungen eines gebrochenen Herzens sind dafür verantwortlich. An der Oberfläche finden wir Kummer, Zerstörung, Entfremdung oder völlige Einsamkeit. Oder eine lebensbedrohende Krankheit. Darunter liegt jedoch eine Schicht aus Trotz und Wut. Wir sind wütend, weil wir unseren Kopf nicht durchsetzen können oder weil wir nicht als etwas Besonderes anerkannt werden. Sobald das geheilt ist, kehrt die Freude zurück. Doch schon bald taucht eine zweite Schicht auf, die Schmerz, eine Masche oder eine

* Der Autor verwendet den englischen Begriff »heartbreak« sowohl aktiv als auch passiv. Passiv verstanden, wenn ich also ein gebrochenes Herz erleide, würde er wohl am ehestens der deutschen Übertragung »gebrochenes Herz« entsprechen. Für den aktiven Part – also wenn ich selbst dafür verantwortlich bin, jemand anderem das Herz zu brechen – gibt es keinen einfachen deutschen Begriff. Deshalb ist wechselweise, wie auch in manchen anderen Büchern des Autors, mal vom »gebrochenen Herzen« und mal von »Herzensbrüchen« die Rede. (Anm.d.Ü.)

schlechte Lebenseinstellung enthält. Unsere »Masche« ist so etwas wie ein »Spiel«, eine unbewusste Manipulation. Ihretwegen erfahren wir nicht nur die Leiden eines gebrochenen Herzens, sondern echte Qualen. Mit unserer Masche machen wir uns selbst und andere runter. *Sie ist voll von Verleugnung und passiver Aggression, was es doppelt schwer macht, sie zu überwinden.* Bei vielen Menschen mit chronischen oder lebensbedrohlichen Krankheiten stelle ich dieses Triumvirat der Herzensbrüche fest – stark verdrängt, aber sehr präsent. Da kann es beispielsweise passieren, dass ich für die Gesundheit des Menschen kämpfe, während er, nur um so sein Ego zu stärken, dafür kämpft, dass ich keinen Erfolg habe. Wenn dann doch ein Durchbruch gelingt, blüht die Lebensfreude auf dieser Ebene auf, bevor sich eine dritte meldet, die Leid und Angst mit sich bringt. Hinter dieser letzten Schicht versteckt sich die Geschichte der Widerspenstigkeit. Sie weist auf Bereiche hin, wo wir starrsinnig, verstockt und störrisch sind.

Alle drei Schichten enthalten Wut, die sich in direkten Attacken, passiver Aggression oder Rückzug äußern kann. Alle drei enthalten auch Trotz, ein Spiel, in dem es nur Verlierer gibt, und eine schlechte Lebenseinstellung. Wir sind stinkig, launisch, überempfindlich und stecken so tief im Leid, dass es aussieht, als ob wir unerreichbar seien. Dahinter verbergen sich unser Autoritätskonflikt und unsere Rebellion. Wir sabotieren unser eigenes Leben, stecken in Verleugnung und Abwehr fest und merken es noch nicht einmal.

Wenn Sie den Mut haben, all die Wut und sämtliche Gefühle zu spüren, die Sie auf der einen Ebene für Ihre Eltern und auf der anderen für Gott, werden Sie am Schluss erkennen, dass Sie nicht nur insgeheim eingewilligt haben, daran mitzuwirken, sondern dass es sogar Ihre Entscheidung war, Probleme und Traumen zu erleben, diese ihren Eltern anzulasten und sogar Gott in die Falle zu locken und auch ihn noch dafür verantwortlich zu machen. Der Lohn dafür ist das, was *Ein Kurs in Wundern* die »geheime Geschichte« nennt, ein psychologisches Skript, in dem wir Ereignisse wie diese dazu benutzen, unabhängig und abgetrennt zu sein. Das baut unser Ego auf, und zwar zulasten unserer Lebensfreude. Wenn wir diese tiefen Brüche in unserem Geist heilen, die meist zwischen der Geburt und dem dritten Lebensjahr entstanden sind, gewinnen wir die Freude zurück und nähern uns der geheimen Mauer unserer Aggression. Das ist ein Ort des Sturmlaufs und der reinen Bosheit. Das Ego sagt uns, dass wir sterben, wenn wir dorthin gehen, aber in Wahrheit ist es unser Ego, das stirbt, wenn wir diese Mauer durchdringen und jenseits davon nicht etwa den Tod, sondern nur Freude finden.

Das Triumvirat der Herzensbrüche lässt sich nicht so einfach und schnell erkennen und lösen. Normalerweise ist es unter einem großen Haufen emotionalen Mülls verborgen, der sich in Beziehungen und in der Familie angesammelt hat. Wenn Sie jedoch anfangen, sich mit diesen Themen auseinanderzusetzen, haben Sie die Basis der Familienverschwörung gefunden.

Die größten Fehler in Familien: 1 – Streit

Wenn es in einer Familie (oder in irgendeiner anderen Gruppe) Streit gibt, dann haben alle Angehörigen beziehungsweise Mitglieder Angst. Das war ja ohnehin der Auslöser der Auseinandersetzung. Als Folge der Angst werden weitere Kampf- oder Fluchtmuster eine Rolle spielen. Die Familie kommt nicht voran, weil der Streit jeden beschäftigt, die Aufmerksamkeit aller fordert und so alle von Erfolg und Intimität ablenkt, die sich ergeben, wenn sich jeder innerhalb der Familienbeziehungen weiterentwickeln kann.

Wenn diese Weiterentwicklung für alle möglich ist, werden Schwierigkeiten mit Leichtigkeit aus dem Weg geräumt, große Herausforderungen, die sich für einige Angehörige stellen, werden auf positive Weise gemeinsam gemeistert, es kommt zu Erfolg auf neuen Ebenen, statt Konkurrenzverhalten entsteht Teamarbeit und Ängste lösen sich auf, weil echte Herzensverbindungen bestehen.

Familienmitglieder müssen wissen, dass Streit, Auseinandersetzungen und Kämpfe destruktiv sind. Verletzungen und gebrochene Herzen sind Folgen von Streit. Es gibt fünf Hauptgründe, warum Menschen streiten.

Der erste Grund ist, dass sich jemand anders verhält, als es unseren Bedürfnissen entspricht. Das passt dann nicht zu unseren Glaubensmustern oder Absichten oder zu unseren Überzeugungen darüber, wie sich andere verhalten sollten. Das ärgert uns zwar, aber der andere Mensch verhält sich genau so, wie es unserem unbewussten Skript entspricht. Dieses versteckte *Skript** folgt einem Ansatz wie beispielsweise diesem: »Wenn der andere sich mies verhält, kann ich aus der Opferrolle heraus, in der ich in der Familie stecke« oder »Jetzt kann ich endlich unabhängig sein und muss mich nicht mehr um die Familie kümmern« oder »Wenn die aggressiv sind, dann werde ich meine Schuldgefühle los beziehungsweise kann sie bei ihnen abladen«.

Der zweite Grund für Auseinandersetzungen ist: Wir erwarten, dass unsere Familie unsere Bedürfnisse erfüllt, aber das tritt nicht ein, sondern wird vereitelt. Selbstverständlich verbergen wir das vor uns selbst, aber es wäre Gold wert, wenn wir diesen Mechanismus erkennen würden. Wir alle erwarten, dass die Familie unsere Wünsche erfüllt, aber das ist ein Irrtum, der früher oder später zu Verletzungen oder Streit führt. Keiner ist auf diese Erde gekommen, um unsere Bedürfnisse zu erfüllen – weder unsere Mutter noch unser Vater noch unser Partner oder unsere Partnerin. Es ist zwar ein Paradox, aber es verhält sich so: *Wir* sind dazu aufgerufen, die anderen zu unterstützen, wenn sie das nicht für uns tun und wenn sie uns nichts geben. Im Regelfall wird ein Elternteil, der etwas zu geben hat, dies auch tun. Wenn er oder sie dies nicht tut, dann, weil er oder sie nichts geben kann. Eine Familie ist ein Team. Unsere Klagen über unsere Familie verschleiern

* *Skript*.: Auch ein Begriff aus der Psychotherapie, und zwar aus der Transaktionsanalyse nach Eric Berne. Er bezeichnet eine Lebenseinstellung beziehungsweise einen Lebensplan, dessen Entstehung in das erste Lebensjahr zurückreicht. (Anm.d.Ü.)

nur, dass wir in der Lage sind, den Mitgliedern unserer Familie zu helfen – und das erfüllt dann auch unsere Bedürfnisse. Je schneller wir das erkennen und lernen, desto mehr wird es uns ermächtigen und desto früher werden wir *unsere* Begabungen und Fähigkeiten erkennen, mit denen wir tatsächlich etwas bewirken können. Unter jedem gebrochenen Herzen, verborgen in jedem Streit liegen unsere Gaben und unsere eigene Größe, vor denen wir Angst haben. Wir müssen diese Gaben manifestieren, um unsere Bestimmung zu erfüllen.

Wenn Sie an einem gebrochenen Herzen leiden, fragen Sie sich: »Was wollte ich vom anderen haben?«

Und dann fragen Sie: »Welche Seelengabe trage ich in mir, die tiefer reicht als aller Schmerz und die ich dem anderen hätte geben sollen?«

Öffnen Sie sich dann für diese Gabe. Nehmen Sie sie symbolisch und energetisch an und geben Sie sie jetzt.

»Welches Geschenk möchte der Himmel dieser Person durch mich zukommen lassen?«

Empfangen Sie dann dieses Geschenk des Himmels und geben Sie es an die Person weiter.

Der dritte Schlüsselaspekt bei jedem Streit ist, dass wir versuchen, recht zu haben. Recht haben zu wollen ist ein Abwehrmechanismus, der Glück wegstößt und Lernen blockiert. Es ist eine Form von Verteidigung, um Schuldgefühle zu verstecken. Damit entspricht es so manchem Herzeleid, das man aus scheinbar offensichtlichem Grund als Kind erleidet, hinter dem jedoch der Versuch steckt, die Schuldgefühle zu verbergen, die man empfindet, weil man versucht hat, »einen Elternteil zu stehlen«. Es geht also eigentlich darum, die ödipale Verschwörung zu verdrängen. Wir sind rechthaberisch, wenn wir spüren, dass wir im Unrecht sind – und dahinter steckt unser Schuldgefühl. Wir kämpfen darum, recht zu behalten, um die eigenen Schuldgefühle zu vermeiden und die andere Person als schuldig zu brandmarken. Auch wenn wir eindeutig im Recht sind (und könnten wir das je anders sehen, wenn wir selbstgerecht sind?), verbergen wir Schuldgefühle, und der Streit verhindert einfach, dass wir sie uns anschauen müssen.

Ein Gegenmittel für die Auseinandersetzungen, die aus Schuldgefühlen und Selbstgerechtigkeit entstehen, besteht darin, sich auf die Unschuld aller Beteiligten einzulassen. Wenn alle unschuldig sind, gibt es keinen Grund für Streit. Und wenn Sie sich entscheiden, die Lektion zu lernen, die ansteht, dann macht dies jedes Versagen unnötig und beseitigt alle Schuldgefühle. Dann gibt es nur Lektionen und Fehler, die man beim Lernen macht, aber keine Schuld und kein Versagen.

Der vierte Grund für Streit ist, dass wir Angst haben, uns weiterzuentwickeln. Wir brauchen eine Entschuldigung oder einen Vorwand dafür, dass wir uns nicht auf die nächste Stufe des Erfolgs in der Liebe, im Beruf oder bezüglich unserer Bestimmung im Leben ausrichten. Wir fangen an zu kämpfen oder suchen uns jemanden, der uns zum Opfer macht. Das ist dann nicht nur ein Kampf mit demjenigen, mit dem wir uns gerade streiten, sondern auch mit unserer ganzen Familie und mit Gott. In einem Kampf versuchen wir zu gewinnen, statt uns auf eine neue Ebene des Erfolgs zu begeben, wo diejenigen, die sich jetzt streiten, beide gewinnen können. Deshalb besteht ein weiteres Gegenmittel gegen Streit darin, sich für den nächsten Schritt zu entscheiden – für Sie selbst und für denjenigen, mit dem Sie streiten. Das führt dann zum nächsten Schritt, der nur darauf gewartet hat, dass Sie ihn gehen.

Der fünfte Grund für Streit ist unser Verlangen, alles auf unsere Weise zu machen. Dieses Muster ist meistens am besten verborgen. Wir benutzen den Kampf, um uns abzuspalten und unabhängig zu sein. So ein Muster und solche Mechanismen stärken das Ego genauso wie der Streit selbst und verursachen Ablenkungen und Verzögerungen. Ablenkung und Verzögerung sind zwei der wichtigsten Ziele des Egos. Egos wachsen durch Streit, aber sie blockieren uns auch dabei, Liebe zu empfangen und nachhaltigen Erfolg zu genießen.

Ein Gegenmittel bei Abspaltung besteht darin, die Tatsache zu realisieren und zu schätzen, dass wir alle im selben Team sind. Es mag gute Spieler im Team Ihrer Familie geben und solche, die Unterstützung brauchen – aber sie gehören alle zum Team. Ihre Familie spiegelt unterbewusste und unbewusste Lektionen für all ihre Mitglieder wider. Auf einer gewissen Ebene ist das alles in unserem Bewusstsein. Auf irgendeiner unbewussten Ebene ist das alles ein Traum, der uns die Dramen aufzeigt, die in uns geheilt werden müssen, um zu Ganzheit und Selbstliebe zu gelangen. So gesehen sind Vergebung und Liebe für andere zugleich Selbstliebe. Wenn Sie das erst einmal erkannt haben, merken Sie, dass alle Streitigkeiten eine Form des Eigenangriffs sind, zerstörerisch für Sie selbst. Dann beginnen Sie, nach positiven Alternativen zu suchen.

Marias Geschichte – Ein für Familien typisches Streitmuster

Maria wurde in New York geboren, in eine große italienischstämmige, katholische Familie mit vielen Brüdern und Schwestern. Eine Familie mit vielen gebrochenen Herzen. Sie war das jüngste von neun Kindern und spürte ihre erste Abspaltung, als ihre Mutter sie am ersten Kindergartentag dort allein ließ. Damals entschied Maria, dass sie auf sich allein gestellt war und alles selber schaffen musste. Wir stellten das Bonding, die unterbrochene Herzensbindung zu ihrer Mutter mit Hilfe der Übung mit der Lichtbrücke (siehe Kapitel 8) wieder her. Dann brachten wir die wieder verbundene Energie in den gegenwärtigen Augenblick. Ich fragte sie, inwiefern ihr Leben anders gewesen wäre, wenn die Herzensverbindung mit ihrer Mutter damals nicht zerbrochen wäre. Nach einem Moment des Nachdenkens sagte Maria: »Alles wäre so viel leichter gewesen.«

Maria war verheiratet, wollte aber mit all dem Streit klarkommen, den sie in ihrer Ursprungsfamilie erlebt hatte. Ihre Eltern hatten sich ständig gestritten. Ihre Geschwister stritten immer noch. Ich ließ sie denjenigen aussuchen, mit dem sie am meisten stritt, und fragte sie dann, wie viele ihrer eigenen Ichkonzepte genauso seien wie dieser Bruder. Sie antwortete: »Dutzende.« Ich lud sie ein, all diese Ichkonzepte wie in einer Reihe vor sich aufgestellt zu sehen. Dann forderte ich sie auf, sie alle zu einem riesigen Ichkonzept zu verschmelzen. Danach sollte sie sich dieser Form nähern und ich wies sie darauf hin, dass dies keine feste Form war, sondern eher ein riesiges, dreidimensionales Hologramm. Ich bat sie hineinzugehen und das Tor im Inneren des Hologramms zu finden. Vor vielen Jahren habe ich herausgefunden, dass das Ego Schattengestalten über solche Tore stellt. Diese Tore sind Durchgangstore zur Initiation, die zu Kraftbegabungen und Ermächtigungen führen wie bei einer schamanischen Initiation. Diese Tore führen zu Teilen des Bewusstseins, die verloren gegangen sind und jetzt zurückgewonnen werden können. Als Maria durch ihr Tor ging, fand sie einen Ort voll wunderschönem Licht. Sie nahm ihren Bruder an diesen Platz mit. Als Nächstes fragte ich sie, wie viele Leben lang sie genauso gewesen sei wir ihr Bruder, und sie sagte: »Vier Leben lang.«

Wir gingen in das Leben zurück, in dem dieses ganze Muster begonnen hatte. Maria war darin ein Mann, der in Irland lebte und seinen Freund auf eine Weise hintergangen hatte, die zu dessen Tode führte. In jenem Leben ging es um die Lektion der Ermächtigung. Sie war mit der Seelengabe der Integrität dort hineingekommen und der Himmel wollte durch sie die Gaben der Fülle und der Spiritualität verschenken. Weil sie diese Himmelsgaben nun schon als Junge annahm, konnte sie sie mit allen teilen, denen sie begegnete. Das symbolische Nachstellen beziehungsweise Nachspielen des damaligen Lebens veränderte es vollständig und machte es zu einem erfüllten Leben. Dann begleitete ich Maria dabei, wie sie die Energie dieses nun erfüllten Lebens durch alle folgenden Leben mitnahm bis in ihr jetziges Leben. Und dann ließ ich sie dieses Licht und diese Erfüllung mit ihrem Bruder teilen.

Dann fragte ich Maria, wie alt sie gewesen sei, als es zwischen ihr und ihrem Bruder so schwierig zu werden begann. Sie antworte: »Acht.« Mit dem Bruder und dem Rest der Familie gab es viele Konkurrenzkämpfe. Außerdem gab es Angst, Mangel und viel Streit. Ich ließ sie in jene Situation zurückkehren und bat ihr höheres Bewusstsein, sie und ihre Familie wieder in die Mitte zu bringen, an einen Ort des Friedens und der Herzensverbindung. Maria spürte, wie sich die Dinge für sie und die Familie zum Besseren kehrten, als sie das machte. Ich bat sie, es sechsmal hintereinander zu tun, wobei sich ihre Familie immer mehr und immer tiefer zentrieren sollte. Am Ende war tiefer Frieden in die Familie eingekehrt und eine echte Herzensverbindung war zu spüren. Dann ließ ich Maria diesen Frieden und dieses Bonding von damals durch alle folgenden Jahre bis zum jetzigen Zeitpunkt bringen.

Als Nächstes fragte ich sie, wann die Herzensbrüche, die in ihrer Familie so allgegenwärtig waren, begonnen hatten. Sie sagte: »Bevor ich geboren wurde.«

Ich fragte sie: »In welchem Monat zwischen eins und neun?«

Sie antwortete: »Im sechsten Monat.«

Dann erzählte sie intuitiv die folgende Geschichte: Ihre Mutter wollte nicht noch einmal schwanger werden. Ihre Eltern stritten. Die Familie musste damals ihr Haus verlassen, weil es in der Schneise eines Hurrikans stand. Ihre Mutter gab ihrem Vater dafür die Schuld. Maria beschrieb ihre Mutter als eine Frau mit lauter zerstörten Träumen. Maria begann, die Schuld für all die zerbrochenen Träume ihrer Mutter bei sich selbst zu suchen.

Ich fragte sie, wie oft das Herz ihrer Mutter gebrochen worden war. Maria antwortete: »Hunderte von Malen.«

Ich fragte sie nach ihrem Vater und sie sagte: »Mein Vater war tief verletzt.«

Ich fragte sie nach ihren Geschwistern und sie antwortete: »Sie hatten alle hundertfach gebrochene Herzen.«

Ihr ganzes Leben lang hatte sich Maria als Unglücksbringer gefühlt, bis es schließlich zu einem heilenden Durchbruch kam. Sie war überzeugt, dass ihr Unglück von einem Ereignis herrührte, das geschah, als ihre Mutter im sechsten Monat mit ihr schwanger war. Das hatte sie dadurch zu kompensieren versucht, dass sie »so schnell wie möglich aus dem Bauch und dann aus dem Schoß der ganzen Familie herauskam, indem ich stark wurde und mein eigenes Ding machte«.

Ich fragte Maria, wie ihr Leben wohl gewesen wäre, wenn sie erkannt hätte, dass sie unschuldig war und gekommen, um die Familie zu retten. Sie war jemand, der Träume wieder aufleben ließ und nicht zerstörte. Sie sagte: »Mein Leben wäre dann viel einfacher gewesen, nur selten einmal ein gebrochenes Herz, wenn überhaupt.«

Dann fragte ich Maria, welche Seelengaben sie mitgebracht habe, um ihren Eltern und Geschwistern zu helfen. Maria sagte: »Veränderung, segensreiche Veränderung.«

Dann fragte ich sie, welches Geschenk der Himmel durch sie schicken wollte, um ihre Familie zu retten und sie antwortete: »Beglückung und Fülle.«

Ich zeigte ihr, wie sie die Geschenke des Himmels empfangen und ihre eigene Seelengabe, die sie für ihre Familie mitgebracht hatte, öffnen konnte. Sie teilte diese Gaben dann auf symbolische Weise zuerst mit ihrer Mutter, dann mit ihrem Vater, dann mit ihren Eltern als Paar und schließlich mit allen Geschwistern. Nach dieser Übung weinte Maria Tränen der Erleichterung. Sie sagte: »Mein ganzes Leben lang habe ich gedacht, dass ich ein Unglücksrabe bin und nur Unglück bringe. Ich habe mich immer schuldig gefühlt im Hinblick auf meine Familie und besonders auf meine Mutter und ihre Beziehung zu meinem Vater. Jetzt erkenne ich, dass ich das ›Gegenmittel‹ für all das Unglück in der Familie war, und wenn ich meine Familie befreien kann, kann ich jeden befreien.«

Dann veranlasste ich Maria, ihre Gaben an die ganze Familie ihrer Mutter und ihres Vaters weiterzugeben, denn offensichtlich waren auch viele der Geschehnisse, die in dieser Familie zu gebrochenen Herzen geführt hatten, über Generationen weitergegeben worden.

Maria erkannte, dass sie als neuntes Kind gekommen war, um ihrer Familie großartige spirituelle Geschenke zu bringen. Sie nahm sich einige Augenblicke Zeit, um ihren Archetyp – der Hohepriester – symbolisch mit ihrer Familie zu teilen. Der Hohepriester ist die Brücke zwischen Himmel und Erde. Er erhebt die Menschen und bringt die Gnade herab. Maria beschrieb eine Reihe von Anlässen, bei denen sie die Stimme der Inspiration in sich gehört hatte. Das letzte Mal, als sie sich mit ihrem Mann gestritten hatte, hatte ihr diese Stimme gesagt: »Hör auf damit.« Dann zeigte sich Marias boshafte Seite, was sie völlig fassungslos machte.

Ich fragte sie, wie viele bösartige Seiten sie habe, und sie antwortete: »Zwanzig.« Ich bat sie, sich all diese zwanzig

Seiten vorzustellen und sie dann alle zu einer riesigen bösartigen Gestalt zu verschmelzen.

Ich fragte Maria: »Kannst du diesen Teil von dir annehmen?«

»Ja«, sagte sie.

«Kannst du diesem Teil von dir verzeihen?"

»Ja.«

»Kannst du diesen Teil von dir segnen?«

»Ja.«

«Kannst du diesen Teil von dir loslassen?"

»Ja.«

»Kannst du nun diesen Teil von dir integrieren und die darin enthaltene Energie auf positive Weise nutzen, um mehr Ganzheit zu erschaffen und dich gegen künftige Boshaftigkeit zu wappnen?«

»Ja«, sagte sie.

Wir hatten gerade noch genug Zeit, um ein weiteres Thema zu bearbeiten. Viele Kinder, die als Letzte in eine große Familie geboren werden, sind so etwas wie die Maskottchen, die Nesthäkchen der Familie. Dabei fühlen sie sich oft, als würden sie von ihrer Familie regelrecht eingesperrt. Die Rollen, die sie spielen müssen, und die Regeln und Einschränkungen, denen sie unterworfen sind, geben ihnen das Gefühl, ein Sklave zu sein.

Ich fragte Maria, wie viele Sklaven-Schattenfiguren sie in sich habe, und sie sagte: »Zwanzig.« Also leitete ich eine kurze Übung für sie an, in der sie alle zwanzig Sklaven auflöste und deren Energie für ihre neue Ganzheitlichkeit zurückgewann und integrierte.

Dann führte ich sie zurück in das Leben, in dem sie ein Sklave gewesen war, half ihr, ihre Seelengabe zu finden – *Veränderung* – und das Geschenk des Himmels – *Fülle* –, das sie mit anderen in diesem Leben teilen sollte. Nachdem sie diese Gaben auf symbolische Weise mit jedem anderen Menschen in ihrem damaligen Leben geteilt und ihre Verbindung mit dem Himmel dabei aufrechterhalten hatte, hatte sie nicht mehr das Gefühl, dass »Freiheit einsam« sein muss. In der Folge gelang es ihr, Freiheit in jenem Leben zu gewinnen und Erfüllung darin zu finden, dass sie ihre Gaben mit anderen teilte. Anschließend gab sie diese Gaben auch an ihre Familie im jetzigen Leben weiter.

Am Ende der Sitzung fühlte sich Maria gestärkt und wieder in ihrer eigenen Kraft. Sie hatte ihre ganze Lebensgeschichte umgeschrieben – von falscher Unabhängigkeit zu echter Herzensverbindung. Sie erkannte, wie viel Glück sie hatte und dass sie eine Gabe besaß, um Glück mit anderen Menschen zu teilen.

Maria fühlte sich ihrer Familie nun viel näher, auch ihrem Bruder, der dreitausend Meilen entfernt in San Francisco lebte. Sie hielt sich selbst nicht mehr für so einen »Bösewicht« und war auch nicht mehr der Ansicht, ihre Familie sei unfähig, sich zu ändern. Am Schluss sagte sie, dass sie sich viel leichter fühle, weil sie jetzt nicht mehr die Familie tragen oder vor ihr davonlaufen müsse. Maria war es gelungen, das Muster ihrer Familienverschwörung zu zerbrechen. Es mag noch weitere Ebenen geben, weil das Bewusstsein in Schichten angelegt ist, aber Maria hat einen Riesenschritt nach vorn gemacht. Nun wollte sie abwarten und sehen, was sich in ihrer Familie verändern würde und was noch zu heilen war.

2
Rollen

Die drei Hauptrollen

Immer, wenn ein Trauma nicht ganz geheilt wird, verbergen und kompensieren wir dies durch eine der Hauptrollen: *Abhängigkeit, Unabhängigkeit* oder *Aufopferung.* Daraus entstehen Hunderte von anderen Rollen, die meistens Kombinationen dieser drei enthalten. In einer Rolle versucht man einerseits, Hilfe zu leisten, indem man einem starren Rezept folgt, anstatt authentisch auf die Situation einzugehen, und andererseits, sich zu verstecken, um unabhängig zu bleiben.

Die **Abhängigkeits**-Rolle schließt Bedürftigkeit und die Opferrolle ein. Wir spielen diese Rolle, wenn die Familie anscheinend das Bedürfnis hat, abgelenkt zu werden, oder damit sie uns in unserem Leid und unserer Bedürftigkeit unterstützt.

Unabhängigkeit täuscht darüber hinweg, dass wir die Rolle des abgetrennten Einzelgängers spielen und manchmal auch die des Sündenbocks oder dessen, der als »böse« gilt.

Die **Opfer**-Rolle ist die des Märtyrers oder unechten Helfers.

Oft verbergen sich hinter jeder dieser Rollen andere Rollen. Und alle projizieren wir auch auf unsere Umwelt.

Eine abhängige Person hat zum Beispiel einen Partner, der ihre Unabhängigkeit auslebt. Und hinter seiner Unabhängigkeit stecken wiederum entsprechend viel Abhängigkeit und Aufopferung. Wenn wir in die Opferhaltung gehen, agieren wir entweder aus einer überlegen unabhängigen oder aus einer unterlegen abhängigen Position heraus.

Aus der Wechselwirkung von Abhängigkeit, Aufopferung und Unabhängigkeit kann sich eine regelrechte Flutwelle bilden, die uns in einen Mahlstrom zieht und vom Schmerz tief in unserem Innern ablenkt. Abhängigkeit führt leicht in die Opferrolle, Aufopferung in die Märtyrerrolle und Unabhängigkeit in die Rolle des Rebellen. Die Flutwelle entsteht aus einer gemeinen Kombination von Abhängigkeit, Aufopferung und Unabhängigkeit, die sich über ein Trauma bildet. Diese Rollen wirken wie eine Falle, in die wir geraten. Sie erschöpfen uns und werfen uns zu Boden. Vor allem erlauben sie uns nie, das ursprüngliche Trauma zu erreichen, das sie bewirkt hat. Und selbst wenn eine dieser Rollen geheilt oder losgelassen würde, nähmen die beiden übrigen ihren Platz ein, und zwar auf eine Weise, dass es trotzdem keinen Fortschritt gibt und es aussieht, als steckten wir endgültig fest und blieben an einem absolut toten Ort gefangen. Als Kompensation für jedes ungeheilte Trauma, das wir in uns vergraben haben, agieren wir in einer dieser drei Hauptrollen. Sie haben die Tendenz, sich immer weiter aufzubauen, Leblosigkeit zu erzeugen, Blockaden, Trägheit und das Gefühl, stecken geblieben zu sein – weil das Ego behauptet, dass wir sonst, also ohne diese Rollen, leiden müssen. Das Ego sagt uns natürlich nicht, dass die einzige Möglichkeit, unser Herz zurückzugewinnen und uns selbst zu heilen, darin besteht, den Schmerz zu fühlen.

Rollen sehen wie unser »eigentliches Ich« aus, sind aber nichts als Masken. Es sind Fälschungen unserer selbst, und deshalb empfangen wir über sie keinen Lohn. Diese Unmöglichkeit, etwas zu empfangen, führt zu Leblosigkeit und Burnout, weil nichts fließt und wir uns nicht erfrischen und erneuern können. Indem wir unser Herz blockieren, anstatt den Mut aufzubringen, durch den Schmerz hindurch zu fühlen und dann auf einer neuen Ebene wiedergeboren zu werden, schlagen wir unser Lager an der übertrieben maskulinen Front auf und führen ein Leben, das nicht im Gleichgewicht ist. Es ist ja so leicht, sich im Machen, in Geschäftigkeit oder in Problemen zu verlieren oder zum Workaholic zu werden.

Um die Familienprägung zu »knacken«, müssen wir über die Rollen hinausgehen. Wenn wir sie als Folge eines Traumas angenommen haben, dann geht auch dieses Trauma darauf zurück, dass wir bereits zuvor eine Rolle gespielt haben, etwa die des Opfers oder des Märtyrers. Die Rollen sollen Schmerz und Schuldgefühle kompensieren, um so die Familie zu retten, was aber niemals funktioniert. Rollen decken Versagensängste und Schuldgefühle nur zu, mit einer Schicht nach der anderen. Deshalb müssen wir bei der Heilung auch eine Schicht nach der anderen freilegen und heilen.

Unsere Mitte ist friedvoll, unschuldig und voller Segen – ein Ort des *Seins,* ein Tor zu einer uranfänglichen Identität von *Spirit,* ein Ort des Glücks. Sobald wir unsere Mitte verlassen und unsere Familie zu retten versuchen, fangen wir an zu leiden und Rollen zu spielen, die uns von unserem Herzen, unseren Gefühlen, unserem Leben und anderen Menschen abspalten. In der Folge klagen wir uns selbst und andere an. Zugleich fühlen wir uns schlecht und machen uns selbst nieder für das, was in der Familie passiert. So entstehen Versagensängste, die zu schmerzhaft sind, als dass wir sie erleben wollten. Wir fahren also damit fort, uns für unsere vermeintliche Schuld und unser Versagen zu bestrafen, indem wir Probleme, Misserfolg und schlechte Beziehungen erzeugen. Wir spielen Rollen und empfangen nicht. So wird Bonding blockiert und damit auch der Fluss von Liebe und Erfolg, nach dem wir uns so sehr sehnen. Schließlich wird Konkurrenzdenken zu einem Schlüsselmuster in der Familie, weil wir in einer Atmosphäre der Knappheit nach Liebe und Erfolg streben. Jeder kämpft um Beachtung und bemüht sich um die Erfüllung seiner eigenen Bedürfnisse. Auf diese Weise entsteht eine weitere Falle, denn Rivalität ist ein Schlüsselmuster unseres Egos. Das Ego versucht so, mit der Angst fertig zu werden, aber erzeugt nur noch mehr Angst sowie ein Gefühl des Mangels.

Aus diesen Konkurrenzmustern entstehen die Ödipus- und die Machtkampf-Verschwörungen. Wir verschleiern die Ödipus-Verschwörung mit einem bestimmten Rollenverhalten, weil wir nicht wissen, wie wir sonst damit umgehen könnten. Ohne Konkurrenz und Rivalität und ohne den Mangel an Herzensverbindung, der dadurch entsteht, gäbe es gar keine Ödipus-Verschwörung und auch keine Familienverschwörung.

Für unsere Generation waren Familien mit inniger Herzensbindung ein Mythos. Entweder wurde in unseren Familien eine echte Herzensbindung vorgetäuscht, weil jeder seine Rolle spielte, oder es gab offene Konflikte und viel Unabhängigkeit. Es ist entscheidend, dass wir die Familienverschwörung lösen, *weil unsere Generation versprochen hat, die Herzensverbindung wiederherzustellen.* Nur so kann Partnerschaft zu einer natürlichen Lebensform werden, die auf Ebenbürtigkeit und Gegenseitigkeit beruht.

Familienrollen

Wenn es in einer Familie zur Trennung kommt, weil man dem Irrglauben aufsitzt, man könne durch Unabhängigkeit frei werden, dann übernehmen Mitglieder der Familie verschiedene Rollen und versuchen so, die Familie zusammenzuhalten. Doch Rollenverhalten verbindet nicht, sondern hält symbiotische Abhängigkeitsverhältnisse aufrecht, das, was die *Psychologie der Vision* »Fusion« nennt, eine unechte Form der Verbindung. Fusion schafft Opfermuster, während echte Herzensverbindung sowohl befreit als auch starke Wurzeln bildet.

Familienrollen sind Abwehrmechanismen, die zu Leblosigkeit führen. Wenn wir unsere Mitte verlassen, nehmen wir eine Rolle an. Gnade und Gaben würden einfache Lösungen für unsere Probleme bieten, doch wenn wir uns für Abspaltung entscheiden und den Weg des Egos gehen, wachsen sich diese Probleme zu einem Trauma aus. Auf der tiefsten Ebene treffen wir – manchmal absichtlich – falsche Entscheidungen. Damit werfen wir unsere *Golden Life Story* weg, den Entwurf eines glücklichen Lebens, das wir führen und in dem wir »alles haben« könnten. Das tun wir, weil wir in unserem Leben ganz allein das Sagen haben möchten, weil wir Unabhängigkeit erlangen wollen. Dabei verdrängen wir das Leid, das wir als Vorwand benutzt haben, um überhaupt unabhängig zu werden. Zwei Hauptgründe dafür, dass wir den Entwurf eines goldenen Lebens aufgegeben haben, sind in den Heilsitzungen der letzten Jahre immer wieder aufgetaucht.

Der eine Grund ist die irrtümliche Annahme, Unabhängigkeit mache uns freier als Bonding und Interdependenz. Das ist ein Aspekt unseres Autoritätskonflikts mit Gott und spiegelt wider, was bei der ursprünglichen Trennung von der Einheit passiert ist, bei der Trennung von der Erfahrung des Paradieses. In der Bibel steht die metaphorische Geschichte darüber. Wenn Sie diesen Bericht jedoch als Projektion verstehen, erkennen Sie, dass wir Gott hereingelegt haben. Warum sollte Gott so wertend sein und uns aus dem Paradies werfen, wo Verurteilung doch aufgrund von Schuld entsteht? Liebe kann uns nicht aus der Liebe werfen. Wir träumen, dass wir das Paradies verlassen haben, und dieses klassische Muster wiederholen wir seither in jeder Familie.

Erst nach dreißig Jahren Praxis als Psychologe erkannte ich allmählich Andeutungen dieses Musters in den dunkelsten Ecken des Unbewussten und bekam eine Ahnung davon, welche Wirkung es auf die unterbewussten Muster in der Beziehung zu unseren Eltern hat. Wir haben Traumen erlebt, von denen wir glaubten, sie seien dadurch verursacht worden, dass uns unsere Eltern aus dem Herzen der Familie verstoßen haben. In Wahrheit steckten wir auf einer unterbewussten Ebene und als Widerspiegelung unseres Geistes im Unbewussten sozusagen mit ihnen unter einer Decke. Diese Traumen waren Lektionen unserer Seele, die wir aber nicht gelernt haben, weil wir uns auf die Seite unseres Egos schlugen. Meine Erkenntnisse wurden durch vieles gestützt, was ich in *Ein Kurs in Wundern* gelesen hatte. Es ist das einzige mir bekannte Buch, das die Entdeckungen bestätigt, die ich jenseits unseres bewussten Geistes machen konnte.

Der andere Hauptgrund, warum wir das goldene Leben verweigert haben, ist dieser: Wir wollten nicht golden sein, während andere um uns herum litten. Das ist jedoch so, als stünden wir mit einem Seil am Rand einer tiefen Grube, in der viele andere leiden. Anstatt das Seil oben zu verankern und den Leidenden unten beim Herauskommen zu helfen, haben wir das Seil in die Grube geworfen und sind hinterher gesprungen. Irgendwie sollte das den anderen helfen. Wir haben uns davor gefürchtet, das »goldene Kind« in einer Welt zu sein, in der so viel Dunkelheit herrscht. Es gibt immer wieder Gelegenheiten in unserem Leben, in denen wir die Möglichkeit haben, zum goldenen Leben zurückzukehren, aber wir entscheiden uns, in die andere Richtung zu marschieren. Ich habe herausgefunden, dass wir immer, bevor wir traumatisiert werden, einen Weg gezeigt bekommen, wie wir das Trauma vermeiden und überflüssig machen können. Auf diesem alternativen Weg könnten wir die Lektion einfach lernen, sodass wir bewusst auf eine neue Ebene der Gaben und Fähigkeiten gelangen würden. Jedes Mal, wenn wir gelitten haben, hätte es einen leichteren Weg gegeben … Stattdessen haben wir uns auf die

Ränke des Egos eingelassen und mit Leid für unsere Unabhängigkeit und all die anderen vermeintlichen Belohnungen bezahlt. Sie haben uns nie glücklich gemacht, sondern nur unser Ego verstärkt.

Nun haben wir erneut die Chance, das goldene Leben als einen Zustand des Lebens und Seins zu bekommen. Wofür werden wir uns dieses Mal entscheiden? Dasselbe Muster, das unser Bewusstsein bestimmt hat, das goldene Leben aufzugeben, hat auch zur Trennung von der Einheit geführt.

Die Familie war als Fundament und »Schaufenster« des goldenen Lebens gedacht. In jedem Augenblick bietet sich uns die Gelegenheit, wieder glückliche Familien als Fundament des goldenen Lebens zu haben. Aber wir haben uns so sehr für ein unabhängiges, abgetrenntes Leben engagiert, dass wir uns auch dann vom goldenen Leben abwenden, wenn wir leiden. Zu den versteckten Gründen dafür, unsere Kleinheit aufrechtzuerhalten, zählen: das Verlangen nach Unabhängigkeit, Autoritätskonflikte, Versuche, Schuld abzuzahlen, Rache gegenüber Gott, der Wunsch sich zu verstecken und die Entschuldigung, wir könnten unsere Bestimmung nicht erfüllen, weil wir Angst haben, das würde unsere Fähigkeiten übersteigen. Wir wären lieber Gott in einer selbst geschaffenen Hölle als einfach nur ein Teilchen Licht im Meer von Licht und Liebe, das Einheit ist. Eine solch ekstatische Freude einzutauschen gegen Leiden scheint verrückt zu sein, aber wir korrigieren endlich, nach Millionen von Jahren, unsere falschen Entscheidungen und wir sind nun auf dem Weg zurück zur Einheit.

Besondere Familienrollen

Der Held

Der Held gibt der ganzen Familie ein leuchtendes Vorbild für alles, was gut ist. Es kann der glänzende Schüler sein, der die Heldenrolle spielt, der herausragende Künstler, der erfolgreiche Sportler, der beliebte Kumpel oder der geborene Anführer. Helden sind eine Inspiration für Menschen außerhalb der Familie, aber innerhalb der Familie können sie niemandem helfen, weil sie eine Rolle spielen. Sie spielen auch nur das ganze Repertoire an Familienrollen durch, bis sie selbst fix und fertig sind. Wer in der Heldenrolle steckt, spielt zwar den Helden, fühlt sich aber wie ein Sündenbock. Diese Menschen kompensieren die Schuldgefühle und Versagensängste der ganzen Familie und können die gute Arbeit, die sie innerhalb oder außerhalb der Familie leisten, gar nicht wirklich von Herzen annehmen und schätzen. Da diese Rolle ein Verteidigungsmechanismus ist und nichts mit echtem Geben zu tun hat, sind Menschen, die die Heldenrolle spielen, nicht in der Lage, den Lohn für all ihre Leistungen entgegenzunehmen. Die Heldenrolle funktioniert einfach nicht dabei, wenn es darum geht, die Familie zu retten.

Das Opfer

In der Opferrolle finden wir Menschen, die sich um alle anderen kümmern. Sie blockieren sogar ihr eigenes Leben, um sich um ihre Familie oder einzelne Familienmitglieder zu kümmern. Ihr Geben ist sozusagen »gefälscht«, weil sie sich selbst dabei nicht einschließen. Sie erledigen zwar viele Dinge, aber sie tun das als »unechte Helfer«. Wenn wir uns aufopfern, findet kein echtes Geben und Empfangen statt. Opfer sind eher unfreiwillig verschmolzen als wirklich von Herzen verbunden. Das führt früher oder später zu Burnout, und das wiederum führt zur Abkehr und zur Entwicklung von mehr Unabhängigkeit.

Menschen in der Opferrolle haben die Herzensbindung früh verloren, und nur in der Rolle des Sündenbocks würden sie vielleicht noch mehr Schuldgefühle und Versagensängste *spüren*. Je mehr Schuld und Versagen vorzuliegen scheinen, desto mehr muss dies kompensiert werden. Da Menschen in der Opferrolle alles für andere tun, aber niemals aus der Rolle fallen und etwas von sich selbst geben, gibt es keinen Lohn für sie. Ein Mensch, der sich aufopfert, hat die Grenzen verloren und fühlt sich deshalb unfähig, alles zu vermitteln und zu kommunizieren, was er fühlt. Das passiert, weil solche Menschen einerseits so viel fühlen und andererseits auch die Emotionen derer auffangen, für die sie sich aufopfern. Der Mensch, der die Opferrolle spielt, wird leicht zum Märtyrer. Und in der Rolle gibt er sich dann ganz selbst auf – physisch, emotional oder sexuell. Das geht bisweilen so weit, dass er bei dem Versuch, die Familie oder ein Mitglied der Familie zu retten, sein eigenes Leben opfert und stirbt. Leider hat das nur selten den erwünschten Effekt. Es macht aber deutlich, in welcher verzweifelten Lage eine Familie steckt, wenn sie sich in dem Versuch, sich selbst zu retten, auf Mitglieder verlässt, die eine Rolle spielen.

Der Sündenbock

Dieses Familienmitglied ist das »schwarze Schaf«. Es übernimmt die »Schlechtigkeit« der ganzen Familie, damit sich alle anderen normal fühlen können. Das ist sein Versuch, die Familie zu retten. Unterbewusst legen die »Sündenböcke« es vielleicht sogar darauf an, in der Schule, zu Hause, bei der Arbeit oder gegenüber der Polizei in Schwierigkeiten zu geraten. Das ist dann so etwas wie ein letzter Versuch, Hilfe von außen herbeizurufen, um die Familie zu retten. In Anbetracht der ganzen Probleme, die er macht, sieht es vielleicht nicht danach aus, aber der Sündenbock kümmert sich genauso um die Familie wie alle anderen. Er ist bereit, sich selbst zu opfern, und das ist sein bester Einsatz zur Rettung der Familie.

Der Charmeur

Man kennt ihn auch als den »Clown« oder das »Maskottchen« der Familie. Den Charmeur mögen alle. Er unterhält alle und lenkt sie von ihren Problemen ab. Charmeure sind sehr liebenswerte Menschen, die meistens viel Humor besitzen. Sie tragen das Versagens-Schuld-Muster der ganzen Familie mit sich herum, aber zusätzlich noch eine Extradosis Minderwertigkeitsgefühle oder Unsicherheit. In der Familie mag man sie sehr, aber aufgrund der inneren Abspaltung, die mit dieser Rolle einhergeht, empfinden sie keine Liebe für sich selbst. Manchmal glauben sie, nur ihrer Unterhaltungstalente wegen geliebt zu werden. Maskottchen haben nicht nur mit Schuldthemen zu kämpfen, sondern werden – wie die Waise – auch von Minderwertigkeitsgefühlen geplagt.

Die Waise

Die Waise, auch als verlorenes Kind bekannt, versucht zu verschwinden, sich sozusagen aufzulösen, um so die Familie zu retten. Das zeigt sich daran, dass sie ihre eigenen Bedürfnisse ständig verleugnet, damit die anderen mehr bekommen. Ob das nun auf der physischen oder auf der emotionalen Ebene geschieht – in jeden Fall entsteht ein Gefühl von Verlust. Eine Waise wird vielleicht weggegeben, auf ein Internat geschickt oder zur Adoption freigegeben, um so vermeintlich die Familie zu retten. Die Waise erlebt Verlust, Trauer, Verlassenheit und Niedergeschlagenheit als Schlüsselemotionen. Ein verlorenes Kind gibt sich möglicherweise selbst auf oder es kompensiert, in dem es sich selbst im Leben vorwärts zwingt. Oder es ist depressiv, agiert wie ein »Trauerkloß« oder spürt ein tiefes Gefühl von Kummer in sich. All das sind Aspekte der Waisen-Rolle.

Kombinationen

Es gibt sicher einige Familienrollen, mit denen wir uns stärker identifizieren als mit anderen. Aber in unserem Bestreben, die Familie zu retten, haben wir sämtliche Rollen schon einmal gespielt. Mit all diesen Rollen kompensieren wir etwas. Sie halten uns von der Mitte fern und in der Familienverschwörung gefangen. Normalerweise steckt hinter jedem Problem, das später im Leben auftaucht, sowohl die Dynamik einer Rolle, die wir in der Familie gespielt haben, als auch die Familiendynamik aus Schuldgefühlen und Versagensängsten, für die wir uns selbst bestrafen. Ich habe häufig erlebt, dass ein Familienmitglied die Zicke oder den Mistkerl spielte, also die Sündenbock-Rolle, während der Rest der Familie in der Opferrolle feststeckte, um das irgendwie auszugleichen.

Guter Junge – braves Mädchen

Das ist eine Kombination aus Helden- und Opferrolle. Darin versuchen wir, so gut wie möglich zu sein, um der Familie zu helfen. Manchmal zeigt sich die Heldenrolle deutlicher, ein anderes Mal die Opferrolle. Aber in der Kombination »Guter Junge – braves Mädchen« sind beide enthalten. Diese Rolle kompensiert sowohl Schuldgefühle als auch Versagensängste im Hinblick auf die Familie. Manche Familien brauchen natürlich einen »bösen Jungen« – ein »unartiges Mädchen«. Dann wird ein Kind diese Rolle pflichtgemäß übernehmen.

Der Schwerarbeiter

Das ist eine weitere Kombination aus »guter Junge – braves Mädchen« und Opfer. Diese Rolle wird gespielt, wenn es mehr um persönliche Anerkennung, als um die Arbeit an sich oder um Wahrheit geht.

Die Waise – der Märtyrer

Wenn sich die Waise, also das verlorene Kind mit dem Märtyrer verbindet, dann kann das mit dem Tod enden – als letzten Versuch, die Familie zu retten. Ich möchte dafür ein Beispiel aus meinem eigenen Leben anführen.

Ein Jahr nach der Scheidung meiner Eltern – ich war damals vierundzwanzig – machte ich eine Nahtoderfahrung. Ich hatte einen Unfall beim Footballspielen und erlitt dabei eine schwere Gehirnerschütterung. In der Nacht im Krankenhaus verließ ich meinen Körper und reiste durch den sprichwörtlichen Tunnel. Als ich am Ende des ersten Korridors angelangt war, versagten meine Sinne. Es gab, so weit ich sehen konnte, nichts als einen Abgrund. Doch statt über den Abgrund hinweg zu jenem zweiten Korridor zu fliegen, der ins Licht führte, besann ich mich anders und kehrte um. Es schien leicht zu sterben, als ob man schlafen gehen würde, aber ich entschied mich, nicht aufzugeben. Ich hatte noch nie aufgegeben und beschloss, es auch jetzt nicht zu tun. Ich drehte mich also um und schwebte durch den ersten Korridor zurück. Meine Sinneswahrnehmung kehrte augenblicklich zurück und ich befand mich wieder in meinem schmerzenden Körper auf der Intensivstation des Krankenhauses.

Als der Leiter eines Workshops fünf Jahre später über Eigenverantwortung sprach und wie wir alles erschaffen, was uns passiert, begriff ich spontan die Bedeutung meines »Unfalls« und warum ich fast gestorben wäre, um meine Familie zu retten. Dahinter stand meine Fantasievorstellung, meine Eltern würden sich bei meinem Begräbnis begegnen, die Vergangenheit ruhen lassen und wieder zusammenkommen.

Damals verstand ich auch, warum ich beim Verfassen meiner Dissertation eine Schreibblockade gehabt hatte. Immer, wenn ich ungefähr zehn Minuten lang geschrieben hatte, fühlte ich mich physisch, emotional und mental völlig erschöpft. Denn ich begriff intuitiv, dass der kleine Junge in mir seine Eltern mit dieser Doktorarbeit wieder zusammenbringen wollte.

Zwar kamen meine Eltern aus verschiedenen Teilen des Landes zu meiner Promotionsfeier, aber nicht um sich zu versöhnen. In diesem Workshop erkannte ich dann endlich, dass ich nicht nur eine Dissertation geschrieben hatte, was schon schwierig genug war, sondern mich damit auch bemüht hatte, meine Familie wieder zusammenzubringen. Als mir das klar wurde, lachte ich darüber, wie das naive Kind in mir vorgegangen war. Und wie ich schon sagte: Für das erste Kapitel meiner Promotion hatte ich zwei Jahre gebraucht. Nach dieser intuitiven Erkenntnis, brachte ich die letzten vier Kapitel in weniger als vier Wochen zu Papier.

Meine neue Bewusstheit über diese Zusammenhänge erstaunte und befreite mich. In wenigen Augenblicken gewann ich neue Einsichten darüber, wie Bewusstsein funktioniert. Ich erkannte, welche zentrale Rolle die Familie in der Psychologie der Persönlichkeit spielt.

Es folgten zehn weitere Jahre der Beratungspraxis und der Forschung, in denen ich diese Erkenntnisse weiter vertiefte, bis ich endlich das Gefühl hatte, die Grundlagen von Familienmustern wirklich verstanden zu haben. Das war vor mittlerweile einundzwanzig Jahren, und seither hat sich mein Verständnis immer weiter vertieft. Die Familie steht nach wie vor im Zentrum meiner Erkenntnisse über Psychologie und persönliche Muster. Ich habe aber auch festgestellt, dass es nur wenigen gelingt, sich aus der Falle der Familienverschwörungen zu befreien.

Leblosigkeit und Burnout

Dieses Muster wurde in unseren Familien schon begründet, als das Bonding offenbar verloren gegangen war und

Rollenspiele zu schmerzlichen Erfahrungen zu führen begannen. Eine natürliche Form der Heilung besteht darin, erlittene Verluste zu beklagen und den Schmerz so lange zu fühlen, bis er vergangen ist. Das zerstreut verborgene Ängste und das Bestreben, unabhängig zu sein, das ja erst zu der schmerzlichen Erfahrung geführt hat. Wir bauen unser Ego sowohl auf dem versteckten Wunsch auf uns abzutrennen als auch auf dem Bedürfnis des Egos nach Konkurrenz und Wettbewerb. Deshalb gibt es ja so viel tief vergrabenen Schmerz rund um unsere Familien und insbesondere in Bezug auf unsere Eltern. Wir haben uns dieses Leid selbst zugefügt, um sie anzugreifen und unabhängig zu werden.

Die Anzahl der Rollen, die wir spielen, zeigt, wie zornig wir auf unsere Eltern sind. Eine Rolle verkündet: »Das hättest du so machen sollen.« Das trifft besonders auf die Unabhängigkeit zu, die ja ein Abwehrmechanismus gegen Schmerzen ist. Noch viel tiefer darunter vergraben liegt unser Zorn auf Gott für das, was in unseren Familien passiert ist. Wir benutzen unsere Wut, um Selbstbeschuldigungen ebenso zu verbergen wie die Tatsache, dass wir uns selbst angreifen. All das hält uns in der Trennung.

Wenn wir dann aber noch tiefer gehen, stellen wir fest, dass es eine versteckte Ebene jenseits von Schuld- und Versagensgefühlen gibt. Das ist die Ebene der Eigenverantwortung, die Bewusstheit darüber, dass wir uns all unsere leidvollen Erfahrungen selbst aussuchen. Auf dieser tiefen Ebene der Heilung sind wir über unsere dummen Fehler bekümmert: Wir haben versucht, Gott und unseren Eltern Schuld in die Schuhe zu schieben. Wir haben andere als

Vorwand benutzt, damit wir uns selbst nicht weiterentwickeln, uns nicht vom Herzen her verbinden oder unsere Talente und Gaben nicht besser manifestieren mussten. Wir erkennen auf dieser tiefen Ebene der Heilung, dass sich unsere innersten Rachegefühle und unsere Wut äußerlich in Form von Schmerzen und Misserfolgen gezeigt haben.

Wenn man den Mut hat, durch alle diese Schichten des Bewusstseins hindurch zu spüren, dann hat man auch den Mut, die eigene Getrenntheit und das Konkurrenzdenken aufzugeben, die andere wegstoßen. Das führt zu Bonding, einer neuen Fähigkeit zu empfangen und damit zu einem größeren Flow und mehr Erfolg. Und das wiederum führt zu neuen Ebenen des Erwachens, auf denen große Teile des Egos abfallen, sodass weniger geistiges Geplapper und mehr Lebensfreude übrig bleiben.

Wir gelangen auf diese Ebenen des Erwachens, indem wir die versteckten Wutausbrüche und all die »Maschen« aufgeben, mit denen wir andere für das verantwortlich gemacht haben, was wir selbst tun. Das gibt uns unser Leben und unsere Freiheit zurück. Das Ego wird kleiner und die Trennung verringert sich, während sich mehr Freude einstellt. Frieden und Fülle gesellen sich hinzu und die Erfahrung der Verbundenheit mit der Natur und anderen Menschen, was eine tiefe Erfüllung mit sich bringt.

Eine verlorene Herzensverbindung, verlorenes Bonding, führt zur Kompensation und entsprechenden Verhaltensmustern. Wir haben uns selbst »weggeworfen« und damit Ängste verstärkt und in Schuldgefühle und Misserfolge »investiert«. Das versuchen wir jetzt zu behandeln, indem wir uns abspalten und Rollen spielen.

Burnout entsteht nur, wenn wir Rollen spielen und uns damit entscheiden, uns über die bereits vorhandene Abspaltung hinaus noch weiter abzuspalten. Rückzug in sich selbst führt zu Aufopferung, und die Opferhaltung laugt uns aus. Wenn wir eine schwere Last hochheben sollen, bringt man uns bei, den Rücken gerade zu lassen und die Last mit der Kraft der Oberschenkel und der Beine nach oben zu stemmen, mit unseren stärksten Muskeln. Doch je mehr wir uns in uns selbst zurückgezogen haben, desto weiter sind wir von der Last entfernt, die wir heben sollen. Das erschöpft uns, macht unseren Rücken kaputt und führt zu Burnout. Manchmal sind wir so weit von einer Aufgabe entfernt, dass wir sie noch nicht einmal berühren, geschweige denn erfüllen können. Damit wenden wir uns von uns selbst ab und verlieren den Kontakt zum Leben. Kontakt zum Leben ist jedoch genau das, was uns Liebe und Erfolg bringt.

Burnout ist ein Signal dafür, dass wir etwas getan haben, ohne mit dem Herzen dabei zu sein, ohne Anmut und ohne Segen. Das erschöpft uns. Und am Ende haben wir all unsere Reserven aufgebraucht und können nicht mehr so weitermachen. Wir brennen aus. Dann haben wir noch weniger als zuvor. Wir sind nicht mehr in der Lage zu empfangen, können nicht mehr richtig in Kontakt gehen und sind weniger frei. Wir werden immer unabhängiger und reaktiver. Jedes Mal, wenn wir etwas ganz allein machen wollen, treten wir damit in Konkurrenz zu Gott. Burnout ist der Versuch, Gott unsere Erschöpfung und unseren Misserfolg in die Schuhe zu schieben und Ihn anzuklagen, weil er uns nicht hilft. Dabei kann Gott ja gar nicht anders, als zu helfen. In unserem Verlangen, getrennt und unabhängig zu sein, stoßen wir Ihn jedoch beiseite und machen Ihn dann auch noch dafür verantwortlich.

Die größten Fehler in Familien: 2 – Jemanden zum Sündenbock machen

Wenn jemand in die Sündenbockrolle gedrängt wird, dann bedeutet dies, dass ihn alle oder fast alle anderen Familienmitglieder für den Bösewicht halten. Die Familie meint, alles würde besser wenn sich dieser Mensch ändern oder einfach verschwinden würde. Der Sündenbock kann der Rabauke sein, der Alkoholiker, der Bösewicht, der Schürzenjäger und so fort. Ganz gleich, wie sehr jemand die anderen Familienmitglieder verletzt hat: Wenn eine Person (oder mehrere) als Sündenbock herhalten muss, dann hängt die ganze Familie in Rollen- und Streitmustern fest. Das bedeutet: Es gibt viel Angst, es kommt zu Kampf- oder Fluchtverhalten und die Familie entwickelt sich nicht weiter.

Es kann sein, dass der Sündenbock gar nicht der Bösewicht ist, sondern einfach nur die schwächste Person in der Familie. Die ganze Familie kritisiert oder attackiert dann dieses Mitglied, um es zu verletzen oder zu verdrängen, weil sie glaubt, diese Person sei für sie alle von Schaden. Alle meinen, es gäbe keine Probleme mehr, sobald diese Person verschwunden sei. Wenn eine Familie Negativität projiziert und denjenigen angreift, der Negatives zu verkörpern scheint oder es einfach »verdient«, attackiert zu werden, kann sie damit viel von ihrer eigenen Angst verstecken. Einen zum Sündenbock zu machen ist für jede Familie destruktiv. Sobald so etwas in einer Familie geschieht, frisst sie sich sozusagen selbst auf. Der Sündenbock wird meistens hinausgedrängt oder emotional isoliert. Manchmal sterben diese Menschen sogar, wenn sie noch zusätzlich die Märtyrer-Rolle angenommen haben.

Bewusstheit ist der entscheidende Faktor, wenn es darum geht, die Familie wieder aufs Gleis zu bringen. Verleugnung, Schuldgefühle und Angst können jedoch dafür verantwortlich sein, dass Heilung und Weiterentwicklung durch Widerstände und Selbstgerechtigkeit blockiert werden. Die Familie wird darauf bestehen, dass allein der Sündenbock die Verantwortung für das Problem trägt und sonst keiner in der Familie.

In Wirklichkeit ist der Sündenbock genauso mit der Familie verbunden und engagiert sich genauso für sie wie alle anderen Mitglieder. Er nimmt einfach nur alles auf sich, was in der Familie offenbar vergiftet ist, und agiert es entsprechend aus, damit es kein anderer tun muss. Wenn es wirklich schlecht um die Familie bestellt ist, wird sich diese Person sogar in Konflikte mit Autoritäten von außerhalb begeben. Das ist dann ein Ruf nach Beistand, mit dem unterbewusst versucht wird, Hilfe von außen für eine Familie zu bekommen, die in einer echten Notlage ist.

In einer Familie, in der ein Mindestmaß an Bewusstheit vorhanden ist, könnte jedes Mitglied anfangen, sich mit den anderen darüber auszutauschen, worin seine Angst besteht, besonders im Hinblick auf den nächsten Schritt in Richtung Erfolg und Intimität. Das würde die Familie auf die echten Themen und die wahren Ziele hin ausrichten.

Wenn jemand einen anderen zum Sündenbock macht, steht dahinter entweder die Angst vor dem nächsten Schritt oder die Befürchtung, selbst zum Sündenbock erkoren zu werden. Wenn einzelne Familienmitglieder den Sündenbock sehr selbstgerecht beurteilen, dann hat dies etwas mit versteckten Schuldgefühlen wegen ähnlicher Ichvorstellungen zu tun. Die Familie wird stärker und wächst besser zu einer Einheit zusammen, wenn jeder realisiert, dass *alle* Familienmitglieder zum Team gehören und dass jeder die verborgenen Ichvorstellungen aller anderen Familienmitglieder widerspiegelt – jene Ichvorstellungen, die man bei sich selbst verdammt, abgespalten und auf den Sündenbock projiziert hat. Der wird zwar unterbewusst, aber kollektiv ausgesucht.

Eine Heilmethode aus Hawaii

Die hawaiianische Heilmethode Ho'oponopono wendet sich direkt an dieses Problem des Sündenbocks und findet instinktiv die unterbewussten und unbewussten Muster, die geheilt werden müssen. Unterbewusste Muster bestehen darin, dass wir anderen die Schuld beziehungsweise Verantwortung für das zuschieben, was wir selbst tun. Bei unbewussten Mustern spiegelt jeder in unserer Umgebung unsere eigenen Selbst- und Ichkonzepte wider.

Ein Ho'oponopono beginnt mit einer Entschuldigung: **Es tut mir leid**. Damit ist gemeint: »Es tut mir leid, dass ich dich jener Verbrechen beschuldigt habe, von denen ich glaubte, ich hätte sie selbst begangen. Ich entschuldige mich dafür, dass ich versteckte Elemente meines Bewusstseins auf dich projiziert habe. Es tut mir leid, dass ich dich für meine Schuldgefühle bestraft habe.«

Die nächsten Worte sind: **Bitte verzeih mir.** »Bitte verzeih mir, dass ich dich habe Sünden begehen lassen, von denen ich glaubte, sie selbst begangen zu haben. Bitte vergib mir, dass ich dich ausgenutzt habe. Verzeih mir, dass ich dich als Vorwand benutzt habe, um mir meine Angst oder meine Schuldgefühle nicht ansehen und mich dann weiterentwickeln zu müssen. Es tut mir leid, dass ich dich einer Schuld wegen bestraft habe, für die ich, wie ich glaube, selbst hätte bestraft werden sollen.«

Dann folgt das Wort **Danke.** »Danke, dass du mir zeigst, was ich in mir noch nicht geheilt habe. Danke dass du die Bürde dessen trägst, was ich falsch gemacht zu haben glaubte.«

Die Schlussworte sind: **Ich liebe dich.** Darin kommt die Erkenntnis über den wahren Stand der Dinge zum Ausdruck, sobald alle Probleme geklärt sind. Diese Liebe befindet sich auf der tiefsten Ebene des Bewusstseins. Sie ist unsere ewige Erfahrung als *Spirit,* als geistiges Wesen, und wird von all unseren Ichvorstellungen und -konzepten zugedeckt. Sie kann nicht verändert, sondern nur verborgen werden.

Ob man dies dem betreffenden Menschen direkt und persönlich sagt oder seinem Foto oder in Gedanken – es bewirkt, dass sich die Situation, die Person und die ganze Familie positiv entwickeln.

Der Bösewicht

Schon in den ersten fünf Minuten erzählte George mir, dass es ihm Spaß mache, der »Bösewicht« zu sein. Er meinte, falls er das je gewesen sein sollte, wäre er sicher ein richtig guter Terrorist gewesen. Er war arbeitslos und unter merkwürdigen Umständen entlassen worden, aber seine negative Einstellung hatte auf jeden Fall auch etwas damit zu tun.

Eigentlich war George ein netter Kerl, aber in seinem Innern gab es zwei gegensätzliche Strömungen, und die negative Strömung brachte ihn immer in Schwierigkeiten, ob sie nun offen oder versteckt verlief.

Zwar hatte er in den letzten achtzehn Monaten keinen Job gefunden, aber davor hatte er als Manager einer Firma hart gearbeitet. Innerhalb von zehn Minuten erzählte George von der Hassliebe zu seinem Vater. Sie hatten sich vor ein paar Jahren versöhnt, aber davor hatte George seinen Vater, der immer hart und fordernd gewesen war, nur gehasst. Der Vater hatte Georges Leistungen nie anerkannt und ihn immer nur noch mehr angetrieben.

Wir begannen die Coaching-Sitzung mit einer Reihe von Integrationsübungen. Zunächst wurde seine hart arbeitende Angestelltenseite mit seiner faulen Arbeitslosenseite in Einklang gebracht. In den ersten zwei Minuten hatte George mitgeteilt, dass er wirklich arbeiten müsse, aber in den folgenden drei Minuten ließ er verlauten, er fühle sich eigentlich ganz faul und wisse gar nicht, ob er je wieder arbeiten wolle. Das verschob die ganze Last auf die Schultern von Georges Frau, die im Moment allein für den Lebensunterhalt sorgen musste. Nach dieser Integration, die sich auf zahlreiche Schichten seines Bewusstseins bezog, war sich George sicher, dass er wieder Arbeit finden würde.

Danach arbeiteten wir an der Integration seiner Bösewichtkonzepte. Ich forderte ihn auf, sich seine Bösewichtkonzepte vorzustellen und sein Terroristenkonzept ihm genau gegenüber zu platzieren. Seine Intuition sagte ihm, dass es jeweils nur ein solches Bild gab, die er dann zu einer einzigen Gestalt verschmolz: ein Monster. Ich forderte ihn auf, sich diesem Monster zu nähern, hineinzugehen und das Tor zu suchen, das ihm bisher verborgen geblieben war. Dann ließ ich ihn durch dieses geistige Tor gehen. Auf der anderen Seite fand George einen Ort reinen Lichtes und großer Kraft, was ihn aus seiner Lethargie weckte und ihm half, sich selbst stärker zu fühlen. Schließlich half ich ihm, seine Ichkonzepte des »guten Kumpels« und des »Bösewichts« zu integrieren. Danach berichtete George, dass er sich kräftiger und selbstbewusster fühlte.

Dann arbeiteten wir an den »Großen Kriegen«. Das ist ein Stadium auf der Ebene der Vision, wo die großen Bewusstseinsbrüche einen Dualismus erzeugen. George war sehr bereit, auf diese Ebene zu gehen, vor allem, nachdem wir angefangen hatten, die Brüche zwischen Gut und Böse sowie zwischen Licht und Dunkel zu überbrücken. Ich verwendete Metaphern von widerstreitenden Heeren und ließ ihn bildlich gesprochen in der Mitte des Schlachtfeldes zwischen den beiden sich gegenüberstehenden Armeen entlanggehen. Ich sagte ihm, dass das Ego diesen Krieg nur aus einem einzigen Grund aufrechterhalte: um ihn davon abzuhalten, auf die andere Seite zu kommen. Wenn er das schaffen würde, gäbe es die Brüche, die sein Ego stützten, nicht mehr. Als George die andere Seite erreichte, sah er, wie sich die Heere vereinigten und erlebte einen tiefen Frieden.

Danach arbeiteten wir an dem Autoritätskonflikt mit seinem Vater. Der hatte begonnen, als George drei Jahre alt war und sein Vater ihn angeschrien hatte. Sein Vater schrie immer ziemlich viel herum. George vermochte nachzuvollziehen, dass das Gebrüll seines Vaters etwas mit einem Mangel an Selbstwert und dem Gefühl der Unzulänglichkeit zu tun hatte. Im weiteren Verlauf verstand George das Verhalten seines Vaters und warum sein eigenes Verhalten diesem nie gut genug erschienen war. Als wir dann eine Bonding-Übung mit dem dreijährigen George und seinem Vater machten, ging das ganz leicht. Aus Georges Hass-Liebe zu seinem Vater wurde eine Liebesbeziehung.

Als Nächstes zeigte ich George, wie die Erwartungen und Forderungen seines Vaters an ihn durch dessen Unzulänglichkeitsgefühle entstanden waren. George war immer der Ansicht gewesen, sein Vater gebe ihm das Gefühl, nicht gut genug zu sein. Jetzt erkannte George, dass er diese irrtümliche Ansicht selbst gebildet hatte, weil er dachte, *sein Vater sei nicht gut genug für ihn.* Wir wandten die Methode des Austausches von Geschenken an, um das zu ändern. George entdeckte, dass er seinem Vater die Seelengabe des Erfolgs geben konnte, und dass der Himmel seinem Vater durch ihn die Gabe der Heilung von Eigenkritik und Selbsterniedrigung gab. Als George erkannte, dass die Angriffe seines Vaters, die sich eigentlich gegen ihn selbst richteten, auf ihn als kleinen Jungen »übergelaufen« waren, konnte er die damalige Situation viel besser verstehen. Am Ende des Gabenaustausches fühlte sich George wie ein neuer Mensch – kraftvoll und zuversichtlich.

Dann setzte ich die Übung des gegenseitigen Beschenkens fort, um den Zynismus und die vielen gebrochnen Herzen zu heilen, die in Georges Familie väterlicherseits so lange an der Tagesordnung gewesen waren. Dann machte ich George deutlich, inwiefern sein Vater abgespaltene Schlüsselaspekte seines eigenen Bewusstseins spiegelte und ausagierte. George erkannte, dass er viele Ichvorstellungen bewertet und verurteilt und damit von sich abgespalten hatte. Er hatte sie zu Schattenfiguren gemacht und dann auf seinen Vater projiziert. Danach fiel es ihm leicht, zurückzugehen und die »Wurzel-Geschichten« oder Ur-Skripte zu verändern, die zu seinen unbewussten Mustern geführt hatten. Als wir diese Geschichten geändert hatten, fühlte sich George noch stärker und zuversichtlicher.

Der Bösewicht in ihm war verschwunden. Stattdessen stand ein Manager vor mir, der sich bereit fühlte, an die Arbeit zu gehen, und der neue Liebe und Wertschätzung für seinen Vater und für sich selbst empfand. George kam in dieser Sitzung zu der Erkenntnis, wie leicht es ihm gefallen war, Probleme und Illusionen loszulassen, sobald er einmal erkannt hatte, dass sie auf einen Irrtum beruhten. Und dann konnte er auch den Frieden und das Selbstvertrauen annehmen, die aus dieser Erkenntnis erwuchsen.

Und als George die Selbstangriffe heilen konnte, die er von seinem Vater aufgeschnappt hatte, empfand er so viel Liebe und Mitgefühl für ihn, dass er in Tränen ausbrach. Schließlich erzählte er mir, dass er nicht mehr diese enorme Negativität in sich selbst spüre, mit der er in die Sitzung gekommen war. Er hatte ein neues Glücksgefühl entdeckt und fühlte sich jetzt schon wieder sehr erfolgreich.

3
Familienmuster

Familienmuster und unsere Bestimmung

Die Familie ist der »Bauplan« beziehungsweise die »Blaupause« unserer Seele. Alles, wofür wir hierhergekommen sind, hängt mit unserer Familie zusammen. Dazu zählen unsere Lektionen ebenso wie unsere Heilung und die Versprechen, die wir unseren Vorfahren gegeben haben, dass wir sie von all ihrem nicht gelösten Schmerz heilen.

Familienfallen aus früheren Generationen funktionieren weiter, bis jemand den Mut hat, innezuhalten und zu erlernen, was es braucht, um die Familie, sich selbst und die Ahnen von all dem Leid und den Mustern der Vorfahren zu befreien. Wenn sich diese Heilung vollzieht, wird die neu gewonnene Freiheit rückwirkend auch für die früheren Generationen verfügbar, sodass die »Sünden der Väter« nicht mehr länger bis ins siebte Glied weitergegeben werden (oder bis in die hundertste Generation, wie ich es auch schon manchmal erlebt habe).

Die Mitglieder unserer Familie repräsentieren Schlüsselaspekte unserer Seele, die wir uns vorgenommen haben zu integrieren. Wenn wir das tun, dann integrieren wir damit auch wieder zentrale Ichvorstellungen, die wir verurteilt und abgespalten haben, und finden so zu einem neuen Glück. Wir erleben Freude im Inneren aufgrund der Einheit, die wir im eigenen Bewusstsein erreichen. Jedes Mal, wenn wir jemandem aus der Familie vergeben, wird eine oder werden mehrere solcher verdrängten Ichvorstellungen losgelassen. So gelangen wir zu einer neuen Intensität an Bonding mit diesem Familienmitglied, und beide erreichen eine neue Freiheit.

Jedes Mitglied der Familie ist ein Teil der Ganzheit, ein Schlüsselelement unseres unbewussten Seelenbewusstseins. Je mehr wir uns mit jedem verbinden, desto näher kommen wir uns – und das führt dazu, dass Probleme zwischen uns und auch im Leben sonst abfallen. Durch Heilung und Liebe erreichen alle Mitglieder neue Ebenen der schöpferischen Ausdrucksmöglichkeiten. In einer Familie erfahren alle die Sicherheit starker Fundamente sowie den Flügelschlag der Freiheit. So verwirklichen wir nicht nur unser heiliges Versprechen bezüglich dessen, was wir geben wollten, sondern erfüllen auch unsere Bestimmung, der Mensch zu sein, der wir sein können. All das sind Grundlagen für die Erfahrung des goldenen Lebens.

Die Familie stellt deshalb eine so große Herausforderung dar, weil die meisten Familienmuster unterbewusst und zudem mit der Ödipus-Verschwörung verknüpft sind. Das ist jedoch nicht in unserem Alltagsbewusstsein gegenwärtig. Wenn Sie diesem Dilemma noch Ahnenmuster von Getrenntheit und Konkurrenzverhalten hinzufügen, welche die Familien- und die Ödipus-Verschwörung noch verschlimmern, beginnen Sie zu verstehen, warum die meisten Leute all das ins Unterbewusstsein abdrängen. Und wenn sich dann noch die Einflüsse aus »früheren Leben«, dunkle Skripte des Unbewussten und andere Verschwörungen da-

zugesellen, ist es ein Wunder, dass überhaupt jemand der Familienverschwörung entkommt.
Wir bewerten uns selbst so sehr und so oft, dass wir Hunderte, ja Tausende von Schattengestalten oder dunklen Ichvorstellungen abgespalten und irgendwo versteckt haben. Dann gibt es noch die Idole, jene Dinge, die wir zu unseren Göttern gemacht haben. Damit verstoßen wir gegen das erste Gebot, keine Götter neben Gott zu haben.

Viele Menschen haben mir im Laufe der Jahre lachend berichtet, dass dieses erste Gebot das einzige sei, das sie niemals brechen würden. Sie waren dann recht erstaunt festzustellen, dass sie in ihrem Unbewussten eine Reihe von Idolen gebunkert hatten. Idole sind falsche Götter, von denen wir glauben, sie würden uns retten und glücklich machen. Sie führen allerdings nur zu Leiden, Enttäuschungen und Ernüchterung. Idole können auch zerbrochene Träume, Depressionen und sogar den Tod bewirken.

Diese unbewussten Fallen sind zwar nicht alles, was unseren Familien Energie abzieht, aber sie sorgen dafür, dass das Unterbewusstsein zu einem Kuddelmuddel der Muster wird. Wenn Menschen auf eine gesunde und schöpferische Weise leben, sind sie eine Inspiration für ihre Umwelt. Wer diese Muster überwindet und »transzendiert«, wird nämlich zum Meister beziehungsweise zur Meisterin und hat Misserfolg und Minderwertigkeitsgefühle, die das goldene Leben blockieren, hinter sich gelassen.

Jedes Muster, das wir heilen, gibt uns mehr und mehr von uns selbst zurück. Das macht uns intelligenter, begabter, kreativer, einfühlsamer und liebevoller. Auf der Ebene der Meisterschaft haben wir unsere Mitte wiedergewonnen und erfahren einen tiefen Frieden, in dem wir zu einer Brücke zwischen Erde und Himmel werden. Dann haben wir keine Angst, wieder wir selbst zu sein mit all den Gaben und dem Licht unseres spirituellen Erbes. Das ist nun noch nicht das endgültige Ziel, denn es gibt noch höhere Stadien sowohl der Meisterschaft als auch der Erleuchtung auf unserem Weg zurück in die Erkenntnis der Einheit. Und doch ist das goldene Leben, das wir erreichen, zugleich das Beste, was wir diesem Planeten von uns geben können – und dieses Leben kommt erfreulicherweise auf uns zu.

Ahnenmuster

Jedes größere Problem, das unsere Vorfahren nicht gelöst haben, wird an uns weitergegeben. Das kann Probleme eines einzelnen oder vieler Vorfahren betreffen. Es kann in jeder Generation weitergegeben werden oder eine Generation überspringen. Es kann sich auch verändern, indem es zum Beispiel mit Misserfolg und Versagen beginnt und sich dann in Schuld- oder Minderwertigkeitsgefühle wandelt, in Rückzug und niedrigen Selbstwert. Es kann sich auch als körperliches Symptom zeigen, etwa in einer Tendenz zu Krebs, Allergien oder Herzschwäche. Oder es manifestiert sich als gebrochenes Herz, in einer Scheidung oder in einer Reihe oberflächlicher Männer oder biestiger, kontrollierender Frauen beziehungsweise umgekehrt.

Das Thema ist immer emotional und psychologisch, kann sich aber auch als physisches Symptom zeigen oder latent vorhanden sein, bis es durch irgendein Lebenstrauma ausgelöst wird. Ich habe gesehen, dass Vergewaltigung, uneheliche Kindschaft und das Im-Stich-Lassen der Familie auf der Vaterseite über Generationen hinweg weitergereicht wurden. Ahnenmuster können die stärksten und am tiefsten verwurzelten Muster sein, die sowohl einzelne Personen als auch ganze Familien ins Chaos stürzen. Auch der Mangel an Herzensbindung, der den Sumpf der Ödipus-Verschwörung vergrößert, wird über Generationen hinweg weitergegeben.

1975 hatte ich diese Ahnenmuster entdeckt und zu erforschen begonnen und dabei auch eine Methode entwickelt, wie man ihnen begegnen kann, wenn man die Wirkungen des ursprünglichen Traumas in jeder Generation nachvollzieht. Ich ließ die Klienten das jeweilige Trauma und dessen Wirkungen in den ersten Generationen intuitiv selbst entdecken. Dann forschte ich nach den Auswirkungen in der Generation ihrer Großeltern und Eltern. Das reichte aus, um das Ahnenproblem an sich zu verstehen. Dann unterstützte ich die Klienten dabei, ihren Vorfahren symbolisch zu helfen, bessere Entscheidungen zu treffen. Das vermochte ihr Leben ebenso zu verändern wie das, was in der Familie immer weitergereicht wurde.

Ich hatte gedacht, dass die Ahnenheilung eine ganz eigene Entdeckung sei, bis ich in den späten 1980er-Jahren feststellte, dass *NLP* und danach die *Time Line Therapy* ähnliche Entdeckungen gemacht hatten und andere Heilmethoden anwandten. Wenn ich jetzt Einzel- oder Gruppenarbeit mache, verbinde ich meine erlernten Methoden mit neu entdeckten beziehungsweise wechsle zwischen ihnen ab. Kürzlich habe ich herausgefunden, dass auch die *Oneness University* Heilmethoden zur Auflösung von

Ahnenmustern hat, bei denen die *Deeksha*- oder *Oneness-Segnung* verwendet wird. Inzwischen habe ich sogar von einem Priester der Episkopalkirche in England gehört, der mit Hilfe einer besonderen Zeremonie sehr erfolgreich Ahnenmuster jener Vorfahren aufgelöst hat, die nicht in geweihter Erde bestattet waren. Ich bin überzeugt, dass die Heilmetaphern, die man verwendet, ganz unterschiedlich sein können, solange die Absicht zur Heilung beim Heiler und beim Klienten stark ist.

Ich möchte Ihnen jetzt jene Heilmetaphern zur Auflösung von Ahnenmustern vorstellen, die ich im Rahmen des Gebens von Gaben entwickelt habe. Ich hatte festgestellt, dass wir ganz tief im Inneren alle das Versprechen gegeben haben, unsere Vorfahren und uns selbst von diesen Ahnenmustern zu befreien. Es ist fast so, als seien wir die Spieler in einem wichtigen Spiel auf dem Feld, während unsere Vorfahren rings herum auf den Rängen sitzen und zuschauen. Wir können für das Team unserer Familie zum Star oder Helden werden, das wichtige Spiel zu unseren Gunsten gewinnen und damit etwas Entscheidendes bewirken, auch rückwirkend für alle, die vor uns gegangen sind. Wir sind die Blüte des Ahnenstammbaums, die köstlichste Frucht unserer ganzen Familie. Sie leben in uns fort. Sie geben uns und sie geben durch uns.

Ahnensymptome heilen

Der Schlüssel zur Ahnenheilung liegt darin zu erkennen, dass ein Symptom in der Familie weitergegeben wurde. Sobald Sie das Problem einmal erkannt haben, kann es transformiert werden. Wenn das Symptom aufgelöst worden ist, werden Sie andere Probleme und Symptome entdecken, die genauso leicht transformiert werden können.

Wenn Sie bemerken, dass ein Symptom Sie oder Ihre ganze Familie plagt, dann fragen Sie sich, welche Seelengabe Sie als Gegenmittel dafür in dieses Leben mitgebracht haben. Vertrauen Sie dem, was Ihnen in den Sinn kommt. Stellen Sie sich vor, dass Sie eine Tür in Ihrem Geist öffnen, hinter welcher dieses Geschenk nur darauf gewartet hat, hervorgeholt zu werden. Lassen Sie sich von dieser Gabe erfüllen.

Als Nächstes fragen *Sie* sich, welches Geschenk der Himmel für Sie als Gegenmittel zu diesem Problem hat. Empfangen Sie dieses Geschenk einfach, nehmen Sie es ganz in sich auf. Dann teilen Sie beide Gaben mit dem Elternteil, über den das Problem in die Familie gekommen ist. Geben Sie die Gaben dann weiter an die Großeltern und noch weiter an so viele Generationen davor, wie es zur Heilung des Ursprungsthemas nötig ist. Am Schluss lassen Sie die Wandlung, welche die Gaben für die Transformation der heutigen Generation bewirkt, bis hin zu Nichten, Neffen, Cousins und Cousinen weiter fließen. Die Transformation wird zu Ihnen gelangen und durch Sie hindurch zu den Geschwistern, zu Ihren und deren Kindern und auch zu den Enkeln, wenn es welche gibt.

Seelenmuster

Als ich 1975 damit begann, meine neu entwickelte, intuitive Methode anzuwenden, entdeckte ich viele Aspekte des Bewusstseins, über die ich selbst während meines Studiums nichts gehört hatte. Dazu zählen nicht nur die dynamischen Entwicklungsmuster von Problemen, sondern auch die Tatsache, dass an der Wurzel aller Probleme ein Trauma liegt, das auf einem Missverständnis aufbaut. Während ich beispielsweise mit einem Klienten die Ursache eines Problems erforschte, entwickelte sich ein neues Verstehen und eine verlorene Herzensverbindung konnte wieder hergestellt werden. In der Folge konnte auch das Missverständnis aufgelöst werden, das sowohl zu dem Trauma geführt hatte als auch zu dem daraus resultierenden Schmerz, der wiederum Muster der Eigensabotage hervorgebracht hatte. 1976 begann ich, jene Muster zu untersuchen, die durch Missverständnisse während der Schwangerschaft entstanden waren. Es gab viele davon, da alles, was ein Elternteil in dieser Zeit empfand, auch vom Baby gespürt wurde. Wenn ein Elternteil in dieser Zeit Angst hatte oder sich abgelehnt fühlte, empfand das Baby diese Gefühle genauso, als sei es selbst damit gemeint. Deshalb konnten bereits in einem so frühen Stadium Muster des gebrochenen Herzens und der Ablehnung entstehen. Als ich meine eigenen diesbezüglichen Missverständnisse aufgelöst hatte, fiel es mir leicht, anderen zu helfen, die in ähnlichen Mustern gefangen waren.

Bald darauf fing ich an, Klienten danach zu befragen, wann denn ihre Probleme entstanden seien. Bei manchen reichte die Wurzel der Probleme bis in »andere Lebenszeiten« zurück. Manche berichteten sogar von simultanen oder künftigen Leben. Es war umwerfend. Ich arbeitete mit intuitiver Sensitivität an diesen dramatischen »Einbrüchen« und entwickelte Heilmetaphern für die Bilder, die ins Bewusstsein drängten. Auf einer Ebene kann man »andere Leben« als Metapher dafür betrachten, wie das Ego unbewusste Muster präsentiert, ähnlich wie es das in Träumen tut. Ich überließ es meinen Klienten zu entscheiden, ob »frühere Leben« für sie eine metaphorische oder eine buchstäbliche Wahrheit darstellten.

Im *Naval Drug Rehabilitation Center* (Drogentherapiezentrum der US-Marine) arbeitete ich mit einem jungen Mann, den ich Bernie nennen möchte. Offensichtlich hatte er ein Drogenproblem, aber er klagte auch über einen Mangel an Selbstvertrauen und eine schreckliche Angst, die immer da war, wenn er Frauen zu einem Date einlud. Die Geschichte, die er dazu intuitiv fand, erstaunte uns beide. Er berichtete, dass er in einem früheren Leben als junger Bursche zum Waisen geworden war und dass seine Angst vor Zurückweisung damals begonnen hatte. Eine ältere Nachbarin hatte ihn zunächst bei sich aufgenommen, ihn dann aber rausgeworfen. Er lebte hinter den Maschinen im Waschsalon, um im Winter nicht zu sehr zu frieren, er lernte betteln und wurde zum Taschendieb, um sich über Wasser zu halten.

Als er in seinen späten Teenagerjahren war, hatte er gelernt, ganz gut auf der Straße zu überleben. Eines Nachts ertappte ihn ein Wachmann, als er gerade ein Lagerhaus ausraubte. In der folgenden Auseinandersetzung stach

Bernie auf den Mann ein. Anschließend konnte er flüchten und beschloss, ein neues Leben zu beginnen. Er fand eine Arbeit, kaufte sich neue Kleider, fand eine Unterkunft und traf zwei Jahre später die Frau seiner Träume. Nach kurzem Liebeswerben heirateten sie und bekamen in den Jahren darauf zwei wundervolle Töchter. Doch die Schuld, den Wachmann niedergestochen zu haben, verfolgte Bernie und trieb einen Keil zwischen ihn und seine Frau. Sie entfremdeten sich allmählich. Am Schluss verließ Bernie seine Familie, weil er meinte, die Liebe seiner Frau und seiner Töchter nicht zu verdienen.

Ich hatte bereits in den Sitzungen davor mit Bernie und seiner Intuition gearbeitet und wir waren bis zu seiner Empfängnis zurückgegangen. Im Leben seiner Mutter war etwas passiert. Sie hatte etwas, das sein Vater getan hatte, falsch aufgefasst und sich zurückgewiesen gefühlt. Bei seiner Empfängnis nahm Bernie das Gefühl der Ablehnung auf, das seine Mutter damals spürte. Als wir dieses Gefühlschaos nach und nach etwas entwirrt hatten, gewann Bernie ein Gutteil seines Selbstvertrauens zurück.

Aber erst als wir das Thema aus diesem anderen Leben aufgelöst hatten, konnte Bernie seine Schüchternheit überwinden. Er fand dann sofort eine Freundin. In seinem früheren Leben hatte er den Tod seiner Eltern als eine Form von Ablehnung seiner selbst empfunden. Dass seine ältere Nachbarin ihn nach zwei Jahren vor die Tür gesetzt hatte, verstärkte das Gefühl der Zurückweisung. Das Schlüsselerlebnis war jedoch, dass er den Wachmann niederstach und sich in der Folge selbst ablehnte. Auch die Entfremdung von seiner Frau deutete er als Ablehnung durch sie, obwohl er die Distanz wegen seiner Schuldgefühle selbst aufgebaut hatte.

Wir gingen intuitiv zur Geschichte dieses Lebens zurück. Bernie erkannte, dass seine Eltern ihn durch ihren Tod nicht zurückgewiesen hatten. Vielmehr hatte er sie abgelehnt, eben weil sie gestorben waren, und fühlte sich dann als Folge selbst abgelehnt. Er spielte dann gedanklich durch, wie eine ältliche Jungfer von einem wilden Burschen »verrückt« genug gemacht werden konnte, um sich außerstande zu sehen, dessen Bedürfnisse weiter zu erfüllen, und warum sie ihn deshalb hinausgeworfen hatte. Schließlich fanden wir heraus, dass der Wachmann zwar verletzt worden, aber nicht gestorben war. Das war eine große Erleichterung für Bernie. Er konnte erkennen, wie er sich aufgrund seiner Schuldgefühle selbst so stark abgelehnt und dies dann auf seine Frau projiziert hatte, dass diese ihn zurückwies. Er sah, wie er selbst das alles veranlasst hatte. Mit dieser neuen Erkenntnis und Betrachtungsweise konnte Bernie die Szene, in der er von seiner Frau vermeintlich abgelehnt worden war, mental neu schreiben, und das gab ihm ein ganz neues Selbstgefühl und eine neue Lebenseinstellung.

Bald wurde Bernie ein informeller Leiter unserer Therapiegruppe und Anführer seines Flurs. Er hatte einen sehr positiven Einfluss auf die neuen Teilnehmer, die zur Rehabilitation kamen. Sein Selbstvertrauen wuchs. Er nahm Kontakt zu einer jungen Frau in seinem Heimatort auf, die er früher vor lauter Schüchternheit nicht anzusprechen gewagt hatte. Sie reagierte auf seine Aufmerksamkeit und antwortete ihm mit Gefühlen.

Als Bernie die Gruppe wieder verließ, war er wesentlich reifer geworden. Er hatte die Ziele der Rehabilitationstherapie erreicht, Selbstvertrauen erlangt und eine Freundin gewonnen. Ob seine Berichte tatsächlich ein früheres Leben betrafen oder ob sie einfach eine Metapher waren, die sein Bewusstsein erzeugt hatte, um die Entwicklung seiner Persönlichkeit zu fördern, mag jeder für sich entscheiden. Ich weiß nur, dass das Leben eines Menschen enorm verbessert werden kann, wenn derartige Geschichten geheilt werden, gleich, was sie sind.

Heilmethode für frühere Leben

Wenn Sie das Gefühl haben, dass das, was Sie blockiert, mit einem anderen Leben zu tun hat, kann die folgende Übung sehr hilfreich sein. Wenn Sie spüren, dass die Wurzel eines Problems sehr alt ist, aber nicht über Ihre Familie auf Sie gekommen ist, dann hat das Problem fast immer etwas mit einem früheren Leben zu tun. Ein anderer Ansatz wäre, dass das Problem aus jenem Teil Ihres Bewusstseins stammt, der aufgrund von Abspaltung oder Verdrängung Bilder, Geschichten, Symbole und so fort hervorbringt, um damit das auszugleichen, was verloren gegangen ist. Doch gleich welchen Ansatz man hat – entscheidend ist, dass sich all diese Muster mit der Metapher des früheren Lebens beeinflussen und verändern lassen. Wenn Sie also dazu bereit sind, lassen Sie Ihre persönlichen Antworten einfach in Ihrem Kopf auftauchen, während Sie sich die folgenden Fragen stellen.

Fragen Sie sich:
Wenn ich wissen könnte, in welchem Land ich lebte, als das Problem begann, dann war das vermutlich das Land, das heute … heißt.

Wenn ich wissen könnte, ob ich damals ein Mann oder eine Frau war, dann war ich wahrscheinlich …

Wenn ich wissen könnte, ob ich damals irgendwen kannte, den ich jetzt kenne, dann war das vermutlich …

Wenn ich wissen könnte, welche Beziehung ich damals zu diesem Menschen hatte, dann war ich wohl …

Wenn ich wissen könnte, was in jenem Leben geschah, das noch heute auf mich einwirkt, dann ist das wahrscheinlich …

Wenn ich die Lektionen kennen würde, die ich in dem Leben damals lernen wollte, dann wäre das vermutlich ...

Wenn ich wissen könnte, wie gut ich diese Lektion damals gelernt habe, dann war das wohl …

Wenn ich die Seelengabe kennen könnte, die ich damals geben wollte, dann war das wahrscheinlich die Gabe der …

Wenn ich wissen könnte, welches Geschenk der Himmel durch mich geben wollte, dann war das vermutlich …

Stellen Sie sich als kleines Kind in jenem Leben vor. Öffnen Sie in Ihrem Bewusstsein die Tür zu der Seelengabe, die Sie geben wollten. Danach empfangen Sie das Geschenk des Himmels, das über Sie mit anderen geteilt werden sollte. Dann teilen Sie beides mit jeder Person und allem, was Sie zu jener Zeit und an jenem Ort wahrnehmen.

Wie verläuft jenes Leben nun?

Bringen Sie dieses Gefühl durch alle Lebenszeiten bis in Ihr jetziges Leben und den gegenwärtigen Augenblick.

Der Ursprung von Familienmustern

Nach meiner Erfahrung kreuzt sich das, was von den Ahnen auf uns kommt, mit dem, was aus »anderen Leben« stammt, um unsere Familienmuster zu bilden. Wir haben uns entschieden, eine Reihe früherer Leben in diesem Leben zu heilen. Es sind diese früheren Leben, die unsere Kindheits- und Lebensmuster bilden. Wir finden in die Familie, die den Mustern unserer früheren Leben am besten entspricht. Und dann fällt der berühmte Satz, den die römischen Kaiser immer zu Beginn der »Festspiele« im Kolosseum sagten: »Mögen die Spiele beginnen.«

Wir haben keine Ahnung, dass die Muster unseres Lebens im Unbewussten entstanden sind, auf den Ebenen der Seele. Dazu gehören frühere Leben, Ahnenübertragungen, Skripte und Lebensgeschichten, Verschwörungen, Schattengestalten und Idole. Die Familie, in der wir aufgewachsen sind, spiegelt wider, was wir in diesem Leben heilen wollen, damit wir unsere Lektionen lernen. Und indem wir uns heilen, stellen

wir das wieder her, was notwendig ist, um unsere besondere Bestimmung zu erfüllen. Das schließt ein, dass wir glücklich sind, uns selbst heilen, der Welt helfen und dies auch ausstrahlen, aber auch ganz individuelle Aufträge.
Wenn wir unsere Bestimmung leben, können wir ein schönes Leben und sogar ein goldenes Leben führen. Es gibt Menschen, denen zu helfen wir hierhergekommen sind, und andere, die wir erlösen wollten. Meistens sind wir hierhergekommen, um jene zu erlösen, die uns zu Opfern machen. Wenn wir weder sie noch uns selbst heilen, übernehmen wir am Ende ihre Verletzungen.

Die meisten Menschen realisieren die Bedeutung der Familie für ein erfolgreiches und liebevolles Leben entweder nicht, oder sie haben keinen Schimmer, was sie tun könnten, um ihre Familiensituation zu verändern.

Timing

Im Laufe der Jahre habe ich etwas über das Timing in Familien gelernt. Nachdem die intuitive Methode in zehntausenden von Fällen zur Anwendung gekommen war, wurde deutlich, dass die meisten Traumen im Alter von drei Jahren passieren. Das hat eine Reihe von Ursachen. Zunächst einmal ist dies das Alter, in dem man aus der Bewusstseinsebene der Meisterschaft beziehungsweise aus der Geschichte eines goldenen Lebens fällt. Allerdings habe ich auch schon oft gehört, dass dies schon früher oder erst später passiert. Es kann in fast jedem Alter seit der Geburt oder sogar noch im Mutterleib geschehen bis zum Alter von zehn Jahren, obwohl das viel seltener vorkommt. Dennoch: Am häufigsten passiert es mit etwa drei Jahren.

Im Alter von drei Jahren ist das Erlebnis so traumatisch, dass die meisten von uns damals ihre Lebensbestimmung aufgegeben haben. Nachdem wir so traumatisiert wurden, haben wir nicht mehr daran geglaubt, dass wir besitzen, was notwendig ist, um unsere Bestimmung zu verwirklichen. Anders ausgedrückt: Wir haben *das Trauma benutzt,* um unsere Bestimmung aufzugeben, für deren Verwirklichung wir uns nicht gerüstet fühlten.

Im dritten Lebensjahr spielen Kommunikation, Selbstausdruck, Macht und Erfolg eine große Rolle. Es gibt Menschen, die nicht nur Angst vor der Macht haben, sondern auch vor der Quelle der Macht. Mit drei Jahren macht sich unser Autoritätskonflikt zum ersten Mal richtig bemerkbar oder wird virulent. Das zeigt sich in Jähzorn, Wutanfällen, Rückzug und Abkehr von der Umwelt oder als passive Aggression. In diesem Alter beginnen wir häufig, kompensatorische Rollen zu spielen. Damit ist dieses Alter entscheidend für die Familienverschwörung. Diese Verschwörung hat sich zwar schon seit unserer Empfängnis entwickelt, wird aber erst mit drei Jahren wirklich wirksam. Ab dieser Zeit wenden wir uns nämlich von unserem echten, authentischen Selbst ab und fangen an, Masken und Panzer zu tragen.

Mit drei Jahren beginnt auch die Ödipus-Verschwörung, und das Trauma, das man in dieser Zeit erfährt, ist fast immer ein Teil des gebrochenen Herzens, hinter dem man diese Verschwörung versteckt. Erst in den letzten Jahren ist die Ödipus-Verschwörung bereits bei Zweijährigen genauso oft aufgetaucht wie bei Dreijährigen.

Das Alter von neun Jahren ist die zweithäufigste Zeit, in der Kindheitstraumen auftreten. Alles, was wir in der früheren Kindheit nicht gelöst haben, taucht im neunten Lebensjahr wieder auf, wenn wir versuchen, die Kindheitsthemen aufzuarbeiten, bevor wir in die Pubertät kommen.

Am dritthäufigsten tauchen Traumen im zweiten Lebensjahr auf – der Zeit, in der sich unsere Beziehungsmuster zu bilden beginnen. Und schließlich ist die Zeit um eineinhalb Jahre für die Familienverschwörung wichtig, weil wir in diesem Alter anfangen, deutliche Persönlichkeitsbilder und Ichvorstellungen zu entwickeln.

Persönlichkeiten

Mit eineinhalb Jahren beginnen sich unsere »Persönlichkeiten« zu entwickeln. Mit drei Jahren werden sie als Teil unseres Charakters »festgeschrieben«, weil wir entsprechende Rollen annehmen. Mit »Persönlichkeiten« sind hier die Ichvorstellungen und Selbstbilder gemeint, die unser Ego bilden. Es ist der denkende Geist, den wir benutzen, um in der Welt klarzukommen, also weder das meditative, friedvolle Bewusstsein noch der kreative, inspirierte Geist. Ein Selbstbild beziehungsweise Ichentwurf ist ein uns selbst betreffendes Glaubensmuster, das sich über unser *Sein* und *Wesen* legt und uns vom Fluss abschneidet. Zu den Persönlichkeitsmustern gehören bestimmte Verhaltenseinschränkungen, und jedes Muster hat seine eigene Absicht und Logik. Die Ziele dieser Persönlichkeitsaspekte und die dahinter stehenden »Persönlichkeiten« liegen oft im Konflikt miteinander.

Ein Persönlichkeitsaspekt scheint so sehr ein Teil von uns zu sein, dass er wie ein hauteng anliegender Body wirkt. Es ist die Stimme in unserem Kopf, die uns sagt, was wir machen sollen. Das verstärkt unseren Stress, macht uns vermeintlich zu etwas Besonderem* – zulasten von Herzensbindung – und behindert den Fluss, der Erfolg bringt. Die Ausbildung eines eigenständigen Persönlichkeitsaspekts schneidet uns auch vom Kontakt und Austausch mit anderen ab, der Empfang ist unterbrochen. Die Persönlichkeit sieht vielleicht echt aus, fühlt sich aber nicht so an. Eine solche Persönlichkeit fühlt sich an, als wäre man mit Regenmantel unter der Dusche. Es gibt Tausende solcher Persönlichkeitsaspekte, die alle ihre eigenen Absichten und Ansichten darüber haben, was uns glücklich machen würde.

Eine Persönlichkeit erzeugt eine Stimme in unserem Kopf, die vorschlägt, etwas Bestimmtes zu tun, um glücklich zu sein. Das Ego hat Tausende solcher »Persönlichkeiten«. Es hört auch Stimmen, die ebenfalls wie Persönlichkeiten auftreten, aus dem Unbewussten, in dem das kollektive Ego als Prinzip der Trennung fungiert.

Das Tao dagegen, der Heilige Geist oder die universelle Inspiration spricht mit einer kleinen, stillen Stimme durch unser höheres Bewusstsein. Wir müssen uns regelrecht darauf einstellen, um es unter dem Getöse des Egos zu hören. Wenn es in einem bestimmten Bereich ein Übergewicht an

* Jemand Besonderer sein: Ein Schlüsselmodell in der *Psychologie der Vision*. Es beschreibt, dass man sich durch Leistung oder auch Leiden wesentlich von anderen unterscheidet und diese Unterscheidung und vermeintliche Hervorhebung als Maske benutzt, um die tatsächlichen Egoziele und das eigene schöpferische Potenzial zu verdecken. (Anm.d.Ü.)

Persönlichkeitsaspekten wie Aufopferung, Genusssucht oder Auflehnung gibt, neigen wir dazu, ähnliche Rollen zu spielen oder solche, die dies kompensieren. Zum Beispiel opfern wir uns, um unsere Genusssucht zu verstecken.

Rollen und Persönlichkeiten

Rollen sind schwerer. Sie entstehen später und gleichen eher einem Panzer oder einer Maske, die wir manchmal sogar unbewusst tragen. Rollen stellen eine Kompensation dar, die uns daran hindert zu empfangen. Bei Burnout liegen immer Rollen vor, besonders Opferrollen.

Rollen sind schwerfällig und nicht authentisch. Persönlichkeiten sehen vielleicht aus wie wir, können unsere Essenz aber bestenfalls imitieren. Sie erwecken vielleicht den Anschein, als zeigten sie unsere Talente, unser Glück und den Fluss, aber in Wahrheit verbergen sie unsere Gaben. Angenommene Persönlichkeiten können aber auch wie das genaue Gegenteil unserer Essenz aussehen. Dann wirken sie zum Beispiel wie Unglücksraben, die verbergen, wie viel Glück wir eigentlich haben können, oder spielen Mangelrollen, die unsere Gabe der Fülle verstecken.

Rollen entstehen aufgrund von irrtümlichen Entscheidungen, die zu Traumen geführt haben. Persönlichkeiten beginnen sich mit der Entscheidung für Trennung zu entwickeln, die zu Scham, Verlegenheit oder Befangenheit geführt hat, aber immer auch zu einem Verlust der Herzensbindung. Als Folge sind wir niemals eins mit unserem Leben, sondern neigen dazu, uns selbst dabei zuzusehen, wie wir die Welt auf eine unwahre Weise beobachten. Das überlagert jenen spirituellen Teil des Geistes, der ein wahrer Beobachter und Zeuge dessen ist, was geschieht. Unsere Sichtweise wird verzerrt und wir verlieren unsere unvoreingenommene Wahrnehmung und unser rechtes Bewusstsein. Auf diese Weise werden wir überreaktiv und dissoziiert.

Um zur erlebten Geschichte eines »schönen Lebens« zu gelangen, die ein Vorspiel zur »Geschichte des goldenen Lebens« ist, müssten wir die meisten unserer Rollen und einen Gutteil unserer Persönlichkeiten aufgeben. Rollen basieren mehr auf Schuldgefühlen und Persönlichkeiten mehr auf Scham, aber beide blockieren den Fluss.

Wir spielen unter Umständen Opferrollen und haben Opfer-Selbstbilder. Hinter allen Rollen stehen Ichvorstellungen und Selbstbilder, aber nicht alle Selbstbilder sind Rollen. Beide vermitteln uns eine Identität, die wir glauben, unterstützen und verteidigen zu müssen. Wir spüren es so, als ob wir diese Identitäten wären, aber in Wahrheit sind sie das, was wir gemacht haben, ein vermeintliches Bild unserer selbst. Sie veranlassen uns, uns für etwas zu engagieren, das nicht wahr ist, sondern nur eine Schicht, die unser wahres Selbst überlagert.

Das Selbstbild ist das zentrale Idol aller Idole, mit denen wir versuchen, Gott zu ersetzen. Wir meinen, es würde uns glücklich machen und retten. Deshalb investieren wir so viel Energie um »besonders« zu sein, was ja nur eine verfälschte Form von Liebe ist und außerdem Bonding und Beziehungen zerstört.

Je mehr wir uns in Rollen und Selbstbildern verstricken, desto mehr sorgt unser Ego dafür, dass wir uns mit dem

Körper als unserem vermeintlichen Selbst identifizieren. Auf diese Weise unterstützt die Familienverschwörung das archetypische Idol der Ichvorstellungen. Wir nehmen jene Persönlichkeiten oder Rollen an, welche die Familie zu brauchen scheint, um sich aufrechtzuerhalten. Persönlichkeiten und Rollen führen jedoch dazu, dass wir zum Schatten unseres eigentlichen Selbst werden.

Im Mutterleib

Der erste Korb

Das Folgende habe ich in einem Kurs der *Oneness University* gelernt. Ich habe auch gehört, das Stanislaf Grof ähnliche Forschungsergebnisse erzielt hat. In der *Oneness University* bezeichnet man die Stadien, die ein Baby im Mutterleib während der Schwangerschaft durchläuft, als die »vier Körbe«. Aus diesen vier Stadien im Mutterleib ergeben sich die vier wichtigsten Erfahrungen im Leben.

Der erste Korb umfasst die Empfängnis und die ersten Monate. In dieser Zeit ist das Kind völlig vom Körper der Mutter abhängig, von ihrem Geist und ihren Gefühlen. Wenn man aufgrund eines Traumas in dieser Zeit, in diesem ersten Korb steckenbleibt, fühlt man sich träge und untätig. Es gibt dann keine Bewegung, keine erreichten Ziele, und man ist noch mit 55 Jahren in derselben emotionalen Lage wie mit 25. Veränderungen fallen schwer. Man hat wenig Energie oder Lebensfreude und fühlt sich statisch. Man ist mehr wie ein Zuschauer im eigenen Leben oder zieht sich sogar vom Leben zurück. Nichts scheint einem zu geschehen oder sich für einen zu entwickeln. Man ist wie ein Stück Treibholz im Strom – gleichgültig und scheinbar mit dem Leben zufrieden. Diese Menschen haben kein Vertrauen, keinen Glauben und keinen Antrieb, sich weiterzuentwickeln und erfolgreich zu sein.

Der zweite Korb

Im zweiten Korb, dem zweiten Stadium der Schwangerschaft also, ist das Baby größer und fühlt sich im Schoß nicht mehr so wohl. Es gibt eine Menge an chemischen Reaktionen. Man wird zurückgehalten und ist nicht in der Lage herauszukommen. Man spürt den Impuls, etwas zu tun, kann es aber nicht. Möglicherweise tauchen Gefühle der Hoffnungslosigkeit und Hilflosigkeit auf. Wenn man im zweiten Korb aufgrund eines Traumas blockiert wurde, leidet man und fühlt sich hilflos. Es scheint keinen Ausweg zu geben. Dieses Gefühl der Hilflosigkeit oder Demütigung wird auch an den Arbeitsplatz und in die Beziehungen getragen. Erfolg ist Mangelware. Man fühlt sich verzweifelt und entmutigt, und wenn man dort steckenbleibt, scheint sogar Selbsttötung eine Option zu sein. Man kann sich nicht gut konzentrieren. Der Geist wandert umher, wird abgelenkt und gestört. Manche spüren Wut, weil sie sich so hilflos und wie erstickt fühlen. Es tauchen Gefühle der Sinnlosigkeit auf oder sogar die Empfindung zu ertrinken. Man gerät in Auseinandersetzungen und Streitereien, aber darunter verbirgt sich im Grunde ein Gefühl der Verzweiflung. Es findet ein ständiger Kampf statt ohne Hoffnung auf Erfolg. Die Dinge scheinen einfach nicht richtig zu laufen.

Der dritte Korb

Im dritten Korb ist der Mutterleib unerträglich geworden und man kämpft um hinauszukommen, schafft es aber nicht. Mal scheint es gut zu laufen, und dann wieder klappt gar nichts. Man strengt sich immer und immer wieder an, um ins Licht zu gelangen. Wenn man im dritten Korb gefangen bleibt, kann man zwar Fortschritte machen, aber nur mit enormen, lebenslangen Anstrengungen. Man muss dann sehr hart arbeiten, um irgendetwas zu erreichen. Man besitzt zwar ein Potenzial und kommt voran, fällt aber wieder zurück. Man ist erschöpft und ausgelaugt. Man bemüht sich, ist fokussiert, arbeitet schwer und erlangt Einsichten. Man erreicht das Ziel – fast. Man kann durchaus weitere Fortschritte erzielen und etwas erhalten beziehungsweise empfangen, aber das geht nur durch viel Arbeit. Es gibt Hoffnung und dann auch Erfolg, aber nur mit enormer Anstrengung und vielen Sorgen.

Der vierte Korb

Im vierten Korb hat man es endlich bis zur Geburt geschafft. Die Menschen sind froh, einen zu sehen und sagen nette Dinge. Wenn man aus dem vierten Korb heraus lebt, stellt sich Freiheit ein und Erfolge fliegen einem zu. Aber obwohl die Dinge leicht von der Hand gehen, ist man nicht unbedingt glücklich dabei. Es kommt nämlich darauf an, wie man bei der Geburt empfangen wurde. Wenn man nicht erwünscht war und nicht anerkannt wurde, wird man auch später nicht wirklich glücklich oder zufrieden sein können. Man könnte dann sogar deprimiert sein, weil man die Liebe und den Erfolg, die sich einstellen, nicht richtig zu schätzen weiß. Wenn man nach der Geburt von der eigenen Mutter nicht berührt wurde, fühlt man sich später trotz aller Erfolge entfremdet und entmutigt, weil Erfolg an sich nicht viel zählt, wenn man dabei einsam ist. Die meisten Menschen vom vierten Korb führen jedoch ein leichtes, gutes Leben. Sie haben Erfolg in all ihren Bemühungen. Ihr Vertrauen ist groß und Wunder ereignen sich in ihrem Leben wie von selbst.

Es kann sein, dass Sie zwischen diesen vier Körben hin und her gehen. Während Sie einen Korb klären, stellen Sie fest, dass sie entsprechend der Prägungen eines anderen Korbes leben und wirken. Die vier Körbe sind die vier wesentlichen Stadien der Schwangerschaft und der Geburt, eines Prozesses, der Ihr Leben sowohl innerlich als auch äußerlich bestimmt.

Lebensmuster

Bei meinen Forschungen rund um das Thema »Trauma im Mutterleib« habe ich festgestellt, dass sich hier Urthemen und Urmuster der Seele widerspiegeln. Was während der Zeit im Schoß geschieht, manifestiert sich in der Kindheit als Trauma oder Muster. Traumen, die in einem bestimmten Lebensalter auftreten, spiegeln ein Trauma im entsprechenden Monat im Mutterleib wider. Ein großer Herzensbruch mit drei Jahren signalisiert das Gefühl eines gebrochenen Herzens und des Zurückgewiesenwerdens im dritten Monat der Schwangerschaft.

Unsere Geburtsmuster bestimmen sowohl unser Leben- als auch unsere Sterbemuster, es sei denn, man korrigiert sie. Unser Geburtsmuster geht auf das Muster unserer Empfängnis zurück. Die Muster unserer Empfängnis, Schwangerschaft und Geburt spiegeln nicht nur entscheidende Lebensmuster wider, sondern zeigen auch jene Seelenmuster an, die wir in dieses Leben mitgebracht haben, um sie jetzt zu korrigieren.

Eltern

Was zum Zeitpunkt unserer Empfängnis physisch und emotional mit unseren Eltern geschah, hat den Weg bereitet für unseren Aufenthalt im Mutterleib und im Leben. Das wiederum ist von unseren Ahnen- und Seelenmustern beeinflusst worden. Mutter und Vater sind die beiden wichtigsten psychologischen Faktoren in unserem Leben, und das hat bereits mit unserer Empfängnis begonnen. Unsere Eltern sind Schlüsselaspekte nicht nur für das Erlangen von Einheit und Ganzheit in unseren Beziehungen zu ihnen, sondern auch, weil sie auf einer unbewussten Ebene unsere Beziehung zu uns selbst widerspiegeln.

Auf einer unbewussten Ebene beziehungsweise einer Seelenebene repräsentieren unsere Eltern die zentralen Glaubensmuster, die wir transformieren wollen. Obwohl wir uns nicht mit unseren Eltern identifizieren, lernen wir doch zu vergeben und uns mit ihnen zu verbinden. Dabei verbünden wir uns zunächst mit ihnen, dann finden wir zur Herzensverbindung, zum Bonding zurück, um schließlich eins mit ihnen zu werden und so Anklagen, Bewertungen, Trennung und Schuldgefühle loszulassen. Auf diese Weise können wir unsere Gaben entdecken und auf so tief greifende Weise geben, dass unsere Eltern unsere Geschenke empfangen und wir ihre, um neue Ebenen des Erfolgs zu erreichen.

Andererseits kann sich bei unseren Eltern sehr früh ein Trennungsmuster zeigen, das sich dann durch unser ganzes Leben zieht. Dass bislang nur so wenige Menschen ein goldenes Leben führen, zeigt deutlich, dass wir diese versteckte oder offensichtliche Trennung noch in uns tragen.

Unser *Vater* repräsentiert unsere Beziehung zu Erfolg und Geld. Wie die Beziehung zu unserem Vater ist, so ist unsere Beziehung zu Erfolg. Ein Autoritätskonflikt mit dem Vater ist ein Autoritätskonflikt mit Geld und Erfolg. Je wichtiger die Rolle ist, die das Vater-Thema für uns spielt, desto mehr werden wir »sozial« sein. Eine soziale Persönlichkeit braucht ab und zu eine Gruppe, um sich daheim zu fühlen.

Unsere *Mutter* repräsentiert unsere Beziehung zum Flow, zum Fluss des Lebens. In welcher Beziehung wir zu unserer Mutter stehen, bestimmt die Schwierigkeit oder Leichtigkeit, die wir im Leben erfahren. Eine Person mit Schlüsselthemen im Hinblick auf die Mutter wird »sexuell« sein. Einen solchen Menschen freut es am meisten, wenn er seine Zeit mit einem anderen Menschen verbringen kann. Die Mutter steht auch für unsere Beziehungen allgemein. Für eine Frau repräsentiert die Mutter das Gespür für sich selbst, während für einen Mann der Vater für die Beziehung zu sich selbst steht.

Ein Mensch, der gravierende Probleme sowohl mit der Mutter als auch mit dem Vater hat, wird ein »Eremit« sein und seine Zeit vor allem allein verbringen wollen. Die Begriffe und die dahinter stehenden Konzepte des Sozialen, des Sexuellen und des Eremiten kommen aus alten Sufilehren. Ich bin ihnen vor Jahren begegnet und habe sie als nützlich für meine Arbeit empfunden.

Die Beziehung einer Frau zu ihrem Vater wird das Muster ihrer Beziehungen mit Männern bestimmen. Ein gebrochenes Herz, Missverständnisse und eine starke Ödipus-Verschwörung kann die Beziehung zu Männern sabotieren. Und genauso wird die Beziehung eines Mannes zu seiner Mutter den Ton in seinen Beziehungen mit Frauen angeben. Die Schlüsselrollen, die wir in unserer Familie übernehmen, haben auch einen entscheidenden Einfluss auf Erfolg beziehungsweise Misserfolg in unseren Beziehungen und unserem Beruf.

Weitere wichtige Faktoren für unsere eigenen späteren Beziehungen sind, wie die Beziehung zwischen unseren Eltern war und wie wir selbst uns auf Geschwister des anderen Geschlechts bezogen haben. Wenn die Eltern sich die ganze Zeit gestritten haben, dann kann das zu einer großen inneren Sorge darüber führen, ob wir selbst in der Ehe erfolgreich sein können. Außerdem: Wenn sich unsere Eltern ständig streiten, liegen auch die beiden wesentlichen psychologischen Pole, zwischen denen wir erzogen werden, ständig im Konflikt miteinander. Das bedeutet, dass es in uns eine psychologische Dissonanz und einen Konflikt gibt. Astrologisch gesprochen heißt dies: Das Sonnensymbol des Vaters steht im Quadrat zum Mondsymbol der Mutter. Damit stehen unsere eigene männliche und weibliche Seite im Konflikt. Das kann zu viel Stress und Herzensbruch führen sowie zu dem Gefühl, in einem Kriegsgebiet zu leben. Dies wiederum hat zur Folge, dass wir emotional oder im Verhalten gehemmt sind. Oder wir werden durch den Druck zum Diamanten. Als Folge des ständigen Streits zwischen den Eltern oder wenn sich ein Elternteil ganz in sich zurückzieht, kann es uns an Trost, Freude, Ermutigung oder sogar grundlegender Fürsorge mangeln. Das führt dann unter Umständen zu physischer oder emotionaler Vernachlässigung, die wir ein Leben lang mit uns herumschleppen und später in unsere Beziehungen und unsere eigenen Familien tragen. Das lässt sich aber alles heilen!

Mutterleib und Kindheitsmuster

Ein Freund, Lance Shaler, hatte mit mir in den frühen 1980er-Jahren etwas über die Symbolik von Zahlen erzählt. Ich hörte ihm nur mit einem halben Ohr zu, bis ich eines Tages mit einem Klienten arbeitete und sah, dass das, was mein Freund mir seit Jahren gesagt hatte, die Situation genau traf und sich darin als hilfreich erwies. Offensichtlich gibt es eine natürliche Entwicklung, die sich auch anhand von Zahlen entfaltet, und ich entdeckte spannende Korrelationen. Diese numerische Symbolik erforsche ich nun seit 1982, und ich bin inzwischen zu einigen recht interessanten Ergebnissen gelangt.

Diese Ergebnisse werden durch Erkenntnisse bestätigt, die ich in den 1970er-Jahren bei der Anwendung von Dr. Peter Sifneos Kurzzeit-Psychotherapiemodell am *Naval Drug Rehabilitation Center* machte. Die Therapiezeiten wurden damals ständig verkürzt, weil die Etats dafür immer knapper wurden. Wir mussten also nach Kurzzeittherapien Ausschau halten. Dr. Sifneos machte zehn Sitzungen. Er begriff, dass der Fortschritt seiner Klienten mit dem Entwicklungsprozess ihres Erwachsenwerdens in Korrelation stand. Ich fand heraus, dass jede der zehn Sitzungen dem entsprechenden Jahr in der Kindheit entsprach. In der dritten Sitzung ging es also um Themen aus dem dritten Lebensjahr.

Im ersten Monat im Mutterleib und im ersten Lebensjahr als Baby entwickelt sich unser Gespür für uns selbst, unser Ich.

Mit zwei Monaten im Schoß und im zweiten Lebensjahr lernen wir, uns in Beziehung zu anderen zu setzen. Die Hauptlektion besteht darin, wie wir in Beziehung zu anderen sein können, ohne uns aufzuopfern und auf unechte Weise hinzugeben. Wenn das erste Jahr symbolisch wie das Pflanzen des Samens ist, so ist das zweite Jahr das Keimen der Wurzeln und das dritte Jahr das Keimen über die Erde hinaus sichtbar nach oben.

Der dritte Schwangerschaftsmonat und unser drittes Lebensjahr stehen für Kommunikation und Selbstausdruck. Jetzt entsteht unser Gefühl für Macht, für unsere Begabungen und für Erfolg. Da so viele Menschen in diesem dritten Monat beziehungsweise Jahr traumatisiert werden, können sie sich selbst nicht spüren und verstecken sich deshalb lieber.

Im vierten Monat und Jahr sehen wir uns unseren chronischen Problemen gegenüber. Der Zweck dieser Lektion ist, dass wir lernen, chronische Probleme so zu transformieren, dass sie zu Ecksteinen und Fundamenten unseres Lebens werden. Auf diesen transformierten Problemen können wir dann Erfolg, Beziehungen und alle anderen wichtigen Bereiche des Lebens aufbauen.

Das fünfte Jahr symbolisiert Transformation und dann Zügellosigkeit. Die Veränderungen können zu Humor und sogar zu wilder Hemmungslosigkeit führen. An diesem Punkt kann der Baum einen Wachstumsschub bekommen und wirklich hochschießen.

Das sechste Jahr kann unterschiedliche Dinge mit sich bringen, darunter zunächst einmal die Fähigkeit, sich selbst von ganzem Herzen hinzugeben. Es kann auch Emotionen repräsentieren, Reife und eine weitere dynamische Entwicklung der Familie. Da es Emotionen symbolisiert, kann es tiefe und schmerzhafte Gefühle bringen, so wie wenn ein Pilot sein Flugzeug »auf sechs« stellt und senkrecht nach unten zur Erde zieht, mit der Gefahr des Zerschellens. Wir haben Angst, uns in einer Beziehung ganz zu geben und uns dann später unter Schmerzen wieder daraus wegreißen zu müssen. Im sechsten Monat beziehungsweise Jahr erreicht der Baum Reife und volles Wachstum.

Im siebten Monat und im siebten Jahr lernen wir, was wahr ist, sodass wir eine Renaissance erleben und Glück. Es ist eine nachdenkliche, eine spirituelle und meditative Zeit. Jetzt kann der stille Geist Freude erfahren. Nun kann der Baum Frühlingsblüten hervorbringen. Es ist die Zeit der Kirschblüte.

Wenn Sieben die Kirschblüte ist, ist Acht die Kirsche selbst. Im Leben steht die Acht für Fülle und für die Fähigkeit zu empfangen. Es ist unsere weibliche Seite, die uns erlaubt, offen und empfänglich zu sein.

Neun symbolisiert Loslassen, Weisheit, Ernte und Spiritualität. Hier schließt sich der Kreis. Unsere Kirschen sind voll und reif geworden und fallen von selbst vom Baum. Mit neun Monaten endet unsere Zeit im Mutterleib und mit neun Jahren endet die Kindheit. Alle Elemente der Kindheit sind im neunten Jahr enthalten, wie auch im neunten Schwangerschaftsmonat alles beisammen ist, um auf eine neue Ebene zu gelangen. Was in der Kindheit nicht gelöst wurde, taucht im neunten Jahr wieder auf.

Im zehnten Monat oder Jahr geht es um Geburt, um ein neues Kapitel, das aufgeschlagen wird. Es ist der Sprung auf eine neue Ebene.

In unserem elften Jahr – die Elf ist zugleich die erste Meisterzahl – geht es um Führungsqualitäten und darum, Probleme und Nöte zu verwandeln in einen Neubeginn, der geistig inspiriert ist. Die beiden Einsen der Elf können ihre Meisterschaft aber auch verlieren und zur Zwei werden, besonders dann, wenn Beziehung und Herzensverbindung durch Aufopferung und Opferrollen ersetzt werden.

Die Zwölf symbolisiert geistige Führung sowie das Hören auf unser eigenes höheres Selbst und die Quelle.

Dreizehn ist eine Seelenzahl, die entweder ein chronisches Seelenproblem oder eine wunderbare Seelengabe repräsentiert.

Die Teenagerjahre stehen symbolisch für die Eins, den Neubeginn. Die Pionierzahl Eins wird der nächsten Zahl hinzugefügt beziehungsweise mit ihr verbunden. Vierzehn ist die Eins und die Vier: Die Eins des Pioniers muss sich mit einem chronischen Problem der Vier auseinandersetzen und es transformieren. Fünfzehn ist die Zahl Eins und die Zahl Fünf, die zusammen die Sechs ergeben. Der Pionier und die Selbstwahrnehmung verbinden sich, um den Einsatz des ganzen Herzens zu bewirken. Die Eins und die Sechs bilden die Sechzehn, die symbolisiert, wie unser Selbstgefühl und das Leben aus vollem Herzen zu Frühling und Glück führen. Die Siebzehn steht für ein Empfangen, das mit der Zahl Eins verbunden ist. Aus dem Selbstgefühl und dem Glück ergibt sich als Summe die Acht, die Fülle. Achtzehn symbolisiert Geld, Loslassen und Ernte. Neunzehn ist der spirituelle Prinz beziehungsweise die spirituelle Prinzessin. Die Eins des Pioniers verbindet sich mit der Neun der Ernte und spirituellen Weisheit, und das führt zu einem besseren Leben und einem spirituellen Neubeginn.

Alle Nullen nach der Eins, der Zwei und so fort symbolisieren die entsprechende einstellige Zahl, deren Kraft mit zehn multipliziert wird. Bei der Zwanzig geht es also um Partnerschaft, die mit zehn multipliziert wird. Dreißig hat zu tun mit Macht, Begabung und Kommunikation, multipliziert mit zehn. Bei Vierzig geht es um Fundamente und darum, ein Problem in einen Eckstein zu verwandeln.

Zweiundzwanzig ist der Baumeister. Dreiunddreißig ist der Meister der Gaben. Vierundvierzig ist die Meisterzahl, die jemanden symbolisiert, der chronische Probleme meisterhaft in Fülle verwandeln kann. Fünfundfünfzig ist die verdoppelte Transformation, die zum Neubeginn wird. Sechsundsechzig ist der verdoppelte Herzenseinsatz, der auf eine neue Ebene von Führung und Inspiration sowie zum höheren Bewusstsein führt.

Die übliche Art und Weise, wie Menschen bei Konferenzen, Treffen oder Geschäftsbesprechungen um einen Tisch herum sitzen, lässt sich mit Hilfe der ersten zwölf Zahlen symbolisch interessant deuten. Der Trainer oder Leiter sitzt meistens in der Zwölf-Uhr-Position des höheren Bewusstseins. Es ist dann aufschlussreich zu sehen, an welchem Platz wer sitzt und für welchen Teil des Gruppenbewusstseins dieser Mensch spricht. Ich achte gern darauf, wer bei vier Uhr sitzt und für das chronische Problem des Gruppenbewusstseins spricht, oder bei zehn Uhr (Geburt) oder bei sechs Uhr, im Herzen der Gruppe.

Wenn sich jemand am Gespräch beteiligt und das Wort ergreift, achte ich immer darauf, welchen Teil des Gruppenbewusstseins er oder sie repräsentiert und wofür er oder sie spricht. Die Mittelposition der Ellipse beziehungsweise des Kreises ist die Sechs-Uhr-Position gegenüber dem Leiter. Ich nenne sie den »springenden Punkt« der Gruppe. Eine Person an dieser Position spricht für das Herz der Gruppe. Was sie sagt, ist doppelt wichtig, denn was sie ausdrückt oder heilt, gehört zum innersten Herzen des Gruppenbewusstseins. Ein Mensch an der Zehn-Uhr-Position sagt, was der Gruppe hilft oder sie daran hindert, auf die nächste Ebene zu springen.

Den Plan Ihrer Seele verwirklichen

Ihr Seelenplan sieht vor, dass Sie Ihre Identität als Spirit erkennen und verwirklichen und dadurch die Erfahrung des Einheitsbewusstseins machen, des Himmels. Diese

Entwicklung kann man auf unterschiedliche Weise erklären. Alle negativen Emotionen, Bewertungen und Bewusstseinsspaltungen aufgrund von Anklagen und Kümmernissen können durch Liebe, Bonding, Vergebung, Loslassen, Integration, Frieden, Hingabe und viele andere Prinzipien geheilt werden. Liebe und Vergebung sind die wirksamsten Prinzipien der Heilung. Alle Spaltungen und all unsere Probleme stammen aus der Trennung. Jede Trennung rührt vom Ego her und ist eine Illusion. Dasselbe gilt für alle negativen Emotionen, die unsere Bewusstseinsspaltungen aufrechterhalten. Da alles Negative eine Illusion ist, kann auch alles geheilt werden: Alle Probleme können durch Heilung aufgelöst werden.

Wir leben in der Illusion getrennt zu sein. Wir begannen in der Einheit, aber die Illusion der Trennung hat sich an die Stelle der Erfahrung von Einheit gesetzt. So wie die Einheit verdeckt wurde, geschah es auch mit der Erfahrung unserer selbst als Spirit. Wir haben dieses Erleben mit vielen Ichvorstellungen und Selbstbildern zugedeckt, während wir uns bemühten, unabhängig und somit getrennt zu werden. Das hat jedoch nichts an unserer ursprünglichen Identität geändert.

Im *Kurs in Wundern* gibt es zwei aufeinander folgende Lektionen. Die erste Lektion ist: »Lass mich mein Problem erkennen, damit es gelöst werden kann.« Das Problem ist die Trennung. Die nächste Lektion lautet: »Lass mich erkennen, dass mein Problem gelöst ist.« Einheit ist der wahre Zustand der Dinge. Gott ist. Der Rest ist Illusion. Alle Probleme sind Symptome für Getrenntheit. Wir können sie nicht loslassen, auch wenn sie schon gelöst sind, solange wir nicht erkennen, dass wir nicht getrennt sind, obwohl wir es zu sein glaubten. »Lass mich erkennen, gleich um welches Symptom es sich handelt, dass mein Problem schon gelöst ist, da Trennung in Wahrheit nicht existiert.«

Der Familienplan

Die Familie zeigt uns die vielen Zersplitterungen unseres Geistes. Wir sind gekommen, um unserer Familie Herzensbindung zu bringen, um sie zu vereinen, um sowohl in unserer Familie als auch in unserem Bewusstsein eine Form der Einheit zu feiern. Unsere Familie zeigt uns unsere zentralen Seelenmuster. Sie zeigt uns auch die wichtigsten Kümmernisse und Muster, die wir noch nicht geheilt haben. Unsere Familie zeigt uns, an welchen Stellen unser Bewusstsein nicht integriert ist. Die Heilung der Familie ist der Schlüssel zur erneuten Integration. Je mehr wir vergeben, integrieren und anderen helfen, desto mehr findet unser Geist zu sich selbst und bringt Frieden. Das führt zu Liebe, Fülle und Glück, und der Frieden breitet sich in unserem Leben aus. Frieden erzeugt Vertrauen, und Vertrauen führt zu Verbindung und Erfolg in unserer Familie und unserem Leben.

Jedes Mitglied der Familie, in der wir aufgewachsen sind, spiegelt uns wesentliche Selbstbilder wider. Je mehr Vergebung existiert, desto stärker lösen sich diese Ichvorstellungen auf und geben Raum für Liebe, Flow und Freude. Je mehr wir die Dunkelheit beseitigen, die aus Urteilen und Anklagen entstehen, desto mehr Verbindung und Erfolg gibt es in der Familie.

Traumen in unserer Familie waren die Entschuldigung für uns, unsere Bestimmung aufzugeben. Sie haben uns den Vorwand geliefert, unser Lebensziel aus den Augen zu verlieren. So ist es nur passend, dass es auch wieder die Familie ist, über die wir unsere Bestimmung zurückerlangen, während wir uns selbst als Spirit wiederentdecken. Wir können die Familie nicht übergehen oder links liegen lassen, sondern müssen sie transzendieren. Wir können sie durch unsere Beziehung zu unserem Partner transzendieren oder durch die Familie, die wir gründen, wenn wir selbst Eltern werden, denn die Muster unserer Ursprungsfamilie werden sich auch in diesen Beziehungen zeigen.

Falls sich Menschen überhaupt verändern und vorwärtsgehen, dann tun sie dies Schritt für Schritt, da die Herausforderung, unsere Familie zu verändern, zu beängstigend wirken kann. Und doch lässt sich der Code der Familienverschwörung »knacken«. Das führt dann zu Selbstermächtigung, weil wir erkennen, dass alle Fehler, die wir irrtümlich gemacht haben, als wir in die Familienverschwörung hineingerutscht sind, und die uns verletzt haben, nichts als Illusionen waren. Wir heilen, und Verstehen und Liebe treten an die Stelle von Leid, Verurteilung und Trennung.

Der erste Schritt zur Heilung

Der erste und wichtigste Schritt, um die Familienverschwörung »zu knacken«, besteht darin, überhaupt zu erkennen, dass es eine gibt! Und dass sie uns in Rollen gefangen hält, die uns einengen, blockieren und von unserem wahren Wert und Erfolg fernhalten. Das kann dazu führen, dass wir uns gelangweilt fühlen, festgefahren, deprimiert, wie ein Versager oder nur halb lebendig. Das sabotiert unsere Beziehungen, indem es automatische Reaktionen, Klischees und innere Distanz produziert, statt dass wir authentisch aufeinander eingehen. Wir schleppen dann die Leblosigkeit aufgesetzter Rollen mit uns herum und führen ein Leben, das wie ein Abziehbild eines echten Lebens ist.

Der zweite Schritt zur Heilung

Nachdem wir realisiert haben, dass es eine Verschwörung gibt, besteht der zweite Schritt darin, die Verantwortung dafür und für unser Leben zu übernehmen. Wenn wir keine Eigenverantwortung übernehmen, werden wir weiterhin erwarten, dass sich die anderen unseretwegen ändern und unsere Bedürfnisse erfüllen, anstatt zu erkennen, dass die Herausforderung darin besteht, *dass wir uns ändern.*

Als Erstes müssen wir Verantwortung für unser Leben allgemein übernehmen – wie es jetzt läuft und wie es bisher so gelaufen ist. Ohne diese Eigenverantwortung werden wir unser Leben nicht verändern können und schwach bleiben. Mit Verantwortung geht Stärke einher und ersetzt die Schuldgefühle, die uns bisher nur geschwächt haben. Eigenverantwortung bedeutet nicht, der Familie die Schuld abzunehmen und sie sich selbst aufzuladen, sondern vielmehr einzusehen, dass sowohl Schuldgefühle als auch Anklagen keinerlei Grundlage haben. Vielmehr entstehen sie aufgrund von Schwäche und erzeugen noch mehr Schwäche. Verantwortlichkeit bedeutet Reife – die Reife, die es braucht, um zu erkennen, dass wir die Einzigen sind, die etwas dafür tun können, *dass sich unser Leben zum Besseren wendet.*

Vor allem beginnen wir, emotionale Verantwortung zu übernehmen. Das heißt: Wir erkennen, dass alles, was je in unserem Leben aufgetaucht ist, nicht von jemand anderem und von außerhalb verursacht wurde. Das Erleben einer negativen Emotion bedeutet, dass wir einen Fehler in unserem Denken haben, der zu einer für uns schmerzlichen Deutung des Lebens führt.

Der dritte Schritt zur Heilung: unsere Bestimmung

Danach übernehmen wir Verantwortung für unser ganzes Leben und alles, was darin passiert. Und dann auch für die Menschen um uns herum. Wir sehen, wie sie sich aufgrund unserer alten Geschichten und Ichvorstellungen verhalten haben und wie wir mit ihnen »unter einer Decke« gesteckt haben, meistens weil wir Angst vor unserer Bestimmung hatten und weil wir den versteckten Wunsch hegten, unabhängig zu sein.

Unsere Bestimmung ist das heilige Versprechen, das zu erfüllen wir gekommen sind. Wenn wir es tun, fühlen wir uns glücklich und erfüllt. Es gibt unserem Leben echten Sinn. Wir können unsere Bestimmung nicht erfüllen und gleichzeitig unabhängig sein*, weil unsere Bestimmung für uns allein zu groß ist. Wir brauchen andere und wir brauchen die Hilfe des Himmels in Form von Gnade und Wundern. Unsere Bestimmung ist das Fundament, auf dem wir ein gol-

* Zur Erinnerung: Der Autor meint hier die falsche beziehungsweise unechte Unabhängigkeit als Reaktion auf falsche Abhängigkeit. Diese Form der Unabhängigkeit führt zu Trennung, Abspaltung und so fort. Mehr dazu im Buch *Es muss einen besseren Weg geben;* siehe Anhang. (Anm.d.Ü.)

denes Leben aufbauen. Ohne diese Bestimmung kommen wir noch nicht einmal in die Nähe des goldenen Lebens.

Je mehr Verantwortung wir übernehmen, desto mehr Kraft und Stärke bekommen wir. Damit können wir auch die großen und chronischen Probleme angehen. Dann können wir noch mehr in die Liebe gehen und Führungskraft für unsere Familien und für die ganze Welt verwirklichen.

Die größten Fehler in Familien: 3 – Was haben sie uns angetan?!

Einer der größten Fehler, den wir in Familien machen, ist, zu meinen und es so zu erleben, dass die anderen uns das antun, was in Wirklichkeit wir ihnen angetan haben. Ich habe viele dramatische Berichte von Müttern gehört, die versucht haben, ihre Kinder abzutreiben, oder von Eltern, die gesagt haben, dass sie nie ein Kind haben wollten, weil sie nicht verheiratet oder zu arm waren, in fürchterlichen Umständen lebten, eine schlechte Beziehung hatten oder einfach noch nicht bereit für ein Kind waren. Ein Elternteil hat sich vielleicht sogar abgelehnt gefühlt, als das Baby noch im Mutterleib war. All das kann einem Kind das Gefühl geben, unerwünscht zu sein oder abgelehnt zu werden. Das ist jedoch alles eine Illusion. *Das Einzige, was einer Person wirklich das Gefühl vermittelt, unerwünscht zu sein, ist, wenn sie selbst ihre Eltern nicht mehr annimmt!*

Nehmen wir eine dramatische Geschichte, die ich oft gehört habe: Eine Mutter versucht, ihr ungeborenes Kind abzutreiben. Aber irgendwie schafft das Kind es doch geboren zu werden, physisch unverletzt, aber emotional beschädigt. Alle, die diese persönliche Geschichte hatten, stellten letztlich fest, dass sie sich nicht dann als unerwünscht oder abgelehnt empfanden, als ihre Eltern etwas Entsprechendes gesagt oder getan hatten, sondern erst ab dem Zeitpunkt, von dem an sie selbst aufhörten, ihre Eltern anzunehmen und zu wollen. In den Fällen, in denen ihre Eltern sich so verhielten, als ob sie das Kind ablehnten, fragte ich meine Klienten, ob sie sich denn selbst jemals so verhalten hätten, als würden sie einen anderen ablehnen. Die Antwort war jedes Mal Ja. Dann fragte ich sie, was sie dabei empfunden hatten. Die Antworten waren vielfältig: »Ich habe mich unsicher gefühlt, ängstlich, überfordert, minderwertig, verloren, als Opfer, völlig gestresst ...« Als Nächstes fragte ich, ob sie denn nun tatsächlich die andere Person abgelehnt oder sich einfach unsicher, ängstlich, überfordert, minderwertig usw. gefühlt hatten. In fast allen Fällen gaben diese Personen zu, dass sie den oder die anderen eigentlich nicht abgelehnt, sondern nur ihre eigene negative Emotion gespürt hatten. (Wenn sie sagen, dass sie den anderen persönlich abgelehnt haben, ist das ein Hinweis darauf, dass *ihr Gefühl*, abgelehnt zu werden, in Wahrheit viel früher anfing, als sie dachten. Dann gehen wir bis zur Ursprungssituation zurück.)

Dann fragte ich, ob ihre Eltern sie wirklich abgelehnt hatten oder ob die Eltern nicht vielleicht genau die gleichen Gefühle hatten wie sie selbst, als sie einen anderen Menschen vermeintlich ablehnten. Die Person, die sich als von ihren Eltern unerwünscht oder abgelehnt empfand, begriff rasch, dass ihre Eltern sie nicht als Person zurückgewiesen, sondern nur ihren Gefühlen des Verlusts, der Aufopferung, der Verletzung, der Überforderung usw. nachgegeben hatten.

Sobald wir verstehen, dass wir uns nicht deshalb unerwünscht fühlen, weil unsere Eltern etwas getan haben, sondern weil wir selbst es waren, und sobald wir erkennen, dass das Gefühl der Zurückweisung entstand, weil wir unsere Eltern nicht annehmen wollten, sind wir auf dem Weg in die Freiheit. Wir realisieren dann, dass wir unsere Gefühle der Ablehnung auf unsere Eltern projiziert haben und dann meinten, sie hätten uns nicht gewollt.

Ich habe es auch mit Menschen zu tun, die sich als unerwünscht empfinden und meinen, ihre Eltern hätten während der Schwangerschaft doch alle Möglichkeiten gehabt und seien glücklich gewesen. Die frage ich dann, was ihre Eltern wohl damals über das neue Baby dachten. Alle, die sich als unerwünscht empfanden, waren der Ansicht, dass ihre Eltern sie sehr gern gewollt hätten, wenn ihre Zuversicht, ihre Mittel und die äußeren Umstände damals anders gewesen wären. Da erkannten sie, dass ihre Fehldeutung der Nöte ihrer Eltern (die Angst vor der Zukunft hatten und sich überlegten, wie sie für das Baby sorgen sollten, nicht aber das Kind selbst ablehnten) zu Missverständnissen geführt hatte und zu dem Gefühl, unerwünscht zu sein. Sie begriffen auch, dass ihre Empfindung, von den Eltern abgelehnt zu werden, dazu geführt hatte, dass sich ihre Eltern abgelehnt fühlten. An diesem Punkt sahen diese Menschen, dass sie es waren, die das Gefühl der Unerwünschtheit kreiert hatten.

Danach half ich ihnen, ihre Seelengabe und ihr Geschenk des Himmels zu entdecken und beides mit ihren Eltern zu teilen, um ihnen in ihrem Leid – was es auch sein mochte – zu helfen. Das heilte die Situation, sodass sie sich deutlich besser fühlten. Schließlich half ich diesen Menschen, die ganze Liebe ihrer Eltern, die sie bisher nicht angenommen hatten, zu spüren und zu empfangen. An diesem Punkt entdeckten sie die enorme Liebe ihrer Eltern und dass sie selbst wirklich liebenswert waren. Wenn sie sich früher unerwünscht gefühlt hatten, empfanden sie sich nun als unwiderstehlich. Zurückweisung ist eine Projektion. Das gilt auch für das Gefühl, verlassen zu werden, und all die anderen Dinge, von denen wir meinen, dass unsere Eltern sie uns angetan hätten. Es ist einfach ein Fehler, den wir gemacht haben, unser eigener Irrtum. Unsere negativen Emotionen stammen nicht von außerhalb unserer selbst.

Es gibt da die Geschichte einer jungen Frau, die erlebte, dass ihr Vater sie verlassen hatte, als sie neun Jahre alt war, weil er für seine Arbeit sehr viel im Ausland unterwegs war. Bis zu diesem Zeitpunkt war die Familie immer zusammen gereist. In einer unserer Sitzungen erinnerte sich die junge Frau nun aber, dass sie es war, die damals in eine normale Schule gehen wollte, statt Hauslehrer an immer anderen Orten zu haben. Damit konnte die Familie also nicht mehr gemeinsam in der Weltgeschichte herumreisen. Ihr fiel dann auch ein, dass ihr Vater immer einen extrem vollen Terminkalender mit internationalen Verpflichtungen hatte, den er früher nie so angenommen hätte, wenn er deswegen so lange Zeit von der Familie getrennt gewesen wäre. Und sie erinnerte sich, wie schwer es ihrem Vater gefallen war, ihrer Bitte zu entsprechen, damit sie Freunde an einem festen Ort haben konnte und die soziale Umgebung einer normalen Schule. Sie erkannte, dass sie sich selbst entschieden hatte, sich verlassen zu fühlen – als Teil ihrer Geschichte –, damit sie unabhängig würde. Aber gleichzeitig ließ sie es so aussehen, als sei sie ein Opfer der Umstände. Das Motiv, verlassen zu werden, setzte sich leider auch in ihren Liebesbeziehungen fort, bis sie diese Zusammenhänge endlich erkannte und loslassen konnte.

Eine andere Geschichte handelt von einer Mutter, die ihren Sohn verlassen hatte, als sie sich scheiden ließ. Drei Jahre später heiratete der Vater erneut. Der Junge fühlte sich unerwünscht und abgewiesen, was jedoch durch die Liebe und Akzeptanz der neuen Frau seines Vaters überdeckt wurde, die er Mutter zu nennen begann, weil sie sich wie seine wahre Mutter verhielt. Der Junge hatte seine Erinnerungen bis zum sechsten Lebensjahr verdrängt und »vergessen«, dass seine »Mutter« nicht seine biologische Mutter war. Das führte später dazu, dass er eine Beziehung aufbaute, in der er seine Frau aufgrund von Ängsten beherrschte.

Als er in seine frühe Kindheit zurückging, erkannte er, dass seine Mutter, als sie seinen Vater verließ, das Gefühl hatte, sich nicht richtig um einen Zweijährigen kümmern zu können, weil sie ihren eigenen Lebensunterhalt verdienen musste und nicht zu Hause sein konnte. Er begriff, dass seine Mutter ihn gar nicht verlassen hatte, sondern dass sie einfach nicht in der Lage gewesen war, zwei Personen zu ernähren. Er spürte dann, wie sehr es ihr das Herz gebrochen hatte wegzugehen und dass er selbst es gewesen war, der damals die Verbindung zu ihr abgebrochen hatte.

Als ich ihn in dieses Geschehen zurückführte, ließ ich ihn sein Licht mit dem Licht seiner Mutter verbinden, sodass er sie immer spüren konnte. Da erkannte er, dass er das Erbe von zwei Frauen in sich trug, die ihn als Mutter liebten, und nicht von einer Frau, die ihn liebte, und einer anderen, die das nicht tat. Er war dann bereit, all die Liebe anzunehmen und in sich willkommen zu heißen, die er bei seiner biologischen Mutter zurückgewiesen hatte, eine Liebe, die immer noch auf ihn wartete.

Ich habe mit so vielen Menschen gearbeitet, die andere für das anklagten, was sie selbst getan hatten, dass ich eine spezielle Übung dafür entwickelt habe. Da bittet der Mensch den anderen um Verzeihung für das, wovon er glaubt, dass es ihm angetan wurde. Ein Beispiel: Ich habe mit einem Mann gearbeitet, dessen Frau ihn ständig herabsetzte. Als er sich bei ihr dafür entschuldigte, dass er sie ständig herabsetze, brach sie in Tränen aus. In diesem Moment fiel es ihm wie Schuppen von den Augen und er erkannte und spürte, wie er seine Frau ständig herabsetzte, sein Verhalten aber durch Verleugnung und Verdrängung vor sich selbst verbarg.

Ein weiteres klassisches Beispiel sind Menschen, die meinen, den Erwartungen ihrer Eltern nicht zu entsprechen. Mit ein wenig Selbsterforschung realisieren sie, dass es ihre Eltern sind, die nicht *ihren Erwartungen* entsprechen, und dass sie sich von ihren Eltern enttäuscht fühlen – und nicht umgekehrt. Diese oft lebenslang andauernden Missverständnisse verursachen so viel Stress und können doch so leicht losgelassen werden.

Wir projizieren unsere Schuldgefühle. Wir verstecken, was wir tun. Es sieht so aus, als tue unser Partner oder jemand in der Familie uns etwas an, wo doch in Wahrheit *wir selbst uns die ganze Zeit genau das antun,* worüber wir uns beklagen. Wir verbergen es unter Kompensations- und Verleugnungsmustern und benutzen es als Vorwand, um uns abzutrennen. *Das ist der Kern unserer unglücklichen Lebensgeschichte, die wir uns selbst ausgedacht haben.* Wir haben alles selbst fabriziert. Die gute Nachricht ist: Mit ein wenig gutem Willen kann das alles wieder aufgelöst werden.

Die Perspektive auf längere Sicht

Nach achtunddreißig Jahren Heilarbeit – sechsunddreißig davon vor allem im Bereich des Unterbewusstseins beziehungsweise in noch tieferen Schichten – möchte ich Ihnen das Bild der Familie so beschreiben, wie ich es sehe.

Wir werden in einer Familie empfangen, in der bereits bestimmte Muster existieren. Indem wir diese Muster heilen, erfüllen wir unsere Bestimmung, da die Familie der Entwurf unserer Bestimmung ist. Unsere Bestimmung, unser Lebenssinn, ist ein heiliges Versprechen. Wir sind gekommen, um auf diese Weise unseren Beitrag für die Erde zu leisten. Das geschieht, wenn wir alle Lektionen gelernt und das Rätsel unserer Familie gelöst haben. Dann haben wir alle unsere Seelengaben entdeckt und eingebracht, um die Familie zu heilen. Dann haben wir auch unserer Familie vergeben, uns mit ihr verbunden und die Herzensverbindung der Familie wiederhergestellt. Das führt uns zum Erfolg auf der Entwicklungsebene der Vision und bildet das Fundament für unser Lebensziel, das darin besteht, das goldene Leben zu führen und uns als Kinder Gottes zu erkennen. Schließlich erfahren wir uns auch als Spirit, und das führt zu unserer Erleuchtung.

Eine typische Entwicklung ist, dass wir als Kinder Schlüsselerlebnisse so deuten und fühlen, als ob unsere Eltern uns im Stich gelassen hätten. Wir nehmen dieses Erlebnis dann als Anlass zu leiden und als Entschuldigung, um unabhängig zu werden. Daraus entstehen Muster des Verlusts und des gebrochenen Herzens sowie Rollen. Sie sollen den Schmerz abdecken, den wir empfinden, während wir den aufopferungsvollen Versuch unternehmen, unsere Familie zu retten, deren Herzensbindung verloren gegangen ist. Unter unserem Leid verbirgt sich Wut und darunter Auflehnung beziehungsweise ein Autoritätskonflikt.

Aufgrund des Verlustes an Bonding, an Herzensbindung in der Familie, haben wir ein gespaltenes Bewusstsein. Einerseits sehnen wir uns nach Liebe und Erfolg, die nur durch Bonding entstehen. Andererseits möchten wir unsere Unabhängigkeit aufrechterhalten und sind bereit, dafür auch den Preis in Form von Leid, Angst und Schuldgefühlen zu zahlen. Dieses in sich gespaltene Bewusstsein macht uns ambivalent in Bezug auf Liebe und Erfolg, weswegen wir bestenfalls partiell erfolgreich sind.

Ebenfalls aufgrund der nicht mehr verbundenen Familien treten Mangel und Konkurrenzdenken auf den Plan sowie Sexualität ohne Liebe. Das ist der Nährboden für die Ödipus-Verschwörung aufgrund von sexueller Energie in der Familie, die verdrängt wird, über die Fantasien entstehen und die manchmal auch in Formen von Inzest oder Missbrauch ausagiert wird. Sexuelle Energie, die den Eltern und Geschwistern gegenüber verdrängt wurde, überträgt man später auf die eigenen Liebespartner. Und das führt früher oder später zu Streitereien, innerer Distanz, Leblosigkeit, Scheidung, nicht vorhandenen Liebesbeziehungen, Dreiecksbeziehungen oder Affären. Mit dieser nicht geheilten Energie sehen wir unterbewusst einen Elternteil oder eines unserer Geschwister in unserem Partner beziehungsweise unserer Partnerin. Das führt zu Widerstand gegen den Partner/die Partnerin, zu Fusion, also unechter Verschmelzung mit unseren Kindern oder deren Unabhängigkeit, zur Abwehr von Sex oder zu übertriebenem Sex und vielen Missverständnissen.

Indem wir vergeben, eine Herzensverbindung aufnehmen, unsere Gaben teilen und in unsere Mitte gelangen, erreichen wir in unserem Bewusstsein und mit unseren Familien eine Ebene von Bonding, die echte Partnerschaft möglich macht. Je mehr wir heil werden und uns verbinden, desto mehr leben wir unsere Bestimmung. Und wenn wir ein gewisses Maß an Partnerschaftlichkeit und Liebe mit allen Mitgliedern der Familie erlangt haben, nehmen wir unsere Bestimmung und Lebensaufgabe wirklich an.

Wir sind dann von der Partnerschaft weiter zur Co-Kreativität gegangen, also zur bewussten Mitgestaltung des Lebens und schließlich zur mystischen Liebe mit unserem Partner sowie zur Partnerschaft und Co-Kreativität mit unserer Familie. Dann hören wir den Ruf unserer Seele zur Erfüllung unserer Bestimmung, werden zu einem »Partner« des Himmels und erfahren das goldene Leben noch intensiver. Wir haben Selbstanklagen und Eigenangriffe ebenso aufgegeben wie die daraus entstehenden Schuldgefühle. Wir helfen den Menschen in unserer Umgebung, wir nehmen uns als Licht und Liebe an und empfangen vom Himmel alles, was wir brauchen. Da wir den Entwurf des goldenen Lebens wirklich annehmen, werden wir zu einer Brücke zwischen Himmel und Erde, zu einem Brunnen der Wunder und erfahren selbst umfassendes Glück.

4
Emotionen als Signale

Der größte Fehler

Der größte Fehler ist zu meinen, das Leben, ein anderer Mensch oder unsere Eltern sollten unsere Bedürfnisse erfüllen. Wir erwarten oder fordern sogar, dass sie das tun. Und wenn sie es nicht machen, beschweren wir uns, verurteilen sie, fühlen uns verletzt, hegen Groll gegen sie und benutzen die Situation als Vorwand beziehungsweise Entschuldigung, um noch unabhängiger und isolierter zu werden. Eine Beziehung, in der wir erwarten, dass unser Partner unsere Bedürfnisse erfüllt, ist zu Streit oder Stillstand verurteilt, die aus einem inneren Rückzug entstehen. Eine solche Erwartungshaltung führt nicht zu Partnerschaft oder Heilung und inniger Verbindung, die Beziehungen immer noch besser werden lassen.

Wenn wir in der Falle stecken, in der wir glauben, unsere Partner seien auf der Erde, um unsere Bedürfnisse zu stillen, sind wir frustriert, enttäuscht oder verletzt, wenn sie das nicht tun. Dann versuchen wir sie zu manipulieren, zu kontrollieren, zu bedrängen oder emotional zu erpressen. Das sind alles Fehler, die eine Beziehung in die falsche Richtung führen. Diese Fehler beziehungsweise Irrtümer müssen geheilt werden. Sie haben in unserer Familie angefangen.

Wenn wir sie nicht korrigieren, wird jeder, der davon betroffen ist, darunter leiden. Wenn wir alt genug dafür sind, schauen wir uns nach unserem Traumpartner um. Das ist dann der Mensch, der nun alles, was wir in unserer Kindheit vermisst oder verpasst haben, weil unsere Bedürfnisse nicht gestillt wurden, erfüllen soll. Er oder sie soll uns nun glücklich machen, indem er oder sie unsere Wünsche erfüllt. Diese Erwartungshaltung fing in der Kindheit an, als wir hofften, unsere Eltern würden unsere Bedürfnisse erfüllen, und als sie das nicht taten, begannen wir uns auszumalen, wie unser Partner das dann in der Zukunft tun würde.

Wenn Eltern etwas haben, geben sie es ihren Kindern. Wenn es ihnen aber selbst nicht gegeben wurde, haben sie das Erwünschte unter Umständen gar nicht oder wissen nicht, wie man es gibt. Wenn Eltern nicht sehr schwer und tief verletzt wurden, möchten sie alles, was sie haben, ihren Kindern geben.

Nach fast vier Jahrzehnten der praktischen Therapie habe ich festgestellt, dass ein Elternteil, der dem Kind etwas nicht gibt, es deshalb nicht geben kann, weil er oder sie es selbst nicht hat und als Kind auch von keinem bekommen hat. Wir als Kind haben jedoch eine Gabe von der Seelenebene mitgebracht, mit der wir unsere Eltern und sogar deren Eltern aus einer Situation befreien können, die sonst zur unaufhörlichen Eigensabotage werden kann. Wir sind als »Gegenmittel« für das Leid gekommen, nicht nur für uns selbst, sondern auch für den Rest der Familie. Bei den Hopis gibt es eine Prophezeiung, die lautet: »Wir sind diejenigen, auf die wir gewartet haben.«

Leider haben wir der Familienverschwörung fast nie standgehalten und haben die anderen sowie uns selbst für das verurteilt, was falsch lief oder fehlte. Daraus entwickelt sich dann auch unsere Gewohnheit, das Glück im Außen, also bei anderen zu suchen.

Bedürfnisse

Bedürfnisse im Sinne von Bedürftigkeit entstehen aufgrund von verlorener Herzensverbindung. Wenn wir diese innige Bindung haben, können wir Erfolg und Liebe leicht erreichen. Wenn unser Geist jedoch zersplittert ist, wollen wir Liebe und Erfolg und gleichzeitig wollen wir sie nicht. Wir leisten Widerstand dagegen, weil wir damit wieder eine Herzensverbindung erlangen würden und dabei würde das Ego einen Teil seiner selbst verlieren. Es ist fast so, als arbeiteten wir tagsüber *für* etwas und in der Nacht *dagegen.*

Das führt dazu, dass wir versuchen, uns das zu *nehmen,* was wir zur Befriedigung unserer Bedürfnisse brauchen. Indem wir nehmen oder aktiv »kriegen«, versuchen wir *unsere Unabhängigkeit aufrechtzuerhalten,* während unsere Wünsche erfüllt werden. Wenn wir jedoch offen dafür sind zu *empfangen,* haben wir es mit einem Aspekt von Liebe zu tun, und die führt zu einer erneuerten Herzensverbindung.

Nachdem wir ein Leben lang unsere Unabhängigkeit aufgebaut haben, möchte sich unsere Ego-Identität nun nicht in Liebe oder Partnerschaft verlieren. Daher leugnet das Ego unsere spirituelle Identität als Spirit und als Kind Gottes. Erst die weitere Evolution unseres Bewusstseins führt uns dann wieder über die Grenzen des Egos hinaus und zu der Erkenntnis unserer selbst als Licht und Liebe. Und gerade die Erkenntnis, dass wir ganz und gar Liebe und Licht sind und dass wir aus Liebe und Licht erschaffen wurden, kommt zu uns zurück, während wir uns entwickeln.

Wenn wir das erkennen, stellen wir auch fest, dass wir nicht nur alles Gute verdienen, sondern auch verdienen, alles auf leichte Weise zu empfangen. Dann werden wir vollkommen immun gegen Leid und Gefahr. Die spirituelle Evolution ist einfach eine Evolution der Liebe, des Glücks und der Integrität. Sie bedeutet eine Öffnung und Ausweitung der Fähigkeit zu empfangen. So wird unser Leben von Liebe, Gnade und Wundern erfüllt. Wir machen dann regelrechte Entwicklungssprünge in Bezug auf Großzügigkeit, Mitgefühl und Schadlosigkeit.

Wir tragen immer noch die Seelengaben in uns, die man braucht, um Familientraumen zu heilen. Auch der Himmel ist immer bereit, uns Wunder und Gaben zu senden, wenn wir uns auf Heilung und Rückkehr zur Ganzheit ausrichten. Wir müssen nicht so in den Dingen stecken bleiben, wie sie sich in unserer Kindheit abgespielt haben. In Wahrheit wollten wir sogar, dass alles genau so kommt, denn das gibt uns sämtliche Entschuldigungen, die wir brauchten, um unserer Bestimmung auszuweichen. Dahinter steckt die geheime Geschichte, wie wir unser Ego zulasten von Liebe, Erfolg und Leichtigkeit aufgebaut haben.

Jetzt werden wir diese geheime Geschichte aufdecken und an die Weggabelungen zurückkehren, an denen wir uns für die falsche Abzweigung entschieden haben. Dann können wir eine neue, andere Entscheidung treffen, zugunsten von Gaben und Gnade, anstatt unser Ego weiter aufzubauen. Es ist Zeit, die Familienverschwörungen, die Ödipus-Verschwörungen und die Verschwörungen des gebrochenen Herzens zu überwinden. Es ist nie zu spät, eine glückliche Kindheit zu haben!

Emotionale Verantwortung

Wir sind für unsere Emotionen verantwortlich. Sie kommen nicht von außen auf uns zu, sondern entstehen aufgrund einer Entscheidung, die wir bezüglich unserer Reaktion auf äußere Situationen treffen. Das bedeutet: Kein anderer macht uns wütend. Kein anderer verletzt uns, macht uns miese Stimmung oder gibt uns Schuldgefühle. Kein anderer lässt uns Gefühle der Zurückweisung spüren. Das zu verstehen ist ein Riesenschritt in Richtung emotionale Intelligenz. Indem wir so leben, gehen wir mit Riesenschritten auf Reife und die Fähigkeit, partnerschaftlich zu leben, zu.

Die meisten von uns leben in einer Welt, in der wir anderen die Schuld für unsere Erfahrungen geben. So entstehen Groll und Hader, und das ist eine der Wurzeln aller Probleme. Wir leben in einer Welt des Mobbing und der emotionalen Erpressung, in einer Welt der emotionalen Trotz- und Wutreaktionen. Alle entscheidenden emotionalen Probleme sind auf die eine oder andere Weise, offen oder versteckt, Trotz- und Wutreaktionen. Eine Opferhaltung einzunehmen ist eine Form von Schuldzuweisung und

Rache. Dahinter steht: »Schau, was du mir angetan hast. Nur deinetwegen ist mir das geschehen, sonst wäre es mir nie passiert. Deinetwegen leide ich.« Es ist offensichtlich, dass wir nicht frei und glücklich sein können, wenn sich solche Muster abspielen. Und bei fast jedem von uns läuft so etwas.

Unsere emotionale Intelligenz, unsere menschliche Reife und die Fähigkeit, als ebenbürtige Partner zu leben, hängen von unserer Bereitschaft ab, Verantwortung für unsere Emotionen zu übernehmen. Wenn wir das nicht tun, scheint es, als seien wir das Opfer äußerer Kräfte. Als Folge davon werden wir in unserem Erfolg und unserer emotionalen Entwicklung blockiert. Wir erlangen vielleicht Ruhm und Geld, aber wir haben nicht die Kraft und das Verantwortungsgefühl, um äußere Situationen wirklich zu verändern.

Sich unerwünscht fühlen

Sehen wir uns einen der großen Trugschlüsse an, der für einen Mangel an Erfolg im Leben wie in Beziehungen verantwortlich ist. Es ist die Überzeugung: »Meine Eltern haben mich nie gewollt.« Sie bringt Muster der Niederlage, des gebrochenen Herzens, der Rache und des mangelnden Selbstwerts hervor und ist *immer* ein Irrtum. Es ist die Verschwörung, sich unerwünscht zu fühlen. Wenn wir diese haben, haben wir meistens auch die Verschwörung: »Ich habe ihr Leben ruiniert.« Diese Verschwörungen führen zu gebrochenen Herzen, Rachegelüsten und Schuldgefühlen.

Falls Sie glauben, das Leben Ihrer Eltern oder der ganzen Familie ruiniert zu haben, was meinen Sie dann wohl, dafür zu verdienen? Glauben Sie, Sie verdienten es, in Beziehungen und im Leben erfolgreich zu sein? Welche Art von Leben werden Sie sich in der Folge selbst zugestehen?

Wenn Sie solche Glaubensmuster hegen, ist es leicht, sich die Schuld für das zu geben, was in der Familie passiert ist. Dann scheinen auch die Rollen des Märtyrers oder des verlorenen Kindes ziemlich attraktiv zu sein, bis hin zu der Bereitschaft, das eigene Leben, die Gesundheit, die sexuelle Integrität oder den stimmigen Platz in der Familie aufzugeben, um die Familie zu retten.

Wenn Sie die Familienverschwörung näher erforschen, erinnern Sie sich bitte immer daran: Wenn etwas weh tut oder Sie sich im Hinblick auf etwas schlecht fühlen, dann ist es letzten Endes nicht wahr, sondern beruht auf einem Missverständnis. Diese Einsicht wird Ihnen helfen, die Wahrheit über Dinge herauszufinden, ohne dass Sie unnötig leiden.

Als kleiner Junge hatte ich einen schlimmen Fall der Verschwörungen, unerwünscht zu sein und das Leben der Familie ruiniert zu haben, gehabt. Und jetzt funktionierte keine meiner Beziehungen, obwohl doch so viel für mich sprach als junger, athletischer Student, der gerade seinen Doktor machte. Erst als ich meine Herzensbrüche und Verschwörungen entwirrte, machte mein Leben einen gewaltigen Sprung nach vorn in Richtung Erfolg und Liebe.

Ich glaube, es war die Absicht meiner Seele, mich eine der schlimmsten Familienverschwörungen erfahren zu lassen, die ich je kennengelernt habe, damit ich, sobald ich mich selbst davon befreit hatte, anderen bei diesem Thema würde helfen können. Und ich glaube auch, dass es die Absicht meines Egos war, mich seelisch derart verkrüppeln zu lassen, dass ich einen Vorwand hatte, mich nicht zu zeigen und das, weswegen ich hierhergekommen bin, nicht zu tun.

Als ich neun Jahre alt war, bekam ich eines Nachts einen großen Streit zwischen meinen Eltern mit, als meine Geschwister schon schliefen. Ich las noch im Bett, wie ich das damals immer tat, als ich hörte, wie meine Mutter meinen Vater anschrie, dass sie mich niemals gewollt habe. In diesem Augenblick brach meine ganze Welt zusammen. Ich war wie erschlagen. Dann sprachen meine Eltern über Scheidung, und ich realisierte, dass alle Streitigkeiten und all das Leid in der Familie meine Schuld waren. Aufgrund der Schmerzenswut, die dieses Missverständnis ausgelöst hatte, verdrängte ich das Ganze. Diese Erfahrung stärkte jedoch meinen Wunsch, anderen Menschen zu helfen – allerdings mit einem unwahren, fürchterlichen Schuldgefühl. Das Erlebnis damals untermauerte meine Absicht, Priester zu werden. Ich entschloss mich, mit Gott einen Handel abzuschließen. Ich wollte Gott mein Leben opfern, wenn sich Gott im Gegenzug um meine Familie kümmern würde.

In den Monaten, bevor ich meinen Doktor machte, zog ich diese verdrängte Erinnerung wieder aus meinem Unterbewusstsein hervor. Allein die Tatsache, dass ich überhaupt wieder mit dieser verdrängten Erinnerung in Berührung kam, führte dazu, dass sich meine Beziehungen schlagartig verbesserten. Ich erlebte zum ersten Mal, dass eine Freundin mich liebte. Erst als ich das durch diese Erfahrung als Neunjähriger irrtümlich entstandene Glaubensmuster auflösen konnte, weil ich erkannte, dass meine Erinnerung unwahr war, erreichte ich in meinen Beziehungen eine völlig neue Ebene der Unwiderstehlichkeit.

Als ich etwa zehn war, fragte mich mein Footballtrainer, mit dem ich mich sehr gut verstand, eines Abends nach dem Training: »Sag mal, was ist eigentlich los mit dir? Was ist da im letzten Jahr passiert?« Offensichtlich hatte sich mein Verhalten in dem Jahr, nachdem ich mitgehört hatte, was meine Mutter meinem Vater sagte, drastisch verändert. Da ich das aber schon völlig verdrängt hatte, konnte ich ihm nichts antworten. Das Geschehen war einfach nicht mehr Teil meines Alltagsbewusstseins.

Aus den folgenden Jahren erinnere ich, dass ich meiner Mutter nie glaubte, wenn sie sagte, dass sie mich liebe. Und wenn sie mir ihre Zuneigung zeigte, wand ich mich aus ihren Umarmungen. Ich fühlte mich unweigerlich irgendwie ausgenutzt, wenn sie mich in die Arme nahm, hatte aber keine Idee, was eigentlich los war oder warum ich mich so komisch fühlte. Als ich schließlich meine Verschwörung, mich unerwünscht zu fühlen, und die vielen Schichten des dadurch entstandenen Trugschlusses aufgelöst hatte, konnte ich endlich die Liebe meiner Mutter annehmen, die ich all die Jahre abgeblockt hatte. Das hatte enorme Auswirkungen auf meine persönlichen Beziehungen und meine Fähigkeit, mich geliebt zu fühlen und als liebenswert zu empfinden.

Ein paar Tage vor meiner Promotionsfeier saßen mein Vater und ich auf den Stufen vor dem Haus und genossen den Abendhimmel über San Diego, als ich meinem Vater von meinem Erlebnis mit neun Jahren erzählte. Ich fragte ihn: »Hat Mom je solche Sachen gesagt, dass sie mich nicht wollte?«

»Ja, sie hat solche Sachen die ganze Zeit gesagt, aber damit hat sie überhaupt nicht gemeint, dass sie dich nicht wollte. Sie meinte nur, dass sie nicht gern so schnell nach der Geburt deiner Schwester schon wieder schwanger geworden wäre.« Ich dankte meinem Vater im Stillen für seine einfühlsame Erklärung und erzählte ihm von dem Handel, den ich mit Gott abschließen wollte: Er würde sich um die Familie kümmern, wenn ich ins Priesterseminar ging.

»Na, da muss Gott aber die falsche Adresse bekommen haben«, meinte mein Vater sarkastisch, denn aus seiner Sicht schien unserer Familie gar nichts mehr dagegen zu helfen, dass sie immer tiefer und schneller in ein Leidensloch schlitterte.

Damit begann ich, die Situation meiner Mutter zu verstehen und zu merken, dass sie durch meine Ankunft in ihrer Freiheit eingeschränkt worden war. Ich begriff auch, dass die Mutterliebe, die ich suchte, etwas war, das sie gar nicht geben konnte – sonst hätte sie es gemacht. Und was sie gab, nahm ich ihr nicht ab. Ich begann zu erkennen, dass ich selbst gekommen war, um meiner Mutter zu geben, was ich meinem Gefühl nach nicht von ihr bekommen hatte. Ich erkannte, dass ich mich entweder weiter über das beschweren konnte, was ich nicht von meiner Mutter bekam, und es weiterhin vermissen konnte. Oder ich konnte die Verantwortung übernehmen und realisieren, dass ich gekommen war, um meiner Mutter zu helfen und meine Seelengaben mit ihr zu teilen. Die hatte ich nämlich in dieses Leben mitgebracht, um ihr Leben besser und glücklicher zu machen.

Dies zu erkennen bedeutete einen riesigen Fortschritt in meiner reiferen Entwicklung, nicht nur im Hinblick auf meine Mutter, sondern auch in der Beziehung zu meiner Frau. Ich beklagte mich nicht mehr länger über das, was ich in meinem Leben oder in der Partnerschaft vermisste, sondern kümmerte mich darum, genau das selbst zur Verfügung zu stellen. Als ich meiner Mutter das Geschenk der Mutterliebe gab, konnte ich nicht nur meine mütterliche Liebe für sie spüren, sondern fühlte auch ihre mütterliche Liebe für mich. Und in meinen Workshops stellte ich fest, dass ich den Teilnehmern nicht nur väterliche, sondern auch mütterliche Liebe geben konnte. Das erfüllte mich sehr viel mehr, und auch die Teilnehmer fühlten sich sehr viel erfüllter.

Als Folge meiner neuen Erkenntnis geschah noch etwas Wunderbares. Wir, meine Mutter und ich, kamen uns sehr viel näher. Ich fühlte mich ihr mehr verbunden und spürte, dass ich ihr nun helfen konnte. Wir wurden gute Freunde. Ich überwand die letzten Reste der Vorstellung, meine Mutter sei auf die Erde geschickt worden, um sich um mich zu kümmern. Ich fühlte mich offener für meine Mutter als Mensch und freute mich über sie. Ich erkannte, wie ich im Mutterleib und als kleines Kind ihre Ambivalenz und ihr Gefühl, ihre Freiheit verloren zu haben, als Anklage gegen mich missdeutet hatte.

Als sich mein Verständnis noch vertiefte, erkannte ich auch, dass meine Mutter nie mich persönlich abgelehnt hatte, sondern dass sie damals einfach feststeckte und ihr Leben als berufstätige Frau zu verlieren glaubte. Ich stellte fest, dass ich es war, der sie abgelehnt hatte. Ich begriff, dass wir uns nur abgelehnt fühlen, wenn wir jemanden ablehnen. Ich begann mich erst in dem Augenblick unerwünscht zu fühlen, als ich ihre Erfahrungen so deutete, als habe sie mich nicht gewollt – anstatt zu merken, dass ihr Verhalten nur ihren Widerstand und ihren Schmerz im Hinblick auf das, was in ihrem eigenen Leben passierte, widerspiegelte.

Als ich die Tür öffnete und meine Mutter wieder in mein Leben ließ, spürte ich, wie sehr sie mich liebte und wollte und dass dieser ganze Vorfall *mein* Irrtum gewesen war. Ich erkannte, dass ich meine Mutter als willkommenen Vorwand benutzt hatte, um unabhängig zu werden und alles nach meinem Willen zu machen. Seither hat keiner, der das Gefühl unerwünscht zu sein wirklich heilen wollte, es behalten, nachdem er oder sie es mit mir geteilt hatte. Da ich ja sämtliche Fehler selbst gemacht und dann auch korrigiert hatte, fiel es mir leicht, anderen aus ihrem Leid herauszuhelfen und ihnen ihre Mutter und ihren Vater wiederzugeben, damit sie all die Liebe empfangen konnten, die ihre Eltern für sie hatten.

Als Folge der Heilung konnten diese Klienten ihre Beziehungen und ihre Erfolgsbilanz im Leben markant verändern, weil sie sich nun erwünscht wussten. Sobald sie das noch besser versteckte Gefühl, ihre Eltern hätten ihr Leben ruiniert, auflösten, meinten sie auch nicht länger, dass sie das Leben ihrer Eltern ruiniert hätten.

Gebrochene Herzen

Ein gebrochenes Herz ist nicht einfach nur das, was wir üblicherweise darunter verstehen. Es ist vielmehr so machtvoll, dass es uns veranlassen kann, uns vom Leben zurückzuziehen und niemals wieder ganz zu erholen. Ein Element des Herzensbruchs ist, dass wir uns abgelehnt fühlen. Das Gefühl der Zurückweisung ist jedoch eine Projektion, genau wie das Gefühl, unerwünscht zu sein. Wenn wir jemanden zurückweisen, fühlen wir uns verletzt. Die Verletzung entsteht aufgrund unseres Widerstands gegen das, was geschieht – nämlich dass irgendjemand sich nicht an unser Drehbuch hält und unsere Bedürfnisse nicht erfüllt. Unser gebrochenes Herz ist sowohl das Resultat eines Machtkampfes und auch das Ergebnis einer Trotzreaktion, weil wir nicht unseren Willen bekommen. Schmerz entsteht aufgrund von Widerstand, sei er physisch oder emotional. Selbstverständlich leiden wir auf der bewussten Ebene, weil jemand unsere Wünsche nicht erfüllt hat, aber auf einer unterbewussten Ebene hat sich die andere Person genau an das Drehbuch gehalten, das ihr zugeteilt wurde. Das hat häufig mit unserem Streben nach Unabhängigkeit zu tun, das wiederum auf Angst zurückgeht, entweder vor Nähe oder vor Hingabe und Bindung oder beidem.

Oft dienen gebrochene Herzen als ein Abwehrmechanismus gegen die Ödipus-Verschwörung und die damit verbundenen Schuldgefühle. Wenn wir ein gebrochenes Herz haben, weil wir uns zu dem Elternteil hingezogen fühlen, der ein anderes Geschlecht hat als wir, dann ist der Herzensbruch ein Versuch, diese Tatsache zu verbergen und den Umfang der ödipalen Schuld zu leugnen. Ein gebrochenes Herz in Beziehung auf einen Elternteil des anderen Geschlechts hat meistens mit Konkurrenzdenken und Machtkämpfen zu tun.

Ein Herzensbruch ist wie jede andere Erfahrung, in der man sich als Opfer erlebt, auch ein Akt der Rache. Es ist wie ein anklagender Finger, mit dem man auf denjenigen zeigt, der unser Herz gebrochen hat. Gleichzeitig richten wir diesen Finger der Anklage auch auf andere Menschen, die in unserem Leben wichtig sind und von denen wir meinen, sie hätten uns im Stich gelassen. Auch sie sind mit daran schuld, meinen wir, dass unser Herz gebrochen wurde. Ein Herzensbruch in einer intimen Beziehung ist also nicht nur ein Angriff auf die Person, die unser Herz vermeintlich gebrochen hat, sondern auch eine Anklage gegen unsere Eltern und Gott, weil sie uns im Stich gelassen haben.

Eifersucht

Eifersucht tut besonders weh, da in ihr mehrere Gefühle gebündelt sind. Eifersucht basiert auf Bedürftigkeit, Verlustangst, Unsicherheit und Minderwertigkeitsgefühlen. Wir fühlen uns zornig, schuldig, wertlos, verletzt und abgewiesen. Unser Verlangen, jemanden zu besitzen, der unsere Bedürfnisse erfüllt, ist vereitelt worden und wir sind beleidigt, weil man uns nicht als jemand so Besonderen oder so exklusiv behandelt hat, wie wir es wollen.

Angst

Angst entsteht durch den Versuch, in der Zukunft zu leben. Wir bewerten und senden so aggressive Gedanken in die Welt oder in die Zukunft, die wir uns ausmalen. Als Folge sehen wir, dass die Welt uns das zurückgibt, was wir ausgesandt haben. Wir bekommen es mit der Angst zu tun. Fast jeder glaubt, Angst sei eine natürliche Reaktion auf eine bestehende oder kurz bevorstehende Situation. In Wirklichkeit hat die Angst aber in uns selbst begonnen – in unserem Denken und mit unseren *Bewertungen.*

Unser Erleben entsteht aufgrund dessen, wofür wir uns entscheiden. Wir nehmen das wahr, was wir projizieren. Wir sehen, dass andere das tun, was in Wahrheit wir selbst tun. Unser Groll entsteht aufgrund dessen, was wir tun, aber vor uns selbst leugnen. Vergebung verändert unsere Wahrnehmung und befreit uns von unserer versteckten Schuld. Vergebung betrachtet andere Menschen als unschuldig und sieht, dass sie unter Umständen unsere Hilfe benötigen, nicht unsere Verurteilung. Nur unsere eigenen Schuldgefühle veranlassen uns, zu wollen, dass jemand anderer bestraft wird. *Aber alles, was wir einem anderen antun – sei es, ihn zu segnen oder ihn anzugreifen – tun wir zuerst uns selbst an.*

Schuld

Schuld ist eine Kombination daraus, dass man sich schlecht fühlt, sich daran selbst die Schuld gibt und sich deswegen angreift. Schuldgefühle blockieren uns und hindern uns am Vorwärtsgehen. Weil wir uns als etwas Besonderes fühlen und über »dunklen Ruhm« freuen, machen wir aus einem Fehler oder Irrtum ein Monument. Schuldgefühle sind letztlich eine Form des Eigenangriffs, die wir benutzen, um uns zu blockieren, damit wir uns nicht mit unserer Angst vor dem Vorwärtsgehen auseinandersetzen müssen. Chronische Schuldgefühle benutzen wir auch, um Gott anzugreifen. Sie ist eine Form der Auflehnung gegen den Wunsch des Himmels, dass wir lieben und glücklich sind.

Wut

Wut ist eine Form von emotionalem Mobbing. Es ist der Versuch, andere zu beherrschen und dazu zu bringen, Dinge nach unserem Willen zu tun und unsere Bedürfnisse zu befriedigen. Wut, Ärger oder Zorn entstehen aus einem Gefühl der Schwäche und sind eine Strategie, um Emotionen wie Verletzung, Angst, Schuld oder Eifersucht zu kontrollieren, die wir nicht spüren wollen, weil wir zu ängstlich sind. Wut entspringt einer Projektion und führt zu Aggression. Sie ist eine Kompensation für Gefühle von Schwäche.

Groll

Groll ist eine Form von Aggression gegen jemanden, von dem wir meinen, er hätte uns verletzt. Und er ist eine Art von Schuldzuweisung. Wir finden nämlich, dass uns dieser

Mensch schlecht behandelt hat oder jedenfalls nicht so, wie wir es verdienen. Wir meinen, er habe sich uns als Opfer ausgesucht. Das passiert auf der Alltagsebene und bezieht das Unterbewusstsein, das solche Ereignisse plant, nicht ein. Im Grunde genommen werfen wir anderen etwas vor, das wir selbst tun. Wir bestrafen andere und suchen Rache, wenn wir zu Opfern gemacht werden. Wir behandeln andere schlecht, wenn wir meinen, dass sie uns schlecht behandeln. Sie dienen uns als Vorwand, uns nicht unserer Angst zu stellen und vorwärtszugehen.

Wir benutzen unsere größten Traumen und Verschwörungen, um unserer Bestimmung auszuweichen und unabhängig zu sein. Wir gehen unserem goldenen Schicksal aus dem Weg, weil wir Angst haben, mehr Glück zu haben als andere. Wir fürchten uns, den Weg zum Glück zu gehen, und schließen uns lieber den anderen an, die ihr Leid benutzen, um sich dahinter zu verstecken und unsichtbar zu bleiben. Es ist ganz offensichtlich, dass unsere Sicht der Welt auf den Kopf gestellt ist.

Nach Jahren der Erforschung des Unterbewusstseins und des Unbewussten entdeckte ich, dass noch so viel mehr zu erfahren wäre als das, was wir bisher gelebt haben und vom Standpunkt unseres begrenzten Bewusstseins aus wahrnehmen konnten. Um unser Leben zu erweitern, müssen wir den Mut aufbringen, unseren eigenen Geist zu erforschen. Wir müssen die Egofalle der Schuldgefühle vermeiden, die uns im Alltagsbewusstsein gefangen hält. Wenn wir aufhören, andere verantwortlich zu machen, besteht der nächste Trick des Egos darin, dass wir uns Selbstvorwürfe machen. Wenn wir uns jedoch selbst die Schuld zuschieben, werden wir auch aggressiv gegen andere. Der *Kurs in Wundern* sagt: »Aggression ist nicht diskret.«* Wir kommen also nicht damit durch, dass wir vermeintlich nur uns selbst beschuldigen und angreifen, sondern wir sind damit auch aggressiv gegen alle, die wir lieben. Und umgekehrt wirken wir auch uns selbst und jedem, den wir lieben, gegenüber aggressiv, wenn wir einen anderen Menschen angreifen. Groll erzeugt Dunkelheit, und wir sehen immer weniger klar, je mehr wir andere beschuldigen und angreifen.

Es gibt kein Problem, an dessen Wurzel nicht auch Groll steckt. Wenn wir frei und glücklich sein wollen, müssen wir zunächst einmal aufrichtig mit uns selbst sein, die Fehler erkennen, die wir machen, und sie korrigieren. Das gelingt, wenn wir unsere Vorwürfe aufgeben und unseren Groll loslassen. Dazu dienen verschiedene Methoden, zum Beispiel »Bonding«. Die Trennung, die das Missverständnis und den Groll in uns festhält, muss geheilt werden.

Vergebung heilt unsere Schuld und unseren Rückzug. Vergebung verwandelt unsere Feinde in Mitstreiter. Sie transformiert die Welt und löst unsere Muster der Eigensabotage. Sie beendet den Rückzug und befreit uns von versteckten Schuldgefühlen, die dazu führten, dass wir andere angeklagt haben. Sie löst Bewertungen auf, sodass wir wieder zu einem klaren Geist und einer richtigen Wahrnehmung gelangen, die uns eine freundlichere Welt zeigen.

* Damit ist gemeint, dass sich Aggression nicht gezielt nur auf eine einzige Person richtet, sondern wie eine Schrotflinte alles erfasst, was um einen herum ist, auch wenn man das gar nicht beabsichtigt. (Anm.d.Ü.)

Vergebung stellt unsere ursprüngliche Herzensbindung wieder her, und zwar über die Welt der Schuldzuweisungen, Bewertungen und Vorwürfe hinaus, die alle zu Leiden führen. Vergebung stellt die Unschuld wieder her. Sie ist der Schlüssel zu Glück und Freiheit. Vergebung beruht auf der Tatsache, dass wir einen Fehler gemacht haben. Wir haben eine Illusion wahrgenommen, wir haben das Verhalten eines anderen missverstanden und als Entschuldigung benutzt, um unabhängig zu sein. Das hat uns erlaubt, zu tun und zu lassen, was wir wollten. Vergebung heilt uns und gibt uns die Leichtigkeit und den Fluss des Bonding zurück. Je mehr wir vergeben, desto mehr werden unsere verborgenen Konflikte geheilt.

Jeder, dem wir Vorwürfe machen, spiegelt uns ein eigenes Ichbild wider, das wir angreifen. Die anderen sind Teil unseres Geistes – nämlich das, was wir auf der Ebene des Unterbewusstseins oder des Unbewussten über uns selbst denken. Vergebung und Verständnis sind zwei wirksame Heilwerkzeuge, um die Geschichte des goldenen Lebens, die vor der Familienverschwörung existierte, wiederherzustellen. Sobald dies geschehen ist, haben wir das Bonding erneuert – die Herzensverbindung mit unserer Familie, uns selbst und dem Himmel. Damit wir frei sind, darf es keine bösen Kerle geben – noch nicht einmal wir selbst. Verschwörungen, vor allem die Familienverschwörung und die Ödipus-Verschwörung verankern Schuldgefühle in uns. Und diese Schuldgefühle benutzen wir dann als Vorwand, um uns zu verstecken, nicht zu zeigen und nicht vorwärtszugehen.

Ho'oponopono

Ho'oponopono ist eine alte hawaiianische Heilmethode, die zu Versöhnung führt. Wenn in den alten Zeiten jemand in der Familie eine schwere Krankheit oder Verletzung hatte, paddelte die Familie nach Oahu an einen Versammlungsort. Dort führte der Familienälteste oder der Kahuna, der Heiler und Schamane, eine Zeremonie durch, die man mit einem modernen Heilworkshop vergleichen kann. Die Menschen tauschten sich untereinander aus, es flossen Tränen, es gab ein Gefühl der Zusammengehörigkeit und in den meisten Fällen ging es dem Kranken oder Verletzten hinterher besser.

Von einem meiner Freunde, der auch Trainer ist und an einem Workshop von Dr. Hew Lin teilnahm, hörte ich die folgende Geschichte: Der Psychiater Dr. Lin ist der Hauptvertreter von Ho'oponopono. Er wurde gebeten, sich um die Insassen eines Gefängnisses für psychisch kranke Kriminelle auf Hawaii zu kümmern. Er nahm unter der Bedingung an, dass er den Gefangenen nicht persönlich würde begegnen müssen. Jeden Tag nahm er ihre Fotos aus den Akten und sagte zu ihnen: »Es tut mir leid. Bitte vergib mir. Danke. Ich liebe dich.« Das ist die Essenz der Ho'oponopono-Methode. Die Heilungsrate war so hoch, dass die Behörden dieses Gefängnis für psychisch kranke Kriminelle schließen und für andere Gefangene nutzen konnten.

»Es tut mir leid. Bitte vergib mir. Danke. Ich liebe dich.« Diese Aussagen haben nicht nur eine Verbindung mit der persönlichen Bewusstseinsdynamik, sondern auch mit der Dynamik oder Essenz des Unbewussten, wo jede Person unserer Welt die Projektion *unserer* Ichvorstellungen ist. Das bedeutet, dass andere Menschen auf einer bestimmten unterbewussten und unbewussten Ebene an unserer Schuld mitleiden. »Es tut mir leid. Bitte vergib mir. Danke. Ich liebe dich.«

Dieses Vorgehen heilt, was inner- und was außerhalb unseres Geistes ist, und befindet sich in Übereinstimmung mit der Heilung von Groll durch Vergebung, die wir weiter oben erörtert haben. Im Laufe meiner vielen Praxisjahre habe ich Heilübungen eingesetzt, bei denen sich der Betreffende bei einer Person entschuldigt, die ihm anscheinend etwas angetan hat. *Meine Klienten entschuldigten sich so, als ob sie das getan hätten,* was ihnen von anderen widerfahren war und wofür sie diese anderen beschuldigten. Wenn sie dies mit einem Mindestmaß an Aufrichtigkeit machten, kamen sie in Verbindung damit, dass *sie* den anderen tatsächlich etwas Gleiches oder Ähnliches angetan hatten – obwohl das zuvor vermeintlich andersherum gewesen war. Ihre Entschuldigung machte ihnen jenen versteckten Aspekt des Anteils bewusst, den sie selbst an der Situation hatten.

Das Beziehungsmodell

Das Modell der Wirklichkeit beruht auf Beziehungen. Darin steckt die Erkenntnis, dass alles aus Beziehungen besteht. An der Oberfläche ist das Leben genauso, wie wir meinen, dass ein normales Leben eben sei. Aber alles an dieser Oberfläche entsteht aufgrund dessen, was auf tieferen Ebenen unserer Beziehungen vor sich geht. Was in unseren Beziehungen mit anderen passiert, geht zurück auf unsere Beziehung zu uns selbst. Was in der Beziehung zu uns selbst geschieht, spiegelt wider, wie unsere Beziehung zu unserem Spirit und zu Gott aussieht.

Das Alltagsleben besteht aus unseren zwischenmenschlichen Beziehungen, die auf unsere Beziehung zu uns selbst zurückgehen – auf das also, was »intrapsychisch« beziehungsweise in unserem Geist ist. Dies wiederum spiegelt unsere Beziehung zu unserem Spirit und zu Gott wider. In diesem Modell entspricht unsere Familie unseren Ursprungsbeziehungen. Und das Wesen dessen, was auf der zwischenmenschlichen Ebene passiert, bestimmt, was in unserem Leben als Erfolg oder Niederlage auftaucht.

Auf einer interpersonalen Ebene repräsentiert unsere Familie Ichbilder aus dem Unbewussten. Das sind Selbstvorstellungen, die wir uns in diesem Leben zu heilen und zu integrieren vorgenommen haben – als am besten geeigneten Weg, um uns als Spirit zu erkennen und Einheit zu erlangen. Wie wir zu jedem Mitglied der Familie und anderen Menschen um uns herum in Beziehung sind, zeigt uns auch, wie wir als Spirit, Gott und Liebe in Beziehung zu uns selbst stehen. Unsere Familienmitglieder sind Schlüssel zu früheren Leben beziehungsweise »Schlüssel-Selbste« in den symbolischen Geschichten, die das Muster unseres Lebens bilden.

Indem wir vergeben und Brücken zu unseren Angehörigen bauen, vergeben wir unsere Vergangenheit, lösen karmische Schuld auf und transformieren unsere Eigensabotage-Muster. Indem wir unsere Familie und unsere

Vergangenheit heilen, entwickeln wir uns weiter, werden begabter, bewusster, ganzheitlicher, zuversichtlicher und erfolgreicher und empfangen mehr Segen und Wunder. Wir leben dann, als gäbe es einen Gott, der uns liebt und in jeder Hinsicht helfen will, sodass wir nichts allein oder ohne Gnade tun müssen.

Heilung von Familienbeziehungen

Es gibt zwei Übungen, die ich gern nutze, um die Heilung in Bezug auf einen Angehörigen zu unterstützen. In der ersten Übung frage ich den Klienten, wie viele Ichkonzepte er oder sie in sich trägt, die genauso sind wie dieser Angehörige. Dann bitte ich ihn, sich vorzustellen, dass alle diese Ichbilder vor ihm stehen. Als Nächstes verschmilzt er sie alle zu einem einzigen großen Ichbild. Danach fordere ich den Klienten auf, sich diesem großen Bild zu nähern und in es einzutreten, als sei es ein Hologramm, eine dreidimensionale Projektion. Dann lasse ich den Klienten das Tor im Inneren des Hologramms entdecken und schicke ihn dort hindurch. Damit wird ein verlorener Anteil des Bewusstseins wiedergewonnen. In dem seltenen Fall, dass dort ein dunkler Ort ist, kann man sein höheres Bewusstsein einfach bitten, ihn in einen lichten Ort zu verwandeln.

In der zweiten Übung lade ich die Person ein, eine Heilungsübung für ein »früheres Leben« durchzuführen. Ich frage sie, in wie vielen »früheren Leben« sie ganz genauso war wie das Familienmitglied, um das es geht. Diese Vorstellung ist eine Metapher und lässt Geschichten entstehen, genau wie auch unsere Träume manchmal Geschichten erzählen. Dann bringe ich die Person zurück an die Wurzel, in das Leben, wo die Muster aller späteren Leben entstanden, in denen sie sich genauso fühlte wie ihr Angehöriger, und dieses »Wurzelleben« transformieren wir. Dann helfe ich der Person, die geheilte Energie aus diesem Leben durch alle späteren Leben bis in das jetzige zu bringen.

Introjektion

In der klassischen psychiatrischen Literatur bezeichnet der Begriff Introjektion das »Aufsaugen« von Einstellungen, Werten und Glaubensüberzeugungen unserer Eltern, der Familie, aus Schule, Kirche, Firma oder unserem Land, und zwar ohne jede Reflexion, bewusste Entscheidung oder Integration. Wir schlucken etwas im Ganzen hinunter, was zum Beispiel auch geschieht, wenn eine Person ein Familienvorurteil ohne nachzudenken übernimmt. In einer Sitzung ist mir so etwas zwar schon begegnet, aber es kommt doch so selten vor, dass es in der Therapie keine echte Rolle spielt.

Ich habe jedoch eine Form der Introjektion entdeckt, die so weit verbreitet wie selbstzerstörerisch ist: Manche Kinder versuchten, das Leid der Familie »zu schlucken«, um ihre Angehörigen davor zu retten. Diese Kinder versuchten, das Leid sozusagen »zu verbrennen«. Wie gut ihnen das gelang, hing vom Ausmaß ihrer psychischen Fähigkeiten ab.

Introjektion in diesem Sinne bedeutet, den Schmerz eines anderen zu übernehmen, um ihn zu retten. Dieses Leid wird dann von demjenigen, der es übernimmt, unter Einsatz seiner heilenden oder psychischen Fähigkeiten so rasch wie möglich wieder freigegeben. Aber es wird nie ganz geheilt. Obwohl der »Ballon des Leidens« mit bestimmten Heilmethoden aufgelöst werden kann, wird das Leid doch irgendwann wieder auftauchen, weil es nicht das eigene Leid ist und der »Ballon« immer noch existiert. Den Schmerz loszuwerden reicht nämlich nicht aus, um auch das Problem zu lösen. Der Mechanismus der Introjektion muss ebenfalls aufgelöst werden.

Im Grunde genommen bedeutet das Loslassen von Introjektion, dass man aufhört, das Leid anderer Menschen zu übernehmen und Gott Seine Arbeit zurückgibt. Das Übernehmen des Leids anderer ist eine der ältesten Heilmethoden, aber die Lebenserwartung solcher Heiler ist meistens nicht sehr hoch. Sie übernehmen die Opferrolle, wenn sie den Schmerz einer anderen Person »schlucken«, vor allem, wenn es Heilung auch ohne ein solches Opfer hätte geben können.

Um Introjektion zu heilen, fragen Sie sich: »Wie viele Kilogramm Leid habe ich für meine Mutter übernommen? Für meinen Vater? Meine Geschwister? Meine Freunde? Meinen Expartner? Meinen gegenwärtigen Partner? Meine Kinder? Meine Arbeitskollegen?

Wie hat sich das auf mein Leben ausgewirkt?« Stellen Sie sich einen Augenblick lang vor, wie Ihr Leben gewesen wäre, wenn Sie die Schmerzen all dieser Menschen nicht übernommen hätten?

Lassen Sie nun das ganze Leid los. Geben Sie es Gott zurück. Vertrauen Sie darauf, dass er damit umzugehen weiß. Geben Sie dann auch Ihren Introjektions-Mechanismus an Gott zurück. Überlassen Sie es Gott, Gott zu sein, und gönnen Sie sich eine Auszeit.

Introjektion ist eine tückische Falle der Fusion, der unechten Verschmelzung, die Sie in eine Opferrolle drängt und vom Bonding fernhält, welches einen Energiefluss erzeugen würde, der Sie aus dem Leid herausholen könnte. Introjektion ist ein Missbrauch Ihrer Begabungen und Talente, der aus einem Mangel an Selbstwert entsteht. Es ist die Illusion zu meinen, wir verdienten kein goldenes Leben, die uns offen macht für Introjektion. Introjektion ist etwas, das man auf der interpersonalen Ebene verarbeiten muss. Sie ist vor allem deshalb so heimtückisch, weil sie sich auf einer unterbewussten Ebene abspielt und der alltäglichen Wahrnehmung nicht zugänglich ist, nur der Intuition. Man kann durch ein Trauma so sehr in einen Schockzustand geraten, dass ein Aspekt des Selbst unbewusst wird. Das ist so, als treffe zu hohe Spannung auf einen elektrischen Schaltkreis, dessen Sicherung dann den Strom abstellt.

Fragen Sie sich, wie viele Persönlichkeitsaspekte oder Teile Ihres Selbst unbewusst geworden sind. Welche Wirkung hatte das auf Ihr Leben? Ihre Gesundheit? Ihre Beziehungen? Erfolg? Geld? Sex? Freizeitbeschäftigungen? Glück? Spiritualität? Familie? Wo im Körper haben Sie diese unbewussten Persönlichkeitsaspekte begraben? Stellen Sie sich vor, Sie gingen an all diese Orte und hauchten ihnen den heiligen Atem des Lebens ein, um sie so wiederzuerwecken. Dann umarmen Sie jeden einzelnen Persönlichkeitsaspekt, nehmen ihn an und wieder in sich auf. Damit verbinden Sie sozusagen die Energiedrähte zwischen Herz, Geist und Körper wieder, die vorher getrennt waren.

Die größten Fehler in Familien: 4 – Die Weigerung, Verantwortung zu übernehmen

Die Weigerung, Verantwortung zu übernehmen, beginnt mit der Befürchtung, mit einer Situation nicht klarzukommen. Das Ego ist in unser Bewusstsein gesickert und hat uns mit Vorstellungen getäuscht, dass eine Situation zu schwierig für uns sei und wir davon überfordert wären. Eine Situation, der wir uns stellen müssen, verschwindet jedoch nicht einfach dadurch, dass wir uns von ihr abwenden. Sie könnte uns vielmehr von hinten treffen und uns dann wirklich überfordern.

Das Ego flüstert uns ein, dass wir, wenn wir den Schritt nach vorn wagen, Verantwortung übernehmen und die Situation lösen und so sehr im Rampenlicht stehen würden, dass andere neidisch wären und uns angreifen würden. Also scheint es besser für uns zu sein, uns zu verstecken. Es ist das Ego, das in Rivalitätsmustern arbeitet und seinen Neid auf die ganze Umwelt projiziert. Wenn wir die Herausforderung jedoch annehmen und mit den Gaben darauf reagieren, die genau für so eine Situation in uns schlummern, werden uns alle nur dankbar sein. Indem wir unsere Gaben manifestieren und einsetzen, können wir traumatische Situationen von vornherein vermeiden.

Dann gibt es einfach mehr Bonding, mehr Flow und mehr Dankbarkeit.

Wenn wir keine Verantwortung übernehmen, fühlen wir uns schuldig. Das ist die Alternative. Schuld stärkt das Ego, also wird uns das Ego nicht vor Schuldgefühlen warnen. Vielmehr rät es uns zu Dissoziation (Abspaltung) und zu Repression (Verdrängung), um mit unseren Schuldgefühlen fertig zu werden. Das löst die Schuld aber nicht auf, sondern vergräbt sie, sodass sie später viel schwerer zu finden und aufzulösen sein wird. Wenn Schuldgefühle verdrängt werden, projizieren wir sie und schieben anderen Menschen die Schuld für ihre angeblich kriminellen Fehler oder Irrtümer zu. Doch obwohl wir dann andere dafür verurteilen, hören wir nicht auf, uns selbst für die (vermeintliche) Schuld zu bestrafen. Unsere Schuldgefühle verankern Opfer-Täter-Muster, in denen wir mal die eine, mal die andere Seite der Falle besetzen. Da die Wirkung dieser Falle anhält, verstärken sich unsere Schuldgefühle und das Ausmaß unserer Selbstbestrafung nimmt ebenfalls zu.

Verantwortlichkeit baut eine Familie auf und stärkt die Herzensbindung ihrer Mitglieder. Schuldgefühle zerstören, weil sie trennen, aggressiv wirken und Eigenangriffe erzeugen. Verantwortlichkeit bringt Einfühlsamkeit mit sich, während Schuld zur Erfahrung des Versagens führt und dann Rollen erzeugt, die das kompensieren sollen.

Verantwortlichkeit und die Fähigkeit, Rechenschaft abzulegen, wirken auf tieferen Ebenen des Geistes. Andererseits haben Familien und die Gesellschaften, die sie aufgebaut haben, die Vorstellung vom »unschuldigen Opfer« konstruiert. Unschuld fördert Verantwortung und Einfühlungsvermögen. Ein Opfer ist jemand, der sich für die Illusion einer Schuld selbst bestraft. Und da Aggression nicht zielgerichtet ist, bestraft ein Opfer auch Menschen, die ihm nahe stehen. Selbstverständlich braucht jeder, der leidet, Trost, Unterstützung und Hilfe. Wenn Sie dabei auch das Unterbewusstsein und das Unbewusste berücksichtigen, dann geschieht alles, was sich von der Empfängnis an in einer und rund um eine Familie abspielt, als Folge geheimer Verabredungen.

Wir gestalten die Familie und größere traumatische Situationen um uns herum als eine Form des kollektiven Einverständnisses. Wenn sich jedoch eine einzige Person auf die Wahrheit beruft und auf einfühlsame Weise in Wahrhaftigkeit wirkt, dann wird sich die Situation für alle Beteiligten verändern. Eine einzige Person, die unschuldig und einfühlsam ist und erkennt, dass keiner schuldig ist und alle verantwortlich waren, könnte die persönlichen und die familiären Muster auf gesunde Art und Weise verändern.

Jede negative Situation, die es in der Familie oder ihrem Umkreis gibt, dient uns zu einem bestimmten Zweck. In der negativen Situation haben wir auf den Rat des Egos gehört und etwas gemacht, das zwar das Ego gestärkt, uns aber persönlich etwas gekostet hat. Typische Egomuster, die sich in Tausenden von Workshops gezeigt haben, sind: der eigenen Bestimmung auszuweichen; sich zu verstecken; zu versuchen, sich vor Angst zu schützen oder Schuld abzuzahlen; sich selbst zum Märtyrer zu machen, um einen anderen zu retten; recht zu haben als Teil eines Machtkampfes oder als Versuch, ein Bedürfnis zu befriedigen; Rachegelüste; eine Schwäche zu verbergen; an jemandem festzuhalten in dem Bestreben, andere oder sich selbst zu beherrschen. Und schließlich gibt es noch das versteckte Muster, das auch Teil aller anderen ist: Probleme zu benutzen, um unabhängig zu sein.

Wenn wir dem Weg des Egos folgen, geraten wir auf einen Weg des Widerstands, der zu einer schlechten Einstellung, zu Auflehnung und schließlich zum Tod führt. Der Weg des Egos ist ein Weg der Angst, der Schuld und der Schmerzen. Wenn wir ihn gehen, entscheiden wir uns nicht für den Weg des höheren Bewusstseins mit all seinen Gaben, Segnungen und Wundern. Doch nur wenn wir jenen Weg des höheren Bewusstseins gehen, werden wir verantwortlicher und einfühlsamer.

All die Vorwürfe, Trotzreaktionen, Schwächen und Opfergeschichten, die aus unseren Familien und unserer Kindheit stammen, weisen auf Erfahrungen hin, in denen wir nicht wach, reif, verantwortlich und einfühlsam waren – für die Wahrheit, für uns selbst, unsere Bestimmung, unser Glück und andere Menschen. Immer, wenn wir den Weg des Egos gewählt haben, wurden auch andere, uns nahe stehende Menschen angeregt, den Weg des Egos zu gehen. Kein sehr glücklicher Weg.

Eine Tigerin bereut

Terry kam in meine Praxis, um das Problem mit ihrem Exmann zu klären, der Alkoholiker war. Sie liebte ihn noch, konnte aber nicht mehr mit ihm zusammenleben. Er befand sich in einer abwärts gerichteten Spirale der Selbstzerstörung. Sie hatte Therapeuten aufgesucht und an Workshops teilgenommen, war aber nie fähig gewesen, sich von einem an ihr nagenden Schuldgefühl im Hinblick auf ihre Beziehung zu befreien. Vor allem aber wollte Terry ihrem Exmann helfen, aus dem eingefahrenen Gleis herauszukommen, in dem er feststeckte. Ihr Exmann beharrte darauf, Terry sei daran schuld, dass er feststecke. Terry fiel zwar nicht auf den Schuldtrip herein, auf den er sie bringen wollte, aber sie spürte schon eine Verantwortung und wollte eine Möglichkeit finden, ihm zu helfen.

Als Erstes lösten wir die Ahnenmuster auf, die in der Beziehung zu ihrem Exmann noch präsent waren und die von beiden Seiten ihrer Familie, also über Mutter und Vater, kamen. Terry tat dies, indem sie die Seelengaben, die sie für ihre eigenen Eltern mitgebracht hatte, diesen überreichte und über die Eltern an ihre Vorfahren weitergab. Sie empfing auch die Gaben des Himmels, um beide Seiten ihrer Familie zu klären, und gab diese Himmelsgaben ebenfalls weiter an ihre Großeltern und so fort.

Dann entdeckte sie die Seelengaben, die sie in dieses Leben mitgebracht hatte, um die Ahnenmuster ihres Exmannes aufzulösen. Ihre Intuition offenbarte Terry, dass sie die Gabe der Heilung von Gefühlen der Wertlosigkeit für die Familie ihres Exmannes mütterlicherseits mitgebracht hatte und für seine Familie väterlicherseits die Seelengabe der Freude und die Heilung der Angst vor der eigenen Größe. Während dieser Übung erkannte Terry, dass es in der Familie ihres Exmannes schwierige Ahnenmuster gab, die zu seiner Sucht geführt hatten.

Danach empfing Terry die Gaben des Himmels für die Familien und Ahnen ihrer früheren Schwiegereltern. Jetzt ging es darum, die Schattengestalt des Verführers beziehungsweise des leidenden Opfers zu heilen. In ihrer Imagination gab sie die Heilungsgaben ihrem Exmann und über ihn auch seinen Eltern und Ahnen.

Im nächsten Schritt nahm ich Terry mit zurück zum Ursprung, an dem diese Situation mit ihrem Exmann begonnen hatte. Das war, als sie im Alter von drei Jahren erlebte, wie ihre Eltern sich stritten. Das verletzte sie tief und brach ihr das Herz. Damals fing auch ihre tiefere innere Wut an und sie brach die innere Bindung mit ihrer Familie und verstrickte sich in einer Verschwörung des Nehmens. Wir untersuchten, wie das zu noch mehr Herzensbrüchen geführt hatte, weil sie die Erfüllung ihrer Bedürfnisse angestrebt hatte, ohne sich selbst ganz zu geben. All das ballte sich zu einer weiteren Verschwörung zusammen, zu der »Ich-habe-ihr-Leben-ruiniert-Verschwörung«. So fühlte sie sich nämlich damals als dreijähriges Mädchen gegenüber ihren Eltern und später auch in Bezug auf ihren Mann. Als wir noch tiefer gingen, fühlte sich Terry aber auch so, als ob die anderen ihr Leben ruiniert hätten.

Sie konnte diese Verschwörungen relativ leicht loslassen. Sie hatte achtzehn Nehmens- und zwei Ich-habe-ihr-Leben-ruiniert-Verschwörungen. Als sie Erstere loslassen konnte, spürte Terry, wie sie mehr Selbstvertrauen gewann, und bei der Lösung der Letzteren spürte sie, wie sich Frieden ausbreitete.

Darunter tauchte etwas auf, worüber sich ihr Mann beklagt hatte und was sie auch selbst kannte: ihr Bedürfnis zu siegen. Sie hatte eine Konkurrenz-Verschwörung oder sogar zwölf, die wie in Schichten übereinanderlagen. Sie erkannte, wie das einerseits ihren Mann zum Verlierer gestempelt und andererseits sie selbst in ihrer Arbeit als Immobilienmaklerin angriffslustig gemacht hatte. Als sie das aufgeben konnte, merkte sie, wie sie wieder zur Ebenbürtigkeit gelangte und das auch energetisch mit ihrem Exmann teilen konnte.

Dann sprachen wir darüber, wie Terry diese Verschwörungen benutzt hatte, um ihrer Lebensbestimmung auszuweichen. Als Endergebnis all dieser Verschwörungen hatte sie eine Reihe zerbrochener Träume und ein Leben voller Herzensbrüche, Rachegelüste und Kontrollmechanismen. Sie war als »Tigerin« in dieses Leben gekommen. Mit dem Trauma im Alter von drei Jahren und dem Leid in ihrem Leben danach war sie grimmig und dominant geworden. Nicht einmal unter Alkoholeinfluss konnte Terrys Mann mit ihren ständigen Angriffen umgehen und hatte sie deshalb schließlich verlassen. Dann hatte sie angefangen zu überlegen, wie sie ihm und sich selbst wohl helfen konnte.

Die gesamte Situation hatte bei Terry vierundzwanzig Jonas-Verschwörungen entstehen lassen (wie bei Jonas in der Bibel, der im Bauch des Walfischs landet), um nur ja ihrer Bestimmung zu entgehen. Sie fühlte sich nicht stark genug, ihren Lebenssinn und -zweck zu erfüllen. Also war sie mit drei Jahren schon unabhängig geworden, um vor sich selbst, ihrer Bestimmung und ihrer eigenen Größe davonzulaufen.

Nun entdeckte sie bei sich noch die Schattengestalt des Betrügers, die sie auf ihren Mann projiziert hatte. Wir integrierten ihre zwanzig Betrüger-Schatten, was ihr zum ersten Mal wieder ein Gefühl der Ganzheit gab. Als sie diese Ganzheit symbolisch mit ihrem Mann teilte, spürte sie, wie sich ihr Bewusstsein erweiterte, sodass sie die Gabe der Führungsqualität sah und annahm, mit der sie hierhergekommen war, um der Welt zu helfen.

Das letzte Puzzleteil, das in dieser Sitzung auftauchte, war Terrys Gefühl der Wertlosigkeit. Sie war in der Sitzung ein richtiger Profi darin geworden, ihre Problemthemen loszulassen. Als sie erkannte, dass ihr Gefühl der Wertlosigkeit eine Falle war, in die auch ihr Mann geraten war, fühlte sie sich bereit, es ebenfalls loszulassen. Sie merkte, wie ihre Wertlosigkeit sie niedergedrückt hatte und sie dann zu schwach gewesen war, anderen zu helfen beziehungsweise sie zu führen, obwohl sie sich genau dazu immer aufgerufen gefühlt hatte. Dadurch, dass sie als Dreijährige »versagt« hatte, als es darum ging, ihren Eltern bei deren Streitereien zu helfen, und aufgrund ihrer sich ständig wiederholenden Erfahrungen der »Niederlage« in der Beziehung zu ihrem Mann, fühlte sich Terry hilflos und zerrissen. Das verstärkte nur noch ihr Gefühl der Wertlosigkeit, welches sie durch harte Arbeit und ein forsches Verhalten zu kompensieren versuchte.

Ich erklärte ihr, dass ihre Schwachheit die Stärke des Himmels sei und ihre Stärke die Schwachheit des Himmels, wie es im *Kurs in Wundern* heißt. Der erste Irrtum oder Fehler passierte, als sie mit drei Jahren ihre Verbindung zu den Eltern und zu Gott abbrach. Terry sah, wie das Gefühl der Wertlosigkeit sie in einem Teufelskreis mit ihrer (unechten) Unabhängigkeit und ihrem Mangel an Selbstvertrauen gefangen hielt. Als sie merkte, dass sie diese Situation als Vorwand benutzt hatte, um ihrer Bestimmung auszuweichen, ließ sie all diese Verstrickungen los und spürte, wie ihre Herzensbindung zu ihren Eltern und zu Gott zurückkam und damit auch eine ganz neue Ebene der Verbundenheit mit ihrem Exmann.

Wir hatten noch Zeit, in das Ursprungsleben in China zurückzugehen, in dem die Probleme mit ihrem Mann angefangen hatten. In jenem Leben war sie der Mann und sie stritten sich ständig. Ihr Leben wurde aufgrund ihrer Dominanz als Mann ziemlich unerträglich. Terry entdeckte, dass die Lektion, die sie lernen sollte, in Ebenbürtigkeit bestand, und das war gleichzeitig die Gabe, die sie teilen sollte. Die Gabe des Himmels, die sie im Leben teilen sollte, war Partnerschaftlichkeit.

Ich nahm sie mit zurück in jenes Leben in China, als sie noch ein kleiner Junge war, und half ihr, ihre Seelengabe der Ebenbürtigkeit und die Himmelsgabe der Partnerschaftlichkeit zu empfangen. Sie stellte sich vor, dass sie durch dieses chinesische Leben ging und diese beiden Gaben mit jedem teilte, dem sie begegnete. Als Folge verwandelte sich dieses Leben, von dem sie meinte, es sei fünftausend Jahre her, in ein glückliches Leben. Dann ließ ich sie diese Gaben durch all ihre späteren Leben bringen und mit allen teilen, bis zum jetzigen Leben, wo sie diese Gaben mit sich selbst und ihrem Expartner teilte.

Terry fühlte sich ermächtigt und ermutigt. Sie nahm die Verantwortung an und spürte, dass sie fähig war, ihren Exmann zu unterstützen, ohne ihn dominieren zu müssen. Sie fand, dass sie jetzt die nötigen Werkzeuge und genug Vertrauen hatte, um ein neues Kapitel aufzuschlagen – ihrem Exmann zu helfen, ohne ihn zu entmachten oder noch weiter von sich wegzustoßen.

Sie fühlte auch, dass sie ihre Bestimmung akzeptieren und die Hilfe des Himmels annehmen konnte, um ihre Führungsposition auszufüllen. Sie erkannte die Fehler, die sie gemacht hatte, und war bereit, daraus zu lernen und es anders zu machen. Sie war nun eine glückliche Tigerin, die ihr Fehlverhalten bereut und verändert und sich endlich neue Ebenen der Verantwortlichkeit und des Einfühlungsvermögens eröffnet hatte.

5
Schuld und Versagen

Schuld und Versagen

Die Familienverschwörung ist unauflösbar mit Schuld und Versagen verstrickt. Sie ist auch verknüpft mit den Schuldgefühlen und Versagensängsten der Ödipus-Verschwörung. Beide Verschwörungen werden durch Leugnung und Dissoziation abgeschirmt. Nur wer frei und verbunden sein möchte, erfolgreich und anderen Menschen nah, wird den Mut aufbringen, sich diesen Verschwörungen ebenso zu stellen wie der Schuld und dem Versagen, die sie antreiben.

Wenn Sie sowohl Balance als auch Flow in Ihrem Leben möchten und dieser Wunsch stärker ist als Leugnung und Dissoziation, werden Sie sich der Szylla der Familienverschwörung und der Charybdis der Ödipus-Verschwörung stellen und zwischen beiden davonsegeln.

Sigmund Freud (1856–1939) war erstaunlich für seine Generation. Er erkannte, dass das Unterbewusstsein eine Art Papierkorb für alle unsere inakzeptablen Gefühle ist, besonders für sexuelle und aggressive Gedanken. Und doch blieb er natürlich im Geist seiner Zeit gefangen. Da damals die Sexualität am stärksten verdrängt wurde, war Sex auch das Erste, was auftauchte, als Freud das Unterbewusstsein zu erforschen begann. In unserem Zeitalter schlägt das Pendel in die andere Richtung aus und Sex wird übertrieben. Sex beschäftigt zwar immer noch einen Gutteil unseres Bewusstseins sowohl aufgrund von Verdrängung als auch durch Übertreibung, aber wir sind dennoch in der Lage, andere Plätze zu untersuchen, an denen wir gefangen sind. Dazu gehören unsere Familie, unsere Beziehungen und unsere Ichbilder.

Die Hauptfalle, die Familien- und Ödipus-Verschwörungen aufrechterhält, ist der Mangel an Verbundenheit, der über Ahnenmuster immer weitergereicht wird. Aufgrund dieses Mangels an Verbundenheit entsteht Distanz zwischen den Menschen. Das führt zu Angst, Schuld, der Vorstellung von Mangel, zu Rivalitäten, Sex ohne Liebe, abgespaltener Unabhängigkeit, Opferrollen, Aufopferung und Märtyrertum. Die Botschaft Christi war Liebe, Vergebung und das Ende der Aufopferung. Doch als Folge von Schuldgefühlen in Familien, in denen es keine echte Verbundenheit mehr gab, verwandelte sich die Botschaft Christi über Liebe und Vergebung im Laufe der Zeit in eine Botschaft der Aufopferung, Schuld und Verurteilung. Das liegt offensichtlich daran, dass unerleuchtete Anhänger die Botschaft eines erleuchteten, transzendenten Wesens verbreiteten – des ersten Menschen, der die Einheit mit Gott verwirklicht hat.

Da ihre Existenz geleugnet und verdrängt wird, sorgen die Schuldgefühle der Familien- und Ödipus-Verschwörung für ein unsanftes Erwachen durch Selbstbestrafung, für das wir dann andere verantwortlich machen. Damit wird die üble Spirale aus Schuldgefühlen – Eigenangriffen – Aggressionen – Schuldgefühlen in Gang gehalten, die immer weiter nach unten führt. Familien- und Ödipus-Schuldgefühle bringen Muster von Herzensbruch und Rachegelüsten hervor, die unsere Beziehungen sabotieren. Daraus entstehen auch jene Muster, die dafür sorgen, dass es bei uns mit der Karriere und im Beruf nicht so läuft, wie wir es uns wünschen und es uns auch möglich wäre.

Nachdem ich das Thema Schuld mein ganzes Leben lang erforscht habe, sowohl auf der persönlichen Ebene als auch im Rahmen meiner beruflichen Arbeit, kann ich mit voller Überzeugung sagen, dass Schuld und Schuldgefühle ein Fehler sind, ein Irrtum. Es stimmt, dass wir alle sie fühlen, aber an und für sich ist Schuld eine List des Egos, um selbst stark zu bleiben. Sie entspricht nicht der Wahrheit, sie ist keine Wahrheit.

Als katholischer Junge wuchs ich in dem Glauben auf, dass ich in die Hölle käme, und ich hatte eine fürchterliche Angst vor dem Tod. Als sich noch das Thema Sex zum Thema Schuld gesellte, war das ziemlich niederschmetternd. Als ich älter wurde und mich von einem Missverständnis nach dem anderen befreite, fing ich an, nicht nur die Abwegigkeit von Schuld zu sehen, sondern erkannte auch, wie wir sie benutzen, um uns selbst oder andere zu kontrollieren und zu manipulieren.

Schuld und Versagen sind die entscheidenden unterbewussten Fallen in der Familie. In dem Maß, in dem wir diese Gefühle spüren, ist unsere Familie nicht verbunden und wir fühlen uns unwürdig für Liebe und Erfolg. Unser Ego, das Prinzip der Trennung, benutzt Schuld, Versagen, Selbstwertmangel und das Opfer von Rollenverhalten, um uns getrennt zu halten.

Es macht sich auch die Tatsache zunutze, dass wir uns alle verpflichtet fühlen, unsere Familie zu retten, und hält uns so in Aufopferungsmustern gefangen. Dann fängt es uns dadurch weiter ein, dass es uns veranlasst, dissoziiert und unabhängig zu werden, um auf diese Weise die Schuld- und Versagensgefühle und die gebrochenen Herzen zu verbergen, mit denen wir uns selbst bestraft haben.

Herzensbruch wird auch benutzt, um Ödipusschuld und Familienversagen zu verstecken. Nachdem wir unsere Mitte und den damit verbundenen Frieden, die Gnade und den goldenen Glanz aufgegeben haben, scheint Selbstaufopferung die einzige Alternative zur Rettung unserer Familie zu sein. Und so versinken wir in der Fusion verlorener Grenzen, in Co-Abhängigkeit, Schuld und Versagen. Wir werden zum sprichwörtlichen Kamel, das immer schwerere Lasten aufgebürdet bekommt, bis ein weiterer Strohhalm sein Rückgrat bricht.

Dann sind wir ausgebrannt, werden unabhängig und geben unsere Rolle als Sklave der Familie ab. Weil wir unsere goldene Mitte verlassen und stattdessen eine Opferhaltung eingenommen haben – in dem Bemühen, unsere Familie zu retten –, führt uns nun jeder neue Schritt weiter in Fusion, Versagen und Schuld. Wir verstecken das zwar hinter den Rollen, die wir spielen, aber es führt uns dennoch in einen Teufelskreis der Leblosigkeit und toten Energie.

Je mehr wir darin versagen, unsere Familie zu retten, desto schuldiger fühlen wir uns, und diese Schuldgefühle laden wir im Unterbewusstsein ab. Auf einer unbewussten Ebene existierte diese Schuld jedoch schon vorher. Das Unbewusste enthält bereits abgespaltene Selbstvorstellungen, die dann nach außen projiziert werden, um jene Persönlichkeiten zu bilden, die wir bei unseren Angehörigen und in unserer Umwelt finden.

Schuld ist als Emotion eine derart »heiße Kartoffel«, dass wir sie verdrängen, so gut wir können. Dann projizieren wir sie, um andere dafür verantwortlich zu machen und ihnen die Schuld daran zuzuweisen, und das bekommt vor allem der Sündenbock in einer Familie ab. Jedes Mal, wenn es uns nicht gelungen ist, unsere Familie oder ein Mitglied der Familie zu retten, ist unsere Schuld größer geworden. Als Folge haben wir Versagensmuster im Beruf und in unseren Beziehungen aufgebaut und verankert. Die einzige Möglichkeit, nicht unterbewusst durch Herzensbruch und Versagensmuster beeinflusst zu werden, besteht darin, uns hundertprozentig für das einzusetzen, was wir gerade vorhaben und tun. Ohne diese Entschlossenheit und Hingabe werden uns diese unterbewussten Muster negativ beeinflussen.

Die Ödipus-Verschwörung

Die Ödipus-Verschwörung ist so geschickt konstruiert, dass sie zusammen mit der Familienverschwörung zum Doppelpass des Egos wird. Wenige Menschen gelangen über diese Verschwörungen hinaus, um den Erfolg und die Intimität zu genießen, die in einer echten Partnerschaft entstehen. Selbst wenn wir die Ebene der Partnerschaft erreichen, bleiben Fragmente dieser Verschwörungen bestehen, bis wir auf die Ebene der Meisterschaft gelangen, das letzte Stadium vor der Erleuchtung. Die meisten Menschen realisieren noch nicht einmal, dass die strahlende Liebe eines solchen Erwachens all das Glück und all die Seligkeit enthalten, nach denen sie gesucht hatten.

Die Ödipus-Verschwörung, die aufgrund eines Mangels an Verbundenheit entsteht, führt zu Erfahrungen des Mangels und der Rivalität. Wo es Bonding gibt, echte Verbundenheit, gibt es auch natürliche Partnerschaft und einen Ausgleich von Geben und Empfangen, der auf eine Ebene der Fülle und Erfüllung führt. Da betrachtet dann jeder die Erfüllung aller anderen als ebenso wichtig und notwendig wie die eigene. Selbstverständlich streben wir alle nach Liebe in unseren Familien, aber nur allzu oft scheinen schmerzvolle frühere Muster und Erfahrungen realer zu sein als das Loslassen von altem Hader und Vorwürfen oder als der Brückenbau, um den wir uns mithilfe von Kommunikation bemühen, um die Verbundenheit in der Familie wiederherzustellen.

Im Wettstreit um Liebe und Beachtung, den es in einer nicht verbundenen Familie gibt, werden sexuelle Gefühle abgespalten, die sonst ganz natürlich zur Liebe dazugehören. Dann baut sich sexuelle Anziehung zu bestimmten Angehörigen auf. Das führt zu einer Ambivalenz in Bezug auf Sexualität und Familienmitglieder, die sich durch unser ganzes weiteres Leben ziehen kann. Wir fühlen uns zu Mutter, Vater, Schwestern oder Brüdern hingezogen, und meistens akzeptieren wir solche Gefühle nicht. Also verdrängen wir sie und tun so, als ob sie nicht da wären.

Während meiner Arbeit als ziviler Psychologe für die US-Marine beriet ich einmal eine junge, attraktive Unteroffizierin. Bevor sie in Urlaub ging, hatte sie einige Sitzungen, die ihr helfen sollten, das Erlebnis eines gebrochenen Herzens aufzulösen, das ihre Arbeit beeinträchtigte. Als sie aus ihrem Urlaub zurückkam, wirkte sie aufgelöst und verzweifelt. In unserer nächsten Sitzung fragte ich sie nach dem Grund dafür. Sie erzählte mir, dass sie zu Hause ihren Bruder getroffen hatte, dem sie sich sehr nah fühlte. Ohne irgendeine erkennbare Ursache hatte er sie verbal angegriffen und eine Schlampe und Hure genannt.

Ihr Herz war gebrochen und sie fühlte sich, als habe sie ihren Bruder verloren. Ich stellte mich intuitiv auf ihren Bruder ein und mir wurde klar, was dessen unerwartete Reaktion ausgelöst hatte. Ich sagte ihr: »Dein Bruder hat dich angegriffen, weil er sich von dir angezogen fühlte, und das waren natürlich ganz unannehmbare Gefühle für ihn. Sein Angriff war also einerseits eine Form der Projektion und andererseits eine Möglichkeit, sich von dir zu distanzieren.«

Das leuchtete ihr so ein, dass sie ihrem Bruder noch in dieser Sitzung vergab und wieder Liebe für ihn spüren konnte. Ich sagte ihr, wenn sich jemand in ihrer Umgebung seltsam verhielte, dann wahrscheinlich deshalb, weil diese Menschen nicht wüssten, wie sie mit ihren Gefühlen der Anziehung zu ihr oder Frauen allgemein umgehen sollten. Es könnte sein, dass sie eine Konkurrenzsituation spürten und Neid, weil sie so attraktiv war. Sie fühlte sich mit ihrem Bruder wieder versöhnt und in der nächsten Sitzung waren auch alle Spuren ihres ersten Herzensbruchs verschwunden. Kurz darauf ging sie eine neue Beziehung ein und ihre beruflichen Leistungen waren wieder herausragend.

Weil wir unsere sexuelle Anziehung zu Eltern oder Geschwistern nicht wahrhaben wollen, kann sie uns unterbewusst ein Leben lang begleiten und auch auf unsere Partner übertragen werden, wodurch Distanz oder Probleme entstehen. Unterbewusst haben wir dann Angst vor Sex, weil er uns vorkommt wie Sex mit Angehörigen. So wird eine Menge an Zug und Druck in Beziehungen erzeugt. Oder es kommt zu Betrug, Geschäftigkeit als Form des Ausweichens, Dreiecksbeziehungen, Leblosigkeit, Streit oder dazu, dass man gar keine Beziehung hat. Auch kann eine ambivalente Haltung Erfolg gegenüber daraus erwachsen, wenn Erfolg unterbewusst bedeutet, den Elternteil zu »besiegen«, der vom Geschlecht her einem selbst entspricht, also Sohn-Vater beziehungsweise Tochter-Mutter, oder dem Vater oder der Mutter den anderen Elternteil zu »stehlen«.

Die Ödipus-Verschwörung kann Angst vor Gewinn und Erfolg erzeugen. Und wenn wir uns Erfolg erlauben, kann sie bewirken, dass wir uns nicht an seinen Früchten erfreuen. Wir haben dann zwar vielleicht den Partner, den wir möchten, aber wir haben Distanz geschaffen oder Probleme kreiert, damit wir keine echte Nähe spüren und in der Beziehung nicht wirklich glücklich sind.

Der »ödipale Verlierer« hat keinen echten Erfolg im Leben. Es handelt sich dabei um einen Menschen aus einer nicht verbundenen Familie, der sich der (vermeintlichen) Rivalität im Kampf um den Elternteil vom anderen Geschlecht entzieht. Der »ödipale Gewinner« ist die Person, die sich ins Gefecht wirft und den Elternteil des anderen Geschlechts zu gewinnen scheint. Gewinner scheinen Erfolg zu haben und in ihrem Leben zu bekommen, was sie anstreben. Aber ihre versteckten Schuldgefühle darüber, dass sie einen Elternteil dem anderen gestohlen haben, lässt sie nicht die innere Freude oder Befriedigung erleben, die normalerweise mit der Erfüllung von Wünschen verbunden ist.

Dilemmas

Dilemmas sind eine weitere Falle der Ödipus-Verschwörung. Wenn wir als Kind in die Falle getappt sind, dass wir nicht die Liebe von Mutter und Vater gleichermaßen haben können, schafft das ein Dilemma. Ohne Herzensverbindung sind Familien nicht in Balance. Dieser Mangel an Verbundenheit kann zu Situationen führen, in denen wir glauben, zwischen unserer männlichen und unserer weiblichen Seite wählen zu müssen, etwa zwischen Arbeit und Familie. Dieses Ungleichgewicht kann auch zu einem Dilemma darüber führen, welchen Partner wir wählen sollen, weil jeder Partner nur die Hälfte dessen zu haben scheint, was wir möchten. Dilemmas sind so eingerichtet, dass sie auf Ablenkung und Verzögerung hinwirken, sodass wir unentschlossen hin und her schwanken.

Der Schlüssel zu einem Dilemma besteht darin, weder die eine noch die andere Seite zu wählen, denn dann würden wir in einer Ecke des Dilemmas gefangen bleiben. Die Lösung ist, sich für die Wahrheit zu entscheiden und für den nächsten Schritt dorthin, wo uns gezeigt wird, was das Beste ist. Wenn das passiert, öffnet sich das nächste Kapitel und zeigt die Wahrheit, also das, was für uns das Beste ist. Das ist dann die natürliche Belohnung dafür, dass wir nicht im Dilemma und im Glaubensmuster des Mangels stecken geblieben sind.

Familien- und Ödipus-Verschwörungen

Diese Verschwörungen sind unter einer Menge von Leugnung begraben und beruhen beide auf Schuldgefühlen. Ihr Hauptnutzen für das Ego besteht darin, dass sie uns blockieren. Die Schuldgefühle schützen uns vermeintlich vor der Angst vorwärtszugehen, aber sie machen diese Angst auch real, indem sie sich dagegen verteidigen. Schuld veranlasst uns, den Kopf wie ein Vogel Strauß in den Sand zu stecken, wobei unser Gesäß schön nach oben ragt und ein prima Ziel abgibt. Das schützt uns nicht vor der Angst, sondern führt lediglich zu einem unsanften Erwachen.

Die Ödipus-Verschwörung erzeugt Kämpfe und Affären als eine Form von Kampf. Sie und die Familienverschwörung führen meistens zu Leblosigkeit, in die »tote Zone« und zu Langeweile in einer Beziehung. Beide Verschwörungen bauen Gefühle des Versagens und der Schuld auf. Sie trennen uns von uns selbst, von anderen und vom Leben. Versagen im Rahmen einer Familienverschwörung erleben wir, wenn wir die Familie und die Angehörigen nicht retten. Versagen in einer Ödipus-Verschwörung spüren wir, wenn wir einen Wettstreit verlieren, oder als Folge von Schuldgefühlen, wenn wir gewinnen. Dann zahlen wir für unsere Schuld, indem wir doch verlieren oder unseren Erfolg begrenzen.

Schuld kann ihren eigenen Teufelskreis erzeugen, und beide Verschwörungen können eine Falle aufstellen, die so gemein ist, dass sich nur wirklich entschlossene Menschen daraus befreien können. Bewusstheit ist wesentlich, um über solche Fallen hinaus auf die Ebenen von Erfolg und Partnerschaft zu gelangen. Dort verausgabt man sich nicht völlig um eines recht begrenzten Erfolges willen, wie es uns in der toten Zone ergeht. Dort regieren die Familien- und die Ödipus-Verschwörung, die aufgrund von Rivalitäten und Angst entstanden sind, welche wiederum eine Folge der verlorenen Herzensverbundenheit sind.

Die größten Fehler in Familien: 5 – Familienmuster ignorieren

Sandra hatte eine riesige, dreifache Mauer um sich herum aufgebaut, um Männer fernzuhalten. Ihr Gewicht war der erste Ring dieser Mauer, ihre Geschäftigkeit der zweite, und der dritte bestand darin, besonders professionell, ernst und einschüchternd zu wirken.

Als wir zum Ursprung des Problems zurückgingen, fanden wir heraus, dass ihr Vater sie ignoriert hatte, als sie zwei Jahre alt war. Er war ein ziemlich strenger und ernster Mann gewesen, und es brach ihr das Herz, dass er sie nicht beachtet hatte. Sie hatte infolgedessen sowohl mit ihrem Vater als auch mit allen anderen Männern gebrochen.

Wir untersuchten die Situation und stellten fest, dass die Arbeitsbelastung, die Förmlichkeit und die Ernsthaftigkeit ihres Vaters genau die Eigenschaften waren, die sie jetzt in sich selbst vorfand. Als wir weiterforschten, entdeckten wir, dass es in Wahrheit Sandra gewesen war, die mit ihrem Vater gebrochen und ihn abgelehnt hatte. Und schließlich stellten wir fest, dass – im Gegensatz zu dem, was sie sich selbst einredete – Sandra für ihren Vater so viel wert war wie sein eigener Augapfel. Weil ihr Vater so distanziert und ernst war, hatte sie sich selbst nie als genauso »entzückend« empfunden, wie sie es für ihren Vater war – was er allerdings nicht recht auszudrücken wusste.

Sandra gab dann ihrem Vater die Seelengaben, die sie für ihn in dieses Leben mitgebracht hatte, und teilte auch ihre Gaben des Himmels mit ihm. Diese Gaben halfen Sandras Vater, seine Liebe und zärtliche Zuneigung für sie zum Ausdruck zu bringen. Sie spürte, dass sie der ganzen Liebe ihres Vaters nun die Tür öffnen konnte, die sie im Alter von zwei Jahren geschlossen hatte.

Dies ist ein klassisches Beispiel für ein Familienmuster, das auf ein Beziehungsmuster übertragen wird. Alle unsere Konflikt- und Mangelmuster sowie unsere »Leblosigkeit« gehen auf die Familie zurück.

Einfache Möglichkeiten, um Familienmuster zu verändern

Ich kenne zwei Einstellungen, die diese Muster verändern können, wenn man keine Hilfe von jemandem zur Verfügung hat, der weiß, wie man an die Familienwurzeln herankommt. Die erste Möglichkeit ist, dass Sie sich zu einhundert Prozent für alles einsetzen, was Sie tun. Damit holen Sie verlorene Aspekte des Selbst aus der Vergangenheit zurück und können den nächsten Schritt nach vorn tun. Die zweite Möglichkeit ist, alles zu vergeben. Wenn Sie erkennen, dass keinem die Schuld zu geben ist, dann wird Schuld aus Ihrem Leben verschwinden und der Himmel zieht ein. Von Schuld befreit zu sein heißt, vollkommene Immunität vor Schaden zu genießen und sich selbst alles Gute zuzugestehen. Ohne Schuldgefühle hätten wir glückliche, von Herzen verbundene Beziehungen, Fülle und Gesundheit. Frei von Schuld zu sein bedeutet, eine völlig neue Welt der Partnerschaftlichkeit, der Gegenseitigkeit und des Segens zu eröffnen. Sobald der Himmel eine Rolle spielt, sind Liebe und Wunder im Überfluss vorhanden.

Wenn wir unsere eigenen Schuldmuster loslassen, finden wir sogar eine Möglichkeit, kollektive Muster zu verändern. Wenn wir uns beständig zur Unschuld jedes Einzelnen bekennen würden, würde das uns alle befreien. Jeder, den Sie bewerten, weist auf etwas hin, das Sie an sich selbst verurteilen. Jeder schlechte Kerl, den Sie sehen, verweist auf einen Ort in Ihnen, wo es vergrabene Schuldgefühle gibt. Sonst würden Sie nämlich nur Menschen sehen, die Liebe brauchen, keine Verurteilung. Sie können dazu beitragen, deren Unwissen zu transformieren und sie für eine neue Welt erwachen lassen, indem Sie ihnen Liebe und Unterstützung geben.

Tessas Eltern werden geheilt

Tessa kam zu einer Coaching-Sitzung und beklagte sich über ihre Eltern, besonders über ihre Mutter. Sie strahlte eine bestimmte Entschlossenheit und Effizienz aus und ich erfuhr, dass sie als Wissenschaftlerin arbeitete, in der Photonenforschung. Da sie bereits an einem meiner Workshops teilgenommen hatte, kannte sie sich mit dem Ansatz der *Psychologie der Vision* aus und wir konnten recht zügig arbeiten.

Tessa erzählte mir zunächst, dass ihre Mutter sie im Alter von fünf Jahren verlassen hatte, weil ihr Vater ein richtiger »Scheißkerl« gewesen war. Er hatte laufend Affären gehabt. Tessa beklagte sich, dass ihre Mutter völlig egozentrisch und oberflächlich sei. Dazu war die Mutter so negativ, dass man sich kaum normal mit ihr unterhalten konnte. Vor Kurzem hatte Tessa ihre Mutter besucht, und eine halbe Stunde lang hatte diese nur geschimpft, teilweise noch immer über Tessas Vater. Tessa sagte, sie wolle nicht viel Zeit mit ihrer Mutter verbringen, weil diese immer so giftig sei.

Ich schlug ihr vor, ihrer Mutter Liebe zu schicken, wenn sie sich in Schimpftiraden verlor, und einfach abzuwarten, was sich tun würde. Jemandem Liebe zu senden, sagte ich Tessa, habe Auswirkungen auf das Verhalten von Menschen, die sich gar nicht bewusst sind, was sie tun. Tessa meinte, sie würde das beim nächsten Mal ausprobieren, wenn die Stimmung ihrer Mutter wieder ins Negative umschlug.

Dann fragte ich Tessa, ob sie mit einer rasch wirksamen Methode arbeiten wolle, um ihre Mutter zu verändern und sie stimmte bereitwillig zu. Als Nächstes bat ich sie, ihre Intuition einzusetzen und zu sehen, was wohl auftauchen würde. Ich fragte sie, in wie vielen Leben sie genauso gewesen war wie ihre Mutter. Sie antwortete: »Zwanzig.«

Ich erklärte ihr, dass unsere Eltern die beiden wichtigsten psychologischen Pole unseres Lebens sind. Auf einer Ebene wählen wir diese Eltern wegen der Gaben, die sie für uns haben, und auf der anderen wegen der Herausforderungen, vor die sie uns stellen. Die unbewussten Herausforderungen repräsentieren Verhaltensweisen, die wir selbst in früheren Zeiten und an anderen Orten genauso an den Tag gelegt haben wie der betreffende Elternteil. Es war wichtig für unsere Bestimmung und unser Schicksal, die Energien, die unsere Eltern repräsentieren, zu heilen und zu integrieren.

Ich nahm Tessa mit zurück zu dem »Wurzelleben«, in dem das Muster entstanden war, welches ihre Mutter bisher an den Tag gelegt hatte. Alle folgenden neunzehn Leben bauten auf diesem ersten auf, in dem das betreffende Muster begonnen hatte. Wir stellten fest, dass diese Geschichte in Ägypten begann. Das ganze Leben lang hatte Tessa sich bemüht, etwas sehr Besonderes zu sein. Sie war eitel und es drehte sich alles immer nur um sie.

Wir fanden heraus, dass dahinter die Angst steckte, wirklich zu leben. Ihr Streben, etwas Besonderes zu sein, war ihre Art und Weise, diese Angst zu verbergen. Wir stellten fest, dass die Gabe, die sie für dieses Leben mitgebracht hatte, Gemeinschaftlichkeit war. Die Gabe, die sie vom Himmel empfangen hatte und an andere weitergeben sollte, war Mitgefühl. Als sie beide Gaben empfing und mit allen teilte, mit denen sie seit ihrer Kinderzeit in Kontakt war, verwandelte dieser imaginierte psychische Vorgang jenes Leben der Eigensucht in ein glückliches, goldenes Leben.

Als Nächstes wandten wir uns ihrem Vater zu. Ich fragte Tessa, wie viele Existenzen lang sie so durchs Leben gelaufen war wie ihr Vater jetzt, und sie antwortete: »Acht.« Ich fragte sie, in welchem Land ihr Schlüsselleben gewesen war, und sie antwortete: »In Russland.« Ich fragte, was sie damals dort getan hatte, und sie erzählte, dass sie ein kleiner Junge war, der einen Verlust erlitten hatte und sich von seiner Mutter verlassen fühlte. Als junger Mann versuchte er das später auszugleichen, indem er so viele Affären wie möglich hatte. Er beendete jenes Leben traurig und einsam und fühlte sich wie beraubt. Es stellte sich heraus, dass die Lektion in jenem Leben im Loslassen bestanden hatte. Die Gabe für jenes Leben war Liebe gewesen und die Gabe des Himmels Führungsqualität. Als der junge Mann die Gabe des Himmels und seine eigene empfing und mit anderen teilte, verwandelte sich jenes Leben vollständig und wurde von großer Freude erfüllt. Ich half Tessa dann, diese Energie von damals durch alle folgenden Leben bis in ihr derzeitiges Leben zu bringen, bis in den gegenwärtigen Moment. Tessa sagte, sie fühlte sich, als sei gerade eine große Last von ihren Schultern genommen worden.

Dann ließ ich sie darüber nachdenken, was sie von ihrer Mutter gewollt, aber ihrem Gefühl nach nie bekommen hatte. Tessa sagte: »Liebe.« Dann stellte ich ihr dieselbe Frage in Bezug auf ihren Vater und ihre Antwort lautete: »Sicherheit.«

Danach bat ich Tessa zu überlegen, was ihre Eltern erlebt hatten, als sie bei ihren eigenen Eltern aufgewachsen waren. Tessa erkannte, dass ihre Eltern ihr nie das hatten geben können, was sie sich von ihnen erwartete, weil sie es selbst nie von ihren eigenen Eltern bekommen hatten. Ich zeigte ihr dann auf, dass unter ihrem Leid und ihrer Traurigkeit darüber, dass sie diese Gaben nicht erhalten hatte, noch eine Schicht aus Schuldgefühlen lag, weil sie ihre Eltern nicht gerettet und so deren Wunden geerbt hatte. Unter der Schuldschicht standen ihr die Seelengaben, die sie für ihre Eltern mitgebracht hatte, immer noch zur Verfügung.

Diese Gaben waren genau das, was Tessa von ihren Eltern erwartet hatte, doch aufgrund ihres eigenen Mangels daran hatten sie sie ihr nicht geben können. Jetzt konnte Tessa ihren Eltern die Gaben der Liebe und Sicherheit geben und ihnen auf diese Weise helfen, während sie sich selbst Erfüllung schenkte.

Ich erzählte Tessa, was ich herausgefunden hatte: Die Gaben, die wir von unseren Eltern vergeblich erwarten, haben diese von ihren eigenen Eltern nicht erhalten, aber sie können sie von uns, ihren Kindern empfangen. So können sowohl sie als auch wir frei werden.

Tessa war erleichtert und empfand neue Lebensfreude. Als sie meine Praxis verließ, fühlte sie sich bereit für ihren nächsten Lebensabschnitt.

Die Qualität Ihres Lebens, Ihrer Partnerschaft und Ihrer Familie hängt von Ihnen selbst ab. Lassen Sie sich nicht von jenen irrtümlichen, kollektiven Glaubensmustern der

Getrenntheit einfangen, die Schuld und Versagen als die stärksten Waffen des Egos benutzen, um sich selbst am Leben zu erhalten und als etwas Besonderes darzustellen. Entscheiden Sie sich immer wieder neu und auf immer tieferen Ebenen für Partnerschaftlichkeit. Ihr eigenes Glück hängt davon ab.

6
Aufopferung – Die Angst, man selbst zu sein

Aufopferung

Aufopferung ist eine Verteidigungsstrategie, die Versagen, Schuld und Minderwertigkeitsgefühle kompensieren soll. Wie alle Abwehrmechanismen führt sie jedoch genau zu dem, was sie abblocken soll. Aufopferung führt also zu Versagensängsten, Schuldgefühlen und einem noch größeren Mangel an Selbstwert. Das liegt zum Teil daran, dass das Opferbringen uns nicht erlaubt zu empfangen. Scheinbar geben wir ja, aber wir empfangen nicht. Wenn wir wirklich geben würden, würden wir natürlich auch empfangen. Wir tun zwar etwas, aber aufgrund des Gefühls, dass wir es tun *sollten*. Es handelt sich dabei *nicht um ein authentisches Geben oder die freie Wahl zu geben*. Die Belohnungen, die wir bekommen, wenn wir uns aufopfern, benutzen wir um zu beweisen, dass wir weder schlecht noch Versager sind. Und was dann noch übrig bleibt vom Lohn für unsere Aufopferung (die ja nur eine schlechte Imitation von echtem Geben ist), verwenden wir, um den Stress zu mildern, der aufgrund unserer Opferhaltung und des Mangels an natürlichem Flow entsteht.

Aufopferung hat nichts mit Energiefluss zu tun, sondern ist ein Weg der Probleme und der Mühsal. Wir benutzen sie, um jemand Besonderer zu sein. Wir überzeugen uns selbst, dass wir unentbehrlich seien. Wir versichern uns durch unsere vermeintliche Unentbehrlichkeit, dass wir weder minderwertig noch ungeliebt sind. Dahinter steckt offensichtlich ein weiterer Teufelskreis, da Aufopferung eine Rolle ist, die Nähe blockiert und unseren Selbstwert nicht aufbaut. Vielmehr vermindert sie ihn, weil wir dabei außen vor bleiben. Aufopferung ahmt Geben und Liebe nach, schließt aber nicht jene herzliche Zuwendung und Hingabe ein, die präsent sind, wenn man aus sich selbst heraus gibt.

Ich habe einmal mit einer Frau gearbeitet, die mir erzählte, dass, nachdem sie ihren Job wegen Burnout aufgegeben hatte, drei neue Mitarbeiter eingestellt wurden, um ihre Arbeit zu erledigen. Alle drei bekamen mehr Geld, als sie erhalten hatte.

Aufopferung ist eine Falle, sowohl auf der persönlichen als auch auf der kollektiven Ebene. Persönlich betrachtet liegen ihre Ursachen in unseren Familienmustern und im personalen Unbewussten, sowohl von den Ahnen als auch von der Seelenebene her. Kollektiv gesehen entsteht sie aus dem kollektiven Unbewussten, wie es seit Langem von der Menschheit entwickelt worden ist, und aus dem kollektiven Ego, das uns getrennt halten möchte. Sehr lange hat man Opfer mit Liebe und Geben verwechselt, aber Aufopferung verhindert Erfolg, während Liebe und Geben zu Erfolg führen. Opferhaltungen können nicht erfolgreich sein, weil sie nicht darauf angelegt sind, uns selbst einzuschließen. Es kann Erfolge geben, aber wir sind nicht dabei, um sie zu empfangen. Also erleben wir sie nie. Aufopferung ist die wichtigste Ursache für Burnout und ein wesentlicher Grund für Stress.

Wenn wir Schuld oder Versagen fühlen, zieht sich ein Teil von uns zurück. Und wenn wir dann aus dieser Rückzugsposition heraus zu geben versuchen, führt das zu einer ziemlich großen Belastung. Nur wenn wir in Kontakt sind, fällt Geben leicht und ist erfolgreich. Wenn wir uns jedoch opfern, setzen wir uns nicht ganz ein, weil wir uns nicht auch selbst geben. Es ist ein Spiel auf Sicherheit, obwohl wir immer mittendrin sind und ganz engagiert zu sein scheinen. Wir geben uns selbst nicht, erwarten aber von unserem Partner, von Familienangehörigen oder von Arbeitskollegen, dass sie sich ganz einsetzen. Diese tieferen Muster bleiben zwar unsichtbar, aber Aufopferung ist letztlich nichts anderes als *der Versuch, etwas zu bekommen, ohne sich selbst ganz zu geben.*

Aufopferung stellt also ein Wettbewerbsmuster dar. Es geht darum, wer gewinnt und wer verliert. Selbstverständlich ist es maskiert, sodass es aussieht, als ginge es um Verlust und Gewinn. Oder es handelt sich um eine falsche Unterstützung, die in Wahrheit eine Form von Co-Abhängigkeit ist. Co-Abhängigkeit scheint hilfreich zu sein, fördert aber insgeheim das Problem, denn dahinter steckt die Furcht des unechten Helfers, seine eigenen Probleme könnten enthüllt werden, wenn es dem anderen Menschen wirklich besser geht. Solange wir in der Opferhaltung sind, teilen wir das mit anderen, was wir für Sonderangebote halten, während wir von unserem Partner die Premium-

Produkte haben möchten. Da es sich um eine Form des Nehmens handelt, ist Aufopferung in Wirklichkeit ein Angriff auf unsere Umwelt. Die Opferrolle baut eine Schale um uns auf, die verhindert, dass wir jemals bekommen, was wir uns zu nehmen versuchen.

Muster von Opferbeziehungen

Die Opferrolle, die wir als Kind annehmen, führt zu Fusionsmustern. Wir sind mit uns selbst nicht einverstanden. Deshalb opfern wir unser Selbst und geben vor, dass unser unwürdiges Selbst nicht mehr existiert. Wir benutzen das Selbst dessen, dem wir uns opfern, als unsere Identität. Daran erkennen wir ganz anschaulich, wie wir Aufopferung benutzen, um uns selbst zu verstecken und klein zu bleiben.

Sowohl Fusion als auch Co-Abhängigkeit bilden Muster der Leblosigkeit in unseren Beziehungen, die tief verwurzelt und unterbewusst sind. Ohne Bewusstheit und Vision ist es höchst schwierig, diese Leblosigkeit zu überwinden. Das Ego schlägt vor, Drama zu erzeugen, um wieder ein bisschen Leben in die Beziehung zu bringen. Das geht so weit, dass es sogar anregt, bewusst oder unterbewusst Streit anzufangen. Das schafft aber nur noch mehr Probleme in der Beziehung.

Immer wieder opfern wir uns auf, und wenn wir erwarten, dass sich jemand um uns kümmert, weil wir ja nun mal an der Reihe wären zu empfangen, gibt es keinen, der nach uns schaut. Das kommt daher, dass wir an unsere eigene Minderwertigkeit glauben und erwarten, dass ein Gefallen, den wir erweisen, erwidert würde – und das ist die Forderung nach Gegenseitigkeit. Wenn wir uns opfern, erwarten wir, dass sich unsere Umwelt auf ähnliche Weise opfert. Früher oder später meinen wir sogar, dass sich eigentlich alle opfern müssten, weil wir es ja auch tun.

Wir rechtfertigen die Aufopferung sogar mit unserer Religion. Aber in Wirklichkeit ist es unser Ego, das die Schriften benutzt, um seinen Weg zu legitimieren. Wir glauben, Gott hätte Seinen Sohn für uns geopfert und Jesus selbst hätte sich geopfert, um uns zu retten. Betrachten wir diese Behauptungen einmal aus der logischen und aus der psychologischen Perspektive. Ich bin nämlich überzeugt, dass eine Theologie, die der Überprüfung durch Vernunft und Psychologie nicht standhält, vom Ego zugunsten seiner eigenen Motive verzerrt wurde.

Genauso, wie es Gott unmöglich ist, sich zu opfern, weil Aufopferung eine psychologische Falle ist, die Rivalitäten erzeugt und zu Aggressionen führt, würde und könnte das Höchste Wesen auch niemals wollen, dass irgend jemand etwas macht, was einer Falle gleichkommt, einem Angriff oder einem Fehler.

Das wäre das Gegenteil von Gott als Liebe. Gott gibt sich uns vollständig. Der *Kurs in Wundern* beschreibt Gott so: »Das, was allen alles gibt.« Gott ist das Prinzip des Gebens, und *Geben entspringt nur dem Geben,* nicht etwas, das so anders ist wie Aufopferung.

Zu meinen, Jesus habe sich geopfert, heißt, den Kern seiner Lehren – Liebe und Vergebung – völlig zu verkennen. Im *Kurs in Wundern* sagt Jesus selbst, die Kreuzigung sei ein extremes Beispiel seiner Lehren, das deutlich mache, dass er selbst unter solchen Umständen keine Feinde hatte, sondern dass es lediglich Menschen gab, die nicht wussten, was sie taten.

Im *Kurs in Wundern* sagt Jesus auch, dass die Kreuzigung das letzte nutzlose Opfer sein sollte und dass ihr Zweck nicht darin bestand, dass er sie für uns erlitt, sondern darin, dass er den Tod durch seine Auferstehung besiegte. Mit der Auferstehung transzendierte er als Geist den Tod und den Körper. Die Auferstehung befreite uns aus dem Griff des kollektiven Egos, in dem wir gefangen waren, indem sie unseren Glauben an den Tod beendete. Sie brach auch die Abmachung mit dem Ego, lieber zu sterben als zu erkennen, dass der Körper einfach abgeworfen wird, weil er in unserer fortdauernden Existenz als Spirit nur ein Vehikel des Lernens ist.

In Gary Renards Buch *Die Illusion des Universums* spricht Pursah, ein Wesen, das Einheit erlangt hat, über die Tatsache, dass Jesus nicht wirklich physisch gelitten hat. Vielmehr veranlassten ihre Schuldgefühle angesichts der Kreuzigung seine Jünger dazu, großes Leiden zu projizieren. Christus, der völlig unschuldig und ohne alle Vorwürfe war, hat überhaupt nicht gelitten. Nach dem, was ich über Leid und die Verbindung zwischen Geist und Körper erforscht habe, scheint mir diese Aussage psychologisch wahr zu sein – trotz des Films »Das Leiden Christi« von Mel Gibson und trotz der religiösen Lehren, die viele Jahrhunderte lang verbreitet wurden und das Gegenteil behaupten.

Am Ende werden wir alle das glauben, womit wir uns wohl fühlen. Ich möchte dennoch darauf hinweisen, dass

Gott keine Verurteilungen kennt, sondern ein liebender Gott ist. Ohne Bewertungen und Verurteilungen, die sowohl eine psychologische als auch eine spirituelle Falle sind, gibt es keine Aufopferung. Gott hätte keine Hölle schaffen und gleichzeitig ein liebender Gott sein können. Es ist eine historische Tatsache, dass die Schriften in den ersten fünfhundert Jahren nach dem Tod Christi verändert wurden, um den politischen Ansichten und dem psychologischen Verständnis der Kirchenväter zu entsprechen. Das hat Christi Botschaft der Liebe zu etwas gemacht, das nicht mehr völlig mit Liebe und Vergebung übereinstimmt. Opfer und Bewertungen bestehen den Test der Psychologie einfach nicht. Wie könnten sie da den Test der Spiritualität bestehen?

Wenn Sie sich aus Liebe für Ihre Kinder opfern, was machen Sie dann, wenn sich Ihre Kinder aus Liebe für Sie opfern, weil sie Ihrem Beispiel folgen? Ein leichter Ausweg aus Opferhaltungen besteht darin, *sich bewusst zu entscheiden, etwas zu tun,* anstatt es zu machen, weil es von einem erwartet wird – aufgrund einer Rolle, einer Regel oder einer Pflicht. Die freie Wahl zu haben, bedeutet authentisches Geben und gestattet Ihnen, dann auch entsprechend zu empfangen.

Vor ungefähr zwanzig Jahren hatte ich um 7:00 Uhr morgens ein Interview. Das war gerade nach einem siebzehntägigen Workshop, und ich war dreieinhalb Stunden mit dem Auto zurück nach Vancouver gefahren. Ich war um 1:30 Uhr zu Bett gegangen und musste um 5:00 Uhr wieder aufstehen, um rechtzeitig beim Interview zu sein. Während der Fahrt im Auto kämpfte ich mich mehr schlecht als recht voran, bis ich mich daran erinnerte, dass ich mich ganz für das entscheiden konnte, was ich gerade tat, anstatt es nur einfach zu machen, weil jemand ein Interview zu einer solchen Zeit in meinen Terminkalender eingetragen hatte. Sobald ich mich neu und frei dafür entschieden hatte, fühlte ich mich viel frischer und voller Energie. Das Interview verlief richtig inspiriert und ich hatte auf der Rückfahrt viel mehr Energie, als ich gehabt hätte, wenn ich durchgeschlafen hätte. Seit diesem Erlebnis habe ich mich immer wieder bei verschiedenen Gelegenheiten an dieses Prinzip erinnert. Es hatte immer wieder die gleiche heilsame Wirkung und hat gute Früchte getragen.

Aufopferung ist die beste Möglichkeit, sich zu verstecken. Es sieht dann so aus, als ob wir es wären, aber es ist nur eine Kopie von uns. Als wir Angst bekamen – sowohl vor uns selbst als auch davor, ein goldenes Leben zu führen – wurde Aufopferung zu unserer Methode, uns vor uns selbst zu verstecken. Die Opferhaltung wird zu so einer vertrauten Lebensform, dass wir gar keine Alternativen mehr dazu sehen. Wenn wir erkannt haben, dass Aufopferung eine im kollektiven Bewusstsein der Menschheit verankerte Lebenshaltung ist, dann können wir einen besseren Weg des wahren Gebens beschreiten, indem wir zu einer Führungspersönlichkeit werden. Wir brauchen nur die innere Führung und das eigene höhere Selbst darum zu bitten, und es wird uns Alternativen zur Opferhaltung zeigen.

Abgestorbene Selbste*

Wenn ein Selbst abstirbt oder verloren geht, werden die »Verdrahtungen«, also die Verbindungen zwischen Geist, Herz, Geschlechtsorganen und so fort durchtrennt. Wir befinden uns dann in einem Zustand der Dissoziation und Aufopferung, in einem Zustand, in dem wir auch körperlich gefährdet sind. Ich habe mehrere Kategorien von verlorenen Selbstanteilen festgestellt. Diese Selbstanteile, die uns so lange vorangebracht haben, bis sie in Schock gerieten, abgetötet oder traumatisiert wurden, kann man wiedererlangen und erneut in die Ganzheit integrieren. Die wichtigsten dieser verlorenen Selbste, die wir heilen sollten, sind jene, die so traumatisiert wurden, dass sie abgestorben sind.

Fragen Sie sich:

Wenn ich es wissen könnte: Wie viele abgestorbene Selbste habe ich in mir?

Wenn ich es wissen könnte: Wann sind sie abgestorben und was war passiert?

Wo in meinem Körper habe ich sie begraben?

* In der *Psychologie der Vision* geht man, wie in manchen schamanischen Traditionen, nicht von einem einzigen unteilbaren Selbst aus (wie es der in Spiritualität und Religion oft synonym verwendete Begriff »Seele« meistens meint), sondern von vielen Aspekten des Selbst, die unter traumatischen Umständen abgespalten oder verloren werden beziehungsweise absterben können. In der deutschen Umgangssprache ist es eher ungewöhnlich, vom Selbst in der Mehrzahl zu sprechen, also von »Selbsten«. Die Übersetzung behält den ungewöhnlichen Plural aus der englischen Vorlage oft bei, verwendet jedoch bisweilen auch die Begriffe »Selbstanteile«, »Persönlichkeitsaspekte« oder »Aspekte des Selbst«. (Anm.d.Ü.)

Gehen Sie nun zu jedem dieser Selbste und hauchen Sie ihnen den heiligen Atem des Lebens ein. Nehmen Sie diese Selbstanteile an, umarmen Sie sie und lassen Sie sie wieder miteinander verschmelzen. Manchmal sind es nur Teile Ihres Körpers, die wie abgestorben sind, zum Beispiel Ihr Herz, Ihr Gehirn, Ihre Genitalien oder Ihre Augen. Hauchen Sie diesen Teilen wieder Leben ein und integrieren Sie sie wieder. Stellen Sie sich nun vor, welche Wirkung diese jetzt wieder lebendigen und ganzen Selbstanteile für Ihr Leben haben.

Unbewusste Selbste

Ein anderes Geschehen, das zu Aufopferung durch Rückzug führen kann, ist, wenn ein Selbst unbewusst wird. Das kann aufgrund des Schocks passieren, der manchmal zusammen mit einem Trauma auftritt. Es kann aber auch geschehen, wenn wir uns auf unser Ich verlassen, anstatt auf Gnade zu bauen, wie es anscheinend die meisten von uns tun. Dann brauchen wir unsere letzten mentalen, emotionalen und psychischen Reserven in dem Bemühen auf zu verhindern, dass sich eine schwierige Situation noch weiter verschlimmert, und das erschöpft uns so sehr, dass die Persönlichkeitsaspekte beziehungsweise Selbstanteile, die dabei beteiligt sind, unbewusst werden können.

Diese unbewussten Selbste, die an einer oder mehreren Stellen des Körpers gehalten werden, liegen bildlich gesprochen auf der Intensivstation eines Krankenhauses. Das hat denselben Effekt, wie wenn die Verbindungsdrähte in unserem Herzen, im Kopf und manchmal auch in den Geschlechtsorganen durchtrennt wären. Der fehlende Kontakt, der durch ein unbewusstes Selbst entsteht, erzeugt Aufopferung. Das kaschieren wir manchmal durch eine Rolle, die so wirkt wie der betreffende Selbstanteil, bevor er ins Koma gefallen ist, um zu verbergen, dass etwas fehlt. Doch dieser Abwehrmechanismus kann auch zur Verstärkung von Leblosigkeit und Abspaltung beitragen.

Selbste, die unbewusst geworden sind, können wir auf die gleiche Weise finden wie abgestorbene Selbstanteile, und wir können sie auch auf die gleiche Weise heilen. Setzen Sie einfach Ihre Intuition ein, um herauszufinden, wie viele unbewusste Selbste Sie haben. Fragen Sie sich, wie viele Komas aufgetreten sind, weil Sie all Ihre Reserven aufgebraucht hatten und vor Erschöpfung nicht mehr weiter konnten, und wie viele unbewusste Selbste aufgrund von traumatischen Schockerlebnissen entstanden sind. Suchen Sie diese Selbstanteile auf, in welchem Körperteil Sie sie auch begraben haben mögen, und hauchen Sie ihnen wieder den heiligen Atem des Lebens ein. Dann nehmen Sie diese Selbste an, vergeben ihnen, segnen sie und integrieren sie wieder in Ihre Ganzheit.

Selbstmordgefährdete Selbste

Es kann auch Persönlichkeitsaspekte in Ihnen geben, die zu Selbstmord neigen und abgespalten wurden, weil Sie nicht wussten, wie Sie mit ihnen umgehen sollen. Würden Sie sich wegen dieser selbstmordgefährdeten Selbstanteile verdammen wollen? Falls ja, würde Ihre Verurteilung sie nur noch vergrößern und stärker machen. Wenn Sie diese Selbste jedoch akzeptieren, wenn Sie ihnen vergeben und sie segnen, können Sie diese Anteile wieder in sich verschmelzen und so eine ganz neue Dimension von Ganzheitlichkeit erschaffen. Außerdem bekommen Sie auf diese Weise eine Art »Schutzimpfung« gegen künftige Probleme auf diesem Gebiet. Im Allgemeinen handelt es sich hier um Selbstanteile, die sich entweder wertlos oder sinnlos fühlen oder die emotional völlig verzweifelt sind.

Sie können immer Ihr höheres Selbst fragen: »Was ist mein Sinn, meine Bestimmung, mein Wert? Welchem Zweck dient mein Leben?« Die Antwort wird entweder Sinnerfüllung oder Selbstwert mit sich bringen – je nachdem, was Sie brauchen. Der Schlüssel liegt darin, diese Selbstanteile anzunehmen, ihnen zu vergeben und sie zu segnen.

Lassen Sie alle Bindungen daran los und lieben und integrieren Sie diese Anteile endlich wieder. Integration heilt Schmerz und Leid und wenn diese Selbste wieder mit Ihnen verschmolzen sind, sorgen sie für mehr Ganzheitlichkeit, Frieden und Zuversicht sowie für einen höheren Energiefluss.

Verlorene Selbste

Es gibt Teile unseres Bewusstseins, die aufgrund eines Traumas oder einer Bewertung verloren gegangen sind oder fortgeworfen wurden. Stellen Sie sich Ihr Leben wie ein Mosaik vor, aus dem bestimmte Steinchen herausgefallen sind oder herausgebrochen wurden und dann verloren gegangen sind. Anstatt also ein ganzes Bild so zu haben, wie es hätte sein können, stellen Sie fest, dass ein Mosaik nach vielen solchen Verlusten gar nicht mehr so ansprechend aussieht. Es wirkt eher wie eine groteske Karikatur Ihres Lebens.

Vor Kurzem leitete ich in einem Workshop, in dem es um tiefe Erfahrungen ging, die Teilnehmer an, zu jedem einzelnen traumatischen Erlebnis zurückzugehen, das sie bisher hatten. Ich fragte sie, wie viel Prozent von sich selbst sie aufgrund jedes Ereignisses verloren oder weggeworfen hatten. So schlimm ein Erlebnis auch sein mag: Wenn wir deswegen Teile unserer selbst fortwerfen, macht das alles leider nur noch schlimmer. Wir sind dann nämlich weniger fähig, an der nächsten Weggabelung die richtige Entscheidung zu treffen.

Die Frau, mit der ich in dieser Gruppe als Beispiel arbeitete, hatte mehr als drei Dutzend schmerzhafte oder traumatische Erlebnisse. Das erste war die Geburt ihrer Schwester, bei der sie 30 Prozent ihrer selbst verlor. Dann wurde sie mit zwei Jahren sexuell missbraucht und verlor weitere 40 Prozent. (In dieses Ereignis wieder »einzusteigen« war für sie an diesem Punkt nicht mehr traumatisch, weil wir kurz davor genau dazu eine tief greifende Heilung abgeschlossen hatten.) Nach diesem zweiten Verlust waren also nur noch etwas mehr als 40 Prozent ihrer ursprünglichen Lebendigkeit übrig. Im Alter von 14 Jahren geschah etwas, wodurch sie alles verlor, was noch übrig geblieben war.

Wenn alles weg ist, addiert man die Prozentzahlen und versieht sie mit einem negativen Vorzeichen. Als wir die mehr als drei Dutzend traumatischen Erfahrungen durchgegangen waren, stand sie bei minus 1.000 Prozent.

Es ging dieser Frau zwar überhaupt nicht gut, aber erstaunlicherweise funktionierte ihr Leben noch irgendwie – es war wie ein Wunder. Ich stellte dann eine Rollenspielübung mit mehr als drei Dutzend Teilnehmern zusammen, von denen jeder die Prozentzahl symbolisierte, die sie bei jeweils einem traumatischen Erlebnis verloren hatte. Indem sie eine Person nach der anderen umarmte und annahm, hieß sie auch die entsprechende Prozentzahl an Lebendigkeit wieder in sich selbst willkommen. Am Ende der Übung sagte die Frau, sie könne sich nicht erinnern, sich jemals in ihrem Leben so gut gefühlt zu haben.

Sie können diese Übung für sich selbst nachvollziehen – mit Papier und Stift – und am Ende die Prozentzahl an Lebendigkeit wieder in sich willkommen heißen, die Sie bei jedem Trauma verloren haben.

Betrachten wir nun noch andere wichtige Kategorien von »Selbsten« beziehungsweise Persönlichkeitsaspekten, die gerettet werden sollen. Nutzen Sie Ihre Intuition, um die Fragen zu beantworten, oder raten Sie einfach. Beides wird viel zutreffender sein, als wenn Sie anfangen, rational über die Fragen nachzudenken – denn dann wäre Ihr Ego mit von der Partie. Und das Ego ist nicht dafür bekannt, dass es sich Gedanken über die Wahrheit macht.

Fragen Sie sich:
Wie viele Selbste von mir sitzen in der Todeszelle?

Danach:
Wie viele Selbste sitzen lebenslänglich?

Als Nächstes:
Wie viele Selbste sind zu Schwerstarbeit verurteilt?
Wie viele Selbste von mir sind eingesperrt?
Wie viele meiner Selbste sind festgenommen worden?
Stellen Sie sich vor, dass all diese Selbste vor Ihnen stehen. Können Sie sie annehmen? Ihnen vergeben? Sie segnen? Wollen Sie sie lieben, schließlich wieder integrieren und so zu Ihrer Ganzheit gelangen?

Erzeugen Sie jetzt mehr Flow, mehr Energiefluss in Ihrem Leben und fragen Sie sich:
Wie viele Persönlichkeiten habe ich, die Angst vor Veränderung haben?
Wie viele Selbst-Bilder sind widerborstig?
Wie viele Selbste haben einen Autoritätskonflikt?
Wie viele Selbste sind passiv-aggressiv?
Wie viele Selbste sind negativ?
Wie viele Selbste sind unwillig?
Wie viele Selbste haben eine miese Lebenseinstellung?
Wie viele Selbste sind stur?
Wie viele Selbste sind grausam?
Wie viele Selbste sind aufsässig?
Wie viele Selbste sind grantig?
Wie viele Selbste sind verschlossen?
Wie viele Selbste sind eigenwillig?
Wie viele Selbste sind verstockt?
Wie viele Selbste sind rebellisch?

Wie viele Selbste sind unversöhnlich?
Wie viele Selbste sind unverbesserlich?
Sehen Sie all diese Ichvorstellungen vor sich? Können Sie sie akzeptieren? Können Sie ihnen vergeben? Sind Sie bereit, sie alle zu segnen und wieder zu integrieren?

Nehmen wir eine andere Kategorie. Fragen Sie sich erneut:
Wie viele verletzte und abgelehnte Selbste habe ich?
Wie viele besitzergreifende und eifersüchtige Selbste habe ich?
Wie viele Persönlichkeiten mit gebrochenem Herzen habe ich?
Wie viele Selbste habe ich, die sich selbst sabotieren?
Wie viele rachsüchtige Selbste habe ich?
Wie viele Persönlichkeiten mit zerstörten Träumen habe ich?

Stellen Sie sich wieder vor, dass all diese Selbste vor Ihnen stehen. Nehmen Sie sie an, vergeben Sie ihnen, segnen Sie sie und schmelzen Sie all diese Persönlichkeitsbilder ab, bis ihre reine Energie übrig bleibt. Heißen Sie diese reine Energie wieder in sich willkommen und fügen Sie sie Ihrer Ganzheit hinzu.

Schließlich fragen Sie sich noch:
Wie viele sich schuldig fühlende Persönlichkeiten habe ich?
Wie viele Versagens-Konzepte habe ich?
Wie viele Persönlichkeiten mit Minderwertigkeitsgefühlen habe ich?

Wie viele Selbste habe ich, die etwas kompensieren?
Wie viele Persönlichkeiten habe ich, die von Aufopferung, Bewertungen, Schuldzuweisungen und Vorwürfen geprägt sind?

Können Sie all diese Ichbilder akzeptieren, ihnen vergeben, sie segnen und integrieren, sodass Sie mehr Flow und Ganzheit erlangen?

Geister*

Vor Kurzem habe ich eine weitere Kategorie entdeckt. Manche Ereignisse sind so feindlich, dass wir dadurch zum Schatten unserer selbst werden, so etwas wie ein Geist, der durchs Leben schwebt. Es sieht dann so aus, als sei aufgrund eines Schocks das Leben aus uns gewichen, und wir fühlen uns kaum lebendig.

Lassen Sie die Situationen Ihres Lebens, in denen Sie praktisch zum Geist wurden, wieder in Ihr Bewusstsein kommen. Schockerlebnisse können dazu führen, dass Sie unbemerkt und unmerklich durchs Leben gehen. Das kompensieren Sie vielleicht dadurch, dass Sie ausdrücklich Beachtung suchen, und dazu gehört auch, sich in die Opferrolle zu begeben.

Wenn Sie jedes dieser Ereignisse untersuchen, indem Sie beim letzten anfangen und bis zu Ihrer Empfängnis zurückgehen, schauen Sie, ob Sie dadurch – im Vergleich

* In der Vorlage »Ghosting«, also etwa »sich als Geist verhalten«. (Anm.d.Ü.)

zu Ihrem früheren Selbst – praktisch zum Geist geworden sind. Heißen Sie diesen verlorenen Aspekt Ihres Selbst wieder in sich willkommen und geben Sie sich damit mehr Ganzheitlichkeit.

Die größten Fehler in Familien: 6 – Aufopferung

Angesichts des Zustands der Welt und der Familien, ist es fast unmöglich, diesen Fehler nicht zu machen. Aufopferung ist verfälschtes Geben, eine Art Falschgeld. Es imitiert Liebe, ist jedoch in Wirklichkeit eine Kompensation für Schuldgefühle, Versagensängste und Minderwertigkeitsgefühle. Geben hingegen ist das Resultat einer freien Entscheidung, eine Form von Liebe, die dem freien Willen und der Großherzigkeit entspringt. Aufopferung vererbt sich von den Vorfahren weiter durch die Familien und kommt auf einer Seelenebene in dieses Leben. Die meisten von uns wurden in eine Atmosphäre der Aufopferung hineingeboren, es sei denn, unsere Familie gehörte zu jenen seltenen herzensverbundenen Familien, von denen die Mythen berichten.

Die Alternative zur Aufopferung ist Geben und Empfangen und die Bereitschaft, uns ganz einzusetzen, uns selbst zu geben. Damit erschaffen wir eine Inklusivität, eine Öffnung, die selten ist. Wenn wir nicht begonnen hätten uns aufzuopfern, indem wir Rollen spielten, um damit vermeintlich der Familie zu helfen, wären wir zentriert geblieben.

Unsere Mitte ist ein Ort des umfassenden Friedens, wo uns sämtliche Gaben zur Verfügung stehen, die wir von der Seelenebene mitgebracht haben, um alle Probleme zu lösen, die auftauchen, und zugleich ein Ort, an dem uns Gnade und Führung auf ganz natürliche Weise zu Diensten sind. Wenn wir in unserer Mitte sind, befinden wir uns in einem Zustand des Friedens, und dann sind wir vom Wesen her bewusst und einfühlsam.

Wären wir in unserem Zentrum geblieben und nicht der Verlockung erlegen, uns hinter der Aufopferung zu verstecken, hätten wir unser *Sein* gestärkt und nicht unser *Tun*. Wir hätten unsere Selbsterkenntnis als Spirit gestärkt und mehr von unserem Platz auf der Bewusstseinsebene der Meisterschaft eingenommen, die jenseits der Dualität liegt. Damit werden nämlich noch umfassendere Erfahrungen des Erwachens und der Freude möglich.

Wir stecken aber schon fast alle in der Aufopferung, weil wir in unserer Ursprungsfamilie bestimmte Rollen übernommen haben. Um Aufopferung zu heilen, müssen wir zunächst begreifen, dass sie ein Missverständnis ist. Sie ist ein Abwehrmechanismus und führt durch das Übernehmen weiterer Rollen zu anderen Verteidigungsstrategien. Aufopferung imitiert Geben, aber sie ernährt uns nicht, wie wir es beim echten Geben oder Empfangen erleben. Stattdessen führt sie zu Burnout, bringt Leblosigkeit hervor, spaltet ab, was eigentlich geheilt werden müsste, und versteckt die Schuldgefühle, die Versagensängste und den Mangel an Selbstwert, für die wir uns selbst bestrafen.

Aufopferung erzeugt eine schlimme, nach unten gerichtete Teufelsspirale aus Minderwertigkeitsgefühlen und

Überlegenheitsansprüchen. Sie birgt Rivalitäten und Aggression in sich und fürchtet sich vor Ebenbürtigkeit und Nähe. Sie führt zu Gefühlen der Leblosigkeit bei der Arbeit, in Beziehungen und im Leben. Ohne Aufopferung gibt es eine natürliche Dynamik, die sich auf mehr Verbundenheit zu bewegt, die wiederum jede Aufgabe sehr viel leichter werden lässt.

Wenn wir uns die Muster der Aufopferung, in denen wir stecken, bewusst machen und uns entscheiden, stattdessen etwas von uns zu geben, entsteht Flow statt Erschöpfung. Wenn wir unsere Opferhaltung erkennen und annehmen, blockiert sie uns nicht länger, denn indem wir uns selbst vergeben, dass wir uns aufgeopfert haben, machen wir einen Schritt nach vorn auf eine neue Ebene des Gebens und Empfangens.

Wenn wir die Aufopferung ebenso aufgeben wie das, was sich darunter versteckt, gelangen wir vorwärts. Wenn wir die Opferhaltung und das, was wir damit kompensieren, integrieren, kommt es zu einer neuen Ganzheitlichkeit und zum Frieden. Wenn wir uns entscheiden, uns für uns selbst zu engagieren, gewinnen wir verlorene Teile unserer selbst zurück und können den nächsten Schritt machen. Das führt, wie erwähnt, zu einem freieren und größeren Energiefluss und damit auch zu mehr Erfolg und Intimität.

Die freie Wahl, wahres Geben und echte Vergebung sind die natürlichen Gegenmittel für Aufopferung und die Rollen, die daraus erwachsen. Wir fühlen uns dann lebendig statt ausgelaugt und legen die Panzerungen ab, die uns von anderen trennen.

Verbrenne Omas Liebestöter

Sally hatte an einer Reihe von Workshops teilgenommen und war jetzt mit ihrem Mann Harry zu einer privaten Coaching-Sitzung gekommen. Ihr größtes Problem waren die ständigen Schwierigkeiten, die sie mit ihrer sechzehnjährigen Tochter hatte. Obwohl sich die Tochter gegen sie auflehnte, spürte Sally, dass diese sie brauchte, fühlte sich selbst aber, als ob sie ihre Tochter ablehne.

Das war ein so klassisches Muster, dass wir mithilfe ihrer Intuition gleich zur Wurzel des Themas gehen konnten. Sally fand rasch zu der Zeit zurück, in der sie als zwei Monate alter Embryo im Schoß ihrer Mutter war und die Mutter, damals erst achtzehn Jahre alt, Sally als »kleine Überraschung« in sich entdeckte. Später machte ihre Mutter Sally Vorwürfe mit Bemerkungen wie: »Deinetwegen musste ich deinen Vater heiraten und konnte in meinem Leben nicht das machen, was ich wollte.«

Es war offensichtlich, dass Sallys Mutter ihre Tochter abgelehnt hatte. Ich fand heraus, dass Sally nun in denselben Schuhen marschierte wie ihre Mutter und ihrer Tochter gegenüber ein ähnliches Gefühl hegte. Ich wies sie darauf hin, dass eine Reihe von Geschichten und Verschwörungen sie gefangen und von ihrem höchsten Ziel fern hielten, dem Erwachen. Das nämlich hatte sie zu Beginn der Sitzung als ihr höchstes Ziel bezeichnet.

Die erste Falle war, dass sie noch Opfergeschichten aus ihrer eigenen Zeit im Mutterleib mit sich herumtrug. Diese Opfergeschichten versteckten die Ereignisse, bei denen sie ihre Mutter abgelehnt und sich in die Unabhängigkeit begeben hatte. Und das war auch der Grund, warum sie keine Verbundenheit mit ihrer Tochter aufbauen konnte. Ihre Tochter und ihre Mutter hatten Geschichten der genüsslichen Schwelgerei ausgelebt und nur »Party machen« wollen. Die beiden lebten das für Sally aus, weil Sally diese Anteile in sich selbst unterdrückt hatte.

Ich zeigte Sally auf, dass ihre größte Geschichte die »Superverantwortlich-sein-Geschichte« war. Sally war auch schon ein »Superkind« gewesen. Ich zog sie ein bisschen damit auf, dass sie bereits im zweiten Schwangerschaftsmonat begonnen hatte, ihr Business aufzubauen. Teil der Ursache, warum ihre Mutter und sie nie so recht miteinander klar gekommen waren, sei also gewesen, dass ihre Mutter nicht nur Sally, sondern auch noch deren Büro gebären musste.

Jetzt war Sally Eigentümerin und Geschäftsführerin einer Firma und weiterhin superverantwortlich, während ihre Tochter gegen jede Anpassung rebellierte. Sally handelte verantwortungsvoll, war erfolgreich und genoss ihr Leben, aber ihre sechzehnjährige Tochter fand das alles langweilig, einförmig und uninteressant.

Ich sagte Sally, dies sei einer der Gründe, warum es so viele Selbstmorde unter Teenagern gibt. Die Jugendlichen heute haben keine Lust, sich vor den Pflug spannen zu lassen und das zu führen, was sie ein dumpfes Leben nennen.

Die »Superverantwortlich-sein-Geschichte« nennt man auch Aufopferungsgeschichte. Das finden Kids nicht sehr spannend. Ich sagte ihr im Spaß mit meiner erotischsten Stimme, dass sie die »Superverantwortlich-sein-Geschichte« ja zugunsten der »Supereinfühlsam-sein-Geschichte«

aufgeben könne. Sally und ihr Mann fanden den Scherz lustig, und da wir in noch viel schwierigere und tiefere Themen einsteigen mussten, fuhr ich mit der gleichen Leichtigkeit fort.

»Sally,« sagte ich, »schon bald nach der Hochzeit hast du, da du ja superverantwortlich bist, all deine Bikini-Slips aufgegeben und stattdessen Omas Liebestöter angezogen. Harry hätte zwar nie den Mut, dir so etwas direkt zu sagen, aber er hat mir sehr viel Geld gezahlt, damit ich dir das sage. Schmeiß Omas Liebestöter raus. Das erstickt jede romantische Erotik. Und wenn du bereit bist, eine Renaissance in eurer Beziehung zu erleben, dann zünde ein kleines Feuer mit Omas Liebestötern an und verbrenne sie. Das bringt dann wirklich neues Leben in die Beziehung. Omas Liebestöter sind die Lieblingsunterwäsche für superverantwortliche Typen.«

Ich fuhr fort und erzählte Harry und Sally von den Superkids, die nicht nur ein oder zwei schizophrene Elternteile überlebt, sondern auch schon als Kinder die Reife von Erwachsenen entwickelt hatten. Ihr größtes Problem war, dass sie auch dicke Ordner voller »Verlorene-Kindheit-Geschichten« angesammelt hatten.

Ich sagte Sally, es sei höchste Zeit, ihr Leben zurückzubekommen, da sie in die Falle der Familienverschwörung getappt war. Die hatte sich dann mit der Ödipus-Verschwörung verbunden, bei der es um die Rivalität mit ihrer Mutter gegangen war und darum, wie sie ihren Vater für sich gewinnen konnte. Es war nicht so schwer, darauf zu kommen, wenn man in Betracht zog, dass Sallys Vater ihrer Mutter ja nicht zur Hilfe geeilt war, als sie ein uneheliches

Kind von ihm erwartete. Als Sally begriff, dass ihre Rolle der Superverantwortlichen Teil ihrer Familienverschwörung war, wurde ihr auch bewusst, wie sehr ihre Ödipus-Verschwörung sie von höheren Ebenen des Bondings und des Erfolgs in Familie und Beruf ferngehalten hatte.

Während wir uns weiter unterhielten, begann Sally zu realisieren, dass ihre Geschichte der Depression schon seit dem zweiten Schwangerschaftsmonat bestand. Diese Geschichte hatte ihr als Entschuldigung dafür gedient, in ihrem ganzen Leben unabhängig zu sein und sich vor höheren Ebenen von Macht, Erfolg und Liebe zu fürchten, die ja eine Voraussetzung für das Erwachen sind.

Sallys Geschichte der Depression war in gewisser Hinsicht beherrscht und versteckt, da sie ja glücklich verheiratet war. Sally erkannte aber, dass sie seit dem zweiten Schwangerschaftsmonat auch eine Geschichte des Nehmens hatte, die sie aber gewaltig durch verantwortungsbewusstes Handeln kompensiert hatte.

Schließlich erkannte Sally, dass ihre »Superverantwortlich-sein-Geschichte« mit ihrer verdrängten »Party-Girl-Geschichte« im Streit lag, während ihre »Bedürftiges-Opfer-Geschichte« mit ihren »Unabhängigkeits-Geschichten« konkurrierte – und all das führte zu »kriegerischen Geschichten«.

Ich half Sally, all diese unbewussten Fallen zu integrieren. Sie stellten ja Seelenmuster dar, die Sally in dieses Leben mitgebracht hatte, um sie zu heilen. Was im Mutterleib und während ihrer Kindheit passiert war, wies auf diese unbewussten »Seelengeschichten« hin, die sie sowohl zu heilen als auch zu überwinden gekommen war.

Sally nahm all diese dunklen Geschichten und Verschwörungen mit zum Handelsposten des Himmels, um sie gegen Gaben einzutauschen. Danach berichtete sie, sie fühle sich erleichtert und viel kraftvoller. Als sie aus der Sitzung ging, spürte Sally, dass eine riesige Last von ihren Schultern genommen worden war. Sie hatte ihre Lebendigkeit zurückgewonnen und konnte sich ihr verborgenes Glaubensmuster ansehen. Es besagte, dass sie hinter allem, was mit ihrer Tochter passiert war, selbst das »Monster« war.

Diesen Schatten hatte sie seit der Zeit im Mutterleib verdrängt und mächtig kompensiert. Nachdem sie den Schatten des Monsters in sich selbst akzeptiert, ihm vergeben und ihn dann integriert hatte, spürte sich Sally sowohl mit ihrer Mutter als auch mit ihrer Tochter verbunden und war sehr viel glücklicher mit sich selbst und ihrem Leben. Lachend versprach sie, Omas Liebestöter zu verbrennen, um in ein neues Stadium der Verliebtheit in ihren Mann einzutreten. Harry sah dabei sehr glücklich aus.

7
Sich selbst schenken:
Die Kunst, verlorene Selbstanteile wiederzuerlangen

Sich selbst ganz zu geben ist eine Möglichkeit zur Heilung, wenn man nicht in die Vergangenheit und an die Wurzel des Musters zurückkehren will. Diese Intensität des entschiedenen Gebens bringt uns in das nächste Lebensstadium, auf eine neue Ebene von Erfolg und Beziehungen. Wir erleben eine Rückverbindung, wo wir Bonding verloren haben. Geben hat auch die günstige Wirkung, dass es Selbstanteile zurückbringt, die wir in traumatischen Erfahrungen verloren haben, und zwar ohne dass wir aus dem Alltagsbewusstsein heraus müssen.

Menschen, die sich bei allem, was sie tun, ganz einsetzen, die sich selbst schenken, mit wem auch immer sie es gerade zu tun haben, machen sich jeden zum Freund, bringen Situationen auf die nächste Ebene des Energieflusses und öffnen das eigene Bewusstsein und das von anderen, um Gnade und Segen auf einer neuen, höheren Ebene zu empfangen. Indem wir uns selbst voll einsetzen und allen ganz schenken, vermeiden wir Bewertungen und die daraus entstehende Trennung. So wird Geben zu einer Form von Vergebung, dem zentralen Prinzip von Heilung.

Geben verbindet uns wieder vollständig mit uns selbst und führt auch zum »Rebonding«, zur erneuten innigen Herzensverbindung. Das intensiviert unseren Kontakt mit allem, was um uns herum ist, und steigert unsere Lebensfreude. Dieses Prinzip des hingebungsvollen, entschlossenen Gebens kann uns unseren Geist zurückgeben, Stück für Stück, bis wir das Stadium vor der Erleuchtung erreicht haben, wo die Gnade uns auf die nächsten Stufen führt. So können wir uns selbst wieder als Spirit erkennen.

Uns selbst ganz zu schenken, uns vollständig einzusetzen, ist eine der Methoden, um den Code der Familienverschwörung zu knacken. Uns ganz zu geben heißt, unsere Aufgabe in dieser Welt zu erkennen und die Erfüllung, die mit ihr einhergeht. Entschiedenes Geben enthält immer schon die nächste Ebene von Leichtigkeit, Erfolg und Nähe. Wenn wir uns vollständig einbringen, führt uns das zu neuen Entdeckungen und zu Kreativität, verbunden mit all der Begeisterung, der Vision und den Vorahnungen, die sich ergeben, wenn wir uns ganz auf Austausch einlassen.

Jedes Mal, wenn wir uns vollständig geben, kehren einige der Selbste, die wir fortgeworfen haben, zu uns zurück. Dadurch werden die zerschnittenen Verbindungen in Herz, Geist und Körper wiederhergestellt. Sich selbst allen ganz zu schenken und in Situationen ganz einzubringen bedeutet, Hader und Anklagen aufzulösen, die uns in Urteilen und im Rückzug vom Leben festgehalten haben. Denn es sind ja unsere Vorwürfe, Probleme, Schwierigkeiten und Leiden, die uns emotional und psychologisch blockieren. Unsere Bewertung ist die Wurzel unserer negativen Gefühle und unseres Leidens.

Als ich vierundzwanzig Jahre alt war, fing ich damit an, mich in fast allen Situationen ganz jedem zu widmen, mit dem ich es zu tun hatte, und mich voll in meine Umwelt einzubringen. In der Folge wurde ich charismatisch und unwiderstehlich und entwickelte mich an meinem Arbeitsplatz zu einer Führungspersönlichkeit. Nachdem ich diese Art von Geben zwei Monate lang praktiziert hatte, fühlte ich mich emporgehoben und nach vier Monaten wurde die Erfahrung von Vision und Kreativität zu einem alltäglichen Erleben für mich.

Als Konsequenz fand mein Arbeitsbeitrag in der Organisation, in der ich tätig war, Anerkennung. Indem ich mich weiterhin ganz einbrachte, wuchs der Grad meiner Bewusstheit so an, dass ich gebeten wurde, Personalgruppen zu leiten, obwohl fast alle anderen Mitarbeiter eine höhere Ausbildung und mehr Erfahrung in Psychologie hatten als ich.

Und da ich mich selbst so vollständig hingab, erschlossen sich mir auch noch eine mediale Fähigkeit und die Wahrnehmung von Visionen. Jeder wurde mein Freund und alles schien möglich. Ich war bewusstseinsmäßig auf dem neuesten Stand und innovativ und mein ganzes Leben schien ein beglückendes Abenteuer. Private Beziehungen waren das einzige Gebiet, auf dem ich noch immer in Mustern feststeckte.

Damals dachte ich mir: »Ich bin zu jung, um so erfolgreich zu sein. Ich muss meine Wurzeln herausreißen und in einer viel größeren Arena ganz neu anfangen.« Bekanntlich heißt es: »Achte auf das, worum du bittest, denn du könntest es bekommen.«

Sechs Monate später zog ich mir eine Gehirnerschütterung zu, die mich in einen Zustand des »Nicht-Geistes« versetzte, in einen Bewusstseinszustand ohne Ego, der eine Ebene der Meisterschaft darstellt. Da ich diesen Zustand nicht als solchen erkannte, glaubte ich, ich würde meinen »normalen Verstand« und meine üblichen Erinnerungen, wie ich sie in der Zeit meiner Dissertation hatte, wieder brauchen. Ich bat also um meinen Alltagsverstand und bekam ihn zurück.

Heute realisiere ich, was für ein großer Fehler das war, denn ich tauschte einen hohen Bewusstseinszustand gegen einen ein, der auf Angst beruhte. Und in der Tat riss ich meine Wurzeln aus und begann mit einem viel größeren Paradigma, einer ganz anderen, weiteren Weltsicht neu. Inzwischen habe ich einen Gutteil dessen wiedergewonnen, was ich verloren hatte, als ich meinen Zustand des »Nicht-Geistes« gegen den Alltagsverstand eintauschte. Aber bis zu jenem gesegneten und seligen Zustand habe ich noch ein ganzes Stück Weg vor mir.

Sich total zu geben ist ein einfaches Prinzip, das uns jene Teile von uns selbst zurückbringen kann, die in früheren Lebensphasen verloren gegangen sind. Dieses Prinzip überwindet die Falle der Aufopferung und Rollenmuster. Es ist die einfachste und alltäglichste Methode, um den Code der Familienverschwörung zu knacken. Wenn wir uns selbst unter allen Umständen, wie sie auch sein mögen, ganz geben und einbringen, werden Gnade und Segen zu einem natürlichen Lebensweg für uns. Dann haben wir Zugang zu unserem höheren Bewusstsein und Inspiration ist etwas Alltägliches für uns.

Wenn wir Gottes Pfad folgen und allen alles geben, realisieren wir an einem bestimmten Punkt, dass wir unsere Ego-Ziele aufgegeben haben. Wir erwachen und nehmen unsere Bestimmung an. Von da an tun wir nur noch das, wozu wir geführt werden, das, was unser Lernen am meisten und schnellsten fördert und was uns glücklich macht. Das bewahrt uns vor müßigen Gedanken und jener Langeweile, die aufgrund eines Mangels an Kontakt und Austausch entsteht. Das bringt uns dazu, über das Ego hinauszugehen, es zu transzendieren und all seine nutzlosen Wünsche hinter uns zu lassen, die in die Irre führenden Sehnsüchte sowie das frustrierende Streben nach etwas, das keinen Wert hat.

Die größten Fehler in Familien: 7 – Versuchen, die Familie zu retten

Wenn wir uns getrieben fühlen, unsere Familie zu retten, warum ist das dann eine Falle? Die Antwort ist, weil unser Ego diesen Antrieb als Möglichkeit missbraucht, sich selbst weiter aufzubauen. Das Ego verkleidet Aufopferung auf schlaue Weise, indem es uns nahelegt, dass nur Opfer unsere Familie retten können. Das Ego versteckt Familienschuld und stärkt die Schuldgefühle aufseiten dessen, der sich aufopfert. Unser Opfer ist ineffektiv, es ist wirkungslos und stärkt daher nur unser Gefühl, versagt zu haben. Wenn es dem Ego gelingt, dass wir aus unserer Mitte herausgehen, uns vom Ort unseres *Seins* entfernen, dann wird uns die Aufopferung immer weiter von diesem Platz wegführen, da der Mangel an Selbstvertrauen und das Gefühl, versagt zu haben, immer weiter zunehmen.

Und noch ein anderes Muster entsteht, wenn das passiert. Es handelt sich um den Teufelskreis von Aufopferung und Unabhängigkeit. Der wird meistens nicht bemerkt und bleibt unsichtbar, ist aber das Muster einer zentralen Falle. Wir nehmen Arbeiten an, die nicht zu uns passen. Wir versuchen, Menschen richtig zu stellen und Umstände zu »reparieren«, die uns letztlich daran hindern, weiter vorwärtszugehen. Wir hegen versteckte Bewertungen über uns und andere, und das fängt bei Angehörigen und bei Gott an.

Wir meinen, Gott hätte in unserer Familie eingreifen müssen. Wir benutzen diesen Vorwurf gegen Gott als Vorwand für den Versuch, die Familie selbst wieder in Ordnung zu bringen und jede negative Situation am Wegesrand wieder geradezubiegen. Die misslichen Umstände sind unser Beweis dafür, dass Gott seinen Job schlecht gemacht hat und wir Seinen Platz einnehmen müssten. Und das ist bei uns dann ein Platz der Aufopferung und Unabhängigkeit zugleich. Auf diese Weise werden wir allerdings nicht mächtiger, sondern spüren unser Versagen nur noch deutlicher. All die Opfer und die Unabhängigkeitsbestrebungen in Bezug auf die Familie werden unterdrückt oder ins Unterbewusstsein verdrängt. Das gleiche Muster, das wir in Bezug auf Gott haben, wird tief ins Unbewusste verdrängt.

Wenn wir aus unserer Mitte fallen, aus dem Energiefluss der Gnade, der die Situation geheilt hätte, geraten wir in Muster der Opferhaltung, der Bedürftigkeit und des Ärgers und dazu noch in solche der Aufopferung und der Unabhängigkeit. Alles zusammen macht dann unseren »Rucksack« an Verhaltensmustern aus. Da haben wir dann die Prägungen der emotionalen Suchtmuster und der Unreife, die wir benutzen, um uns und andere anzugreifen. Wir fühlen uns hilflos und wissen nicht mehr, was wir noch tun können, um unserer Familie zu helfen.

Die Ursachen dieser Falle liegen in unserer Kindheit oder sogar noch davor, bei Gott und unserem Streben nach Trennung. Daraus entsteht ein derartiger Morast an Mustern und Gefühlen, dass jemand sein ganzes Leben lang in Therapie verbringen könnte und den Zugang zu seiner Großartigkeit, seinem Lebenssinn, seinem *Sein* und seiner Bestimmung dennoch nicht finden würde.

Es handelt sich bei all diesen Prägungen um Vermeidungsmuster, die allerdings nur zu noch mehr Schuldgefühlen, Versagensängsten sowie zum Glauben an Sünde führen. Das wird dann verdrängt und nach außen projiziert, sodass wir glauben, andere seien schlecht oder hätten Unrecht. Das zeigt sich besonders in unseren Familien, aber auch gegenüber anderen Ländern, Rassen, politischen Überzeugungen oder religiösen Anschauungen, die anders sind als unsere.

Je mehr Schuldgefühle vorhanden sind, desto stärker ist der Glaube an Sünde zusammen mit der Überzeugung, dass die anderen etwas falsch machen. Aber das ist uns immer noch nicht Anlass genug, unsere Eigenangriffe aufzugeben. Die stellen sich zusammen mit dem Gefühl ein, in unserer Ursprungsfamilie versagt zu haben, und das zieht sich dann weiter durch unseren Beruf in unsere persönlichen Beziehungen und bis hinein in unsere jetzige, eigene Familie.

Bei Heilung, sei sie individuell oder kollektiv, ist der Blick jedoch immer auf Liebe und Unschuld gerichtet. Das ist eine Ausrichtung auf das Einssein und auf Gott und eine Abkehr von Trennung. Die Familienverschwörung und die Ödipus-Verschwörung schmieden Schuld, Versagen und Sünde zusammen und fügen Selbstbestrafung und weiteres Versagen hinzu. Das zeigt sich später in Blockaden in unserem Leben, bei der Arbeit, in Beziehungen und in der eigenen, neuen Familie.

Hingabe, Vergebung für sich selbst, andere und Gott sowie die Bereitschaft, Gnade zu empfangen, um jede Situation leicht zu gestalten und so, dass man selbst immer ein Teil davon ist, sich also einschließt – das sind Schlüssel, um die Ballung von Verschwörungen, von Schuld-Versagen-Sünde, von Aufopferung, Opferrollen und Unabhängigkeit zu überwinden. Wir können sie alle in Gottes Hände legen und loslassen, während wir uns auf Wahrheit ausrichten. Leichtigkeit und Unschuld stellen sich ein, wenn wir eine Schicht dieser Verschwörungen nach der anderen loslassen.

Die Feenkönigin

Bei einem Workshop zur Heilung von traumatischen Erfahrungen bat ich jeden Teilnehmer, seine drei schlimmsten Traumen aufzuschreiben. Dann zog ich eine Namenskarte, um die Person zu finden, die für uns als Gruppe die Thematik am besten auf den Punkt bringen würde, damit wir entdecken konnten, was uns alle zurückhielt.

Sharons Name wurde gezogen. Sie kam nach vorn und setzte sich neben mich. Sharon erzählte uns von ihrer Kindheit. Es stellte sich heraus, dass ihr Vater irgendwann wegen irgendeines Fehlers ihrer Brüder in Rage geraten war. Dann hatte er ihre Brüder vor ihren Augen verprügelt. Das hatte dazu geführt, dass Sharon sich innerlich von ihrem Vater abtrennte und sich von ihm und vom Leben an sich zurückzog.

Als ich sie fragte, wie sehr sie sich zurückgezogen habe, antwortete sie: »Siebenunddreißig Prozent.«

Dann fragte ich sie, was dies für ihr Leben bewirkt habe. Sharon sagte: »Ich bin nie wieder aus meinem Versteck hervorgekommen.«

Als ich mich weiter auf Sharon einstellte, sah ich etwas, das mich überraschte, und meine Intuition legte mir nahe, diesem Hinweis zu folgen. Ich sagte zu ihr: »Ich möchte jetzt mit dir ins Unbewusste gehen. Deshalb bitte ich dich, dich auf eine Geschichte einzulassen, die ich dir in Form einer Metapher erzählen werde.«

»Es war einmal«, begann ich, »eine Feenkönigin, welche die Not der Erde sah und deshalb in diese Welt kam, um die himmlische Beschleunigung zu fördern, die gerade stattfindet. Doch weil die Welt nun einmal diese Welt ist, ist sie nicht nett zu Feen und Elfen. Die Leute wollen Feen einfangen, besitzen oder ihnen sogar Gewalt antun. Aber die Feenkönigin sah, dass ein bestimmtes Element aus dem Feenreich genau das war, was die Welt brauchte, um zur Partnerschaftlichkeit emporgehoben zu werden. Und so entschied sie sich, trotzdem auf die Erde zu kommen. Deine Brüder, die du sehr geliebt hast, kamen auch vom

Feenhof.« Inzwischen liefen Sharon und einigen anderen Frauen die Tränen herunter.

Ich fuhr fort: »Deine Brüder konnten dich zwar körperlich verteidigen, aber sie konnten deine Empfindsamkeit und dein Einfühlungsvermögen nicht beschützen. Du hast dich in dieser Welt immer unverstanden gefühlt, und selbst jetzt kannst du kaum glauben, dass du jemanden finden könntest, der begreift, was du gefühlt hast oder wie viel du zu geben hattest. Du warst immer eine Elfe, aber du hast dich von diesem Kindheitserlebnis nie erholt.«

Dann fragte ich: »Sharon, wie muss sich dein Vater gefühlt haben, als er ohne große Provokation deinen Brüdern gegenüber so aus der Haut gefahren ist?«

»In großen Qualen«, war ihre Antwort.

Ich fragte: »Kannst du sehen, dass dies eine perfekte Situation für dich war, denn wenn du deinen Vater von seinen Qualen befreien kannst, kannst du die Welt von ihrem Leid befreien. Das geht aber nur, wenn du dich selbst von ganzem Herzen einsetzt und gibst. *Du* bist die Eigenschaft, welche die Erde braucht. Du bist das vollkommene Element, denn du trägst die Zärtlichkeit, den Trost, die Befreiung, das Heiligtum, die Schönheit und die Bezauberung in dir.«

Dann fragte ich Sharon, ob sie bereit sei, sich selbst ganz zu geben, bis ihre vollständige Präsenz hier auf der Erde wieder spürbar sei. Mit Tränen in den Augen erklärte sie sich dazu bereit. Ihre Gabe, um ihre Brüder von deren Wunden zu erlösen, war tiefe Liebe, und die Gabe des Himmels, die sie mit ihnen teilen konnte, war das richtige Gespür für die wahre Priorität, ihre Königin zu beschützen und ihr den Weg frei zu machen.

Ich fragte sie, was ihre Seelengabe sei, um die Not ihres Vaters zu heilen und sie sagte: »Heilung seiner Eigensucht.« Und als ich sie fragte, was der Himmel durch sie geben wolle, um ihren Vater vor sich selbst zu retten, antwortete sie: »Die Heilung seiner Aufopferung. Der Konflikt zwischen seiner Eigensucht und seiner Aufopferung war der nie enden wollende Kampf, der ihn im Innern quälte.«

Ich lud sie ein, sich einzelne Teilnehmer aus der Runde zu suchen, die im Rollenspiel ihre Hingabe, ihre Gaben, die Gaben des Himmels und Mitglieder ihrer Familie spielen könnten. Dann bat ich sie, sich jemanden auszusuchen, der die Welt repräsentierte, und dieser Person die Gabe ihrer selbst zu geben, die sie aus dem Feenreich mitgebracht hatte.

Während Sharon durch ihre Heilungsübung ging, ihre Hingabe und ihre Gaben annahm und sie mit ihren Angehörigen und mit der Welt teilte, war die ganze Gruppe emotional tief bewegt. Wie Sharon und die Personen, die Rollen übernommen hatten, ließen viele im Workshop ihren Tränen freien Lauf.

Ich sprach davon, dass jede Generation auf der Welt immer empfindsamer wird und dass der fürchterliche Anstieg der Selbstmordrate bei jungen Leuten damit zu tun hat, dass sie von der emotionalen und physischen Gewalt in der Welt geschockt sind, und auch damit, dass sie in dem Leben, das ihre Eltern führen, keinen *Sinn* sehen. Aber wenn wir als Eltern das heilen würden, was wir selbst als Kinder verloren haben, könnten wir Eltern werden, zu denen die Kinder aufblicken und bei denen sie eine Zuflucht in einer gleichgültigen, sinnlosen Welt finden können.

Das war eine Workshopsitzung, die über Familienmuster weit hinausging. Sie zeigte uns, dass alle unsere Familien die vollkommene Herausforderung darstellen, um die Gaben zu verwirklichen, die wir dieser Welt bringen wollen, und uns zugleich daran erinnern, dass wir dabei nicht allein sind. Der Himmel ist immer für uns da, um uns bei unseren Anstrengungen zu helfen. Diese Hilfe erlaubt uns, unser Leben zu leben und die Gaben unserer Lebensbestimmung zu teilen – auch dann, wenn die Gabe, wie in Sharons Fall, in der Präsenz unseres *Seins* besteht, in dem fehlenden Element, das die Welt für ihre Schönheit öffnet und emporhebt.

8
Den Code der Familienverschwörungen knacken

Den Code knacken

Um den Code knacken zu können, müssen wir zunächst einmal erkennen und akzeptieren, dass es eine Verschwörung gibt. Sobald wir realisieren, dass wir in einer Verschwörung stecken, können wir neue, andere Entscheidungen treffen. Der erste Grund, warum das Ego eine Verschwörung benutzt, ist, um sich selbst aufzubauen und uns von unserer Lebensaufgabe und von unserer Bestimmung abzuhalten. Und außerdem benutzt das Ego die Familienverschwörung, um das Licht zu blockieren, das unsere wahre Identität ist. Unsere Aufgabe entspricht unserer Funktion in der Welt. Sie besteht aus den heiligen Versprechungen, die wir auf der Seelenebene gemacht haben, bevor wir in dieses Leben kamen.

Unsere Aufgabe entspricht dem Beitrag, den wir für die Welt und die Menschen leisten wollen, *und das ist immer fast unmöglich*. Wir können diesen Beitrag nur durch und mit Gnade leisten. Wir erfüllen unsere Aufgabe nicht selbst, sondern lassen sie durch uns hindurch geschehen. Wir klären und lösen unseren Groll, unsere Anklagen und

Vorwürfe, damit der Weg frei wird für Wunder. Wir lauschen nach innen, wozu wir aufgerufen und inspiriert werden. Wir hören auf die innere Führung, die uns zeigt, wem wir helfen sollen.

Uns allen sind die Eigenschaften des Heilens und Helfens gemeinsam, um die Welt zu retten, und die Fähigkeit, Glück zu empfinden und zu stiften. Und dann hat jeder von uns auch eine ganz spezielle, eigene Aufgabe, die nur wir erledigen können. Wenn wir unsere Bestimmung leben, öffnet uns das für unsere Vision. Bestimmung bringt eine tiefe Erfüllung mit sich und jene Liebe, die schöpferische Kraft entstehen lässt.

Wenn Sie Ihre Bestimmung verwirklichen, werden Sie zu einer Naturkraft, die sowohl unerschrocken als auch unwiderstehlich ist. Wenn wir diesen Aufstieg des Bewusstseins geschafft haben, dann führt der nächste Entwicklungsschritt über bloße Fortschritte hinaus. Dann sind wir auf dem pfadlosen Pfad der Meisterschaft. Dort gibt es nichts zu tun und keinen Ort, zu dem man unbedingt hingehen muss. *Das* ist unsere Bestimmung: den Code der Familienverschwörung zu knacken und das goldene Leben wiederzugewinnen.

Das ist ein friedvolles Leben, das Liebe, Glück und Fülle hervorbringt. Wir erkennen uns selbst als Kind Gottes, das alles Gute verdient. Wir sind eine Brücke zwischen Himmel und Erde. Wir dienen als Hohepriester oder Hohepriesterin. Wir helfen, Gott für jene Menschen wirklich werden zu lassen, die Gott bisher nur als Idee kennen.

Menschen, die ihre Bestimmung leben, sind eine Quelle der Wunder in einer umherirrenden, durstigen Welt. Wir streben in diesem Zustand nicht mehr danach, etwas Bestimmtes zu tun, außer dem, wozu wir inspiriert werden. Meister und Meisterinnen sind hauptsächlich daran interessiert, ein ruhiges Gemüt und einen gelassenen Geist zu haben und sich in der Freude des *Seins* zu entspannen. Der letzte Schritt führt dann noch dazu, dass wir uns selbst als Spirit erkennen, als Teil des göttlichen Bewusstseins. Als solcher erkennen wir, dass wir Licht und Liebe sind, die vom Licht und von der Liebe Gottes erschaffen wurden.

Diese Erkenntnis bewegt uns, unseren Platz als ein Erlöser der Welt einzunehmen, weil wir uns an unser Selbst erinnert und erkannt haben, was vergessen war. Diese hohe Ebene der Erleuchtung öffnet den Kanal für mehr Gnade und Wunder, hebt das Bewusstsein weiter an und bringt noch mehr Liebe, Licht und Glückseligkeit in die Welt. Auf diesem Weg zur Selbstverwirklichung als unbegrenzte, kraftvolle, starke Wesen und Liebe an sich werden wir glücklicher, liebevoller und erfolgreicher. Und dann stellen sich noch mehr Leichtigkeit und noch mehr Frieden ein.

Bonding, um die Familienverschwörung aufzulösen

Bonding, Herzensverbundenheit, ist der Weg, um den Code der Familienverschwörung zu knacken. Bonding beendet Angst, Konkurrenzdenken und Schuldgefühle sowie Bewertungen und Aggressionen, die Trennung bewirken und das Ego aufbauen. Um innere Verbindung wiederherzustellen, müssen wir sie zunächst einmal wertschätzen.

Denn dem, was wir schätzen, streben wir zu, weil wir ganz natürlich dadurch motiviert werden.

Wir erkennen, dass uns Verbundenheit sowohl wieder mit der Familie vereint, in der wir aufgewachsen sind, als auch mit unserer eigenen Familie. Wir begreifen, dass alles Beziehung ist. Und durch die Macht der Beziehungen kommen Liebe, Glück, Gesundheit, Fülle und Gemeinschaft zu uns und schließlich der Himmel auf Erden.

Bonding bedeutet zu lieben, ohne darüber nachzudenken. Bonding ist sowohl der »Klebstoff«, der uns mit dem Licht verbindet, als auch die Flügel, die uns befreien. Freiheit entsteht nicht, weil wir vor etwas davonlaufen, also nicht aus Unabhängigkeit. Freiheit ergibt sich aus der Wahrheit, die aus einer noch größeren und tieferen Verbundenheit entspringt. Damit erlangen wir Empfänglichkeit und den Mut, zuerst die schöpferische Kraft wieder einzuladen und dann den Schöpfer willkommen zu heißen. Wir geben unsere kleinen Pläne zugunsten der Pläne des Himmels auf.

Wenn wir uns miteinander verbinden, gesellt sich die göttliche Präsenz dazu und verbindet sich mit uns. Der *Kurs in Wundern* stellt fest, dass Erlösung gar nicht schwierig sein kann, weil sie dem Willen Gottes für uns entspricht. Und dieser Wille ist uns so nah wie die Person, die gerade neben uns steht. Wir erleben dann eine erhöhte, schneller schwingende Gnade und die natürliche Öffnung für Liebe, sodass unser Bonding noch stärker wird und wir dadurch spiritueller werden. Wir hören auf, die Quelle unseres Glücks außerhalb von uns selbst zu suchen. Im Außen würden wir nur Idole finden, die zu Leid, Enttäuschung und letztlich zu tiefem Lebensgroll führen.

Groll ist wie ein Keil, der unsere Verbundenheit stoppt und blockiert. Er hält uns in Trennung gefangen und ist eine der Hauptwurzeln eines jeden Problems. Je mehr wir uns verbinden, desto deutlicher merken wir, dass wir diejenigen sind, die sich selbst retten, weil wir erkennen, dass unsere Quelle in uns liegt. Sich ein Idol zu machen oder der Versuch, in der Welt etwas zu ergreifen und festzuhalten, beruht auf Trennung, und ein solches Verhalten führt nur dazu, dass wir am Ende enttäuscht sind.

Die Idole in uns verleiten uns dazu, im Außen nach etwas zu suchen, das unseren Ichvorstellungen oder Persönlichkeitsbildern entspricht. All diese Persönlichkeitsaspekte verfolgen Ziele außerhalb unserer selbst und reden uns ein, diese Ziele würden uns glücklich machen, wenn wir sie nur erst einmal erreicht hätten. Unsere Ichvorstellungen sind viel subtiler als unsere Rollenmuster. Sie sind so etwas wie Stimmen in unserem Kopf.

Üblicherweise eliminieren wir negative Ichvorstellungen und stellen dann fest, dass uns unsere positiven Selbstbilder den Weg verstellen, sowohl zu unserem Wesen als auch zu unserer Quelle. Im goldenen Leben schätzen wir die Verbundenheit hoch ein, die es uns erlaubt, im *Sein* zu leben statt im *Tun* zu verharren, und die uns darin unterstützt. Erst unser Sein und die Verwirklichung von Bonding mit der Quelle bringen die Liebe, das Glück und die Fülle des goldenen Lebens hervor.

Unsere Verschwörungen beruhen auf Anklagen und Vorwürfen. Dieser Hader und die daraus entstehenden Verschwörungen fördern Trennung und damit Illusion und Traurigkeit. Sie bieten uns einen Vorwand, um unabhängig zu sein und vor den Lektionen des Lebens wegzulaufen, anstatt sie zu lernen. Lektionen, die notwendig sind, um noch tiefere Verbundenheit und größeres Glück zu erfahren. Liebe und ihre praktische Verwirklichung in der Welt, Vergebung – das ist Gottes Plan, um uns zurück zur Erkenntnis und Verwirklichung des Einsseins zu bringen. Dorthin, wo es nur Beziehung gibt und das Leben zurückgekehrt ist zu ewiger Liebe und ewigem Licht, jenseits von Zeit und Raum.

So viele von uns sind selbstgerecht, wenn es um die Dramen in den eigenen Familien und Partnerschaften geht. Wir sehen dabei nicht, dass Recht zu haben ein Beweis dafür ist, dass wir aufgehört haben zu wachsen und uns weiterzuentwickeln. Und dahinter steckt, dass wir insgeheim für das Drama mitverantwortlich sind beziehungsweise daran beteiligt, und deswegen Schuldgefühle hegen. Wir haben alle möglichen Skripte für unser Leben, aber wenn das keine glücklichen Drehbücher sind, sind es auch keine wahren Geschichten.

Alle unsere negativen Geschichten* enthalten die üblichen Muster: Wir sind Opfer beziehungsweise machen uns dazu, um zu beweisen, dass wir die Unschuldigen sind und die anderen es verdienen, bestraft zu werden. Das ist ein Muster, das aufgrund unserer »Urschuld« entsteht, der Schuld aus dem »Fall«. Es liefert uns die bekannten Entschuldigungen, um uns zu verstecken und unsere Bestimmung nicht zu erfüllen, um vermeintliche Schuld abzuzahlen, uns vor Angst zu schützen, an Personen, Dingen und

* Zur Erinnerung: »Geschichte« meint hier die psychologischen Skripte oder »Drehbücher«. (Anm.d.Ü.)

Verhaltensweisen festzuhalten, Rache zu üben, uns selbst oder andere zu kontrollieren, unsere Bedürfnisse zu befriedigen und so fort. All das gehörte mit dazu, wenn es darum ginge, auf das Ego zu hören. Auf die Dauer hat uns das jedoch nicht glücklich gemacht und manchmal ist es kurzfristig sogar ziemlich schief gegangen.

Wenn wir nicht die Verantwortung für unser Leben übernehmen und erkennen, dass wir unsere Drehbücher selbst geschrieben haben, weil wir damit bestimmte Vorteile für unser Ego erzielen wollten – und dazu gehörte, unabhängig zu sein und alles nach dem eigenen Willen zu machen –, werden wir noch nicht einmal zu der Ebene vorstoßen, wo Verschwörungen geheilt werden können.

Sobald wir indes unsere dunklen Geschichten und Verschwörungen geklärt haben, erkennen wir auch, dass es gar keine »schlechten Kerle« gibt. Es existiert nur diese Illusion von Schuld, zu der wir uns verurteilt haben. Es gibt die abgespaltenen Ichvorstellungen, die wir als negativ bewertet und dann umgehend verdrängt haben. Dann haben wir das alles als Schattenfiguren nach außen projiziert, weil wir für unsere dunklen Drehbücher auch ein paar »üble Gesellen« brauchten.

Verantwortung für die Skripte Ihres Lebens

Sehen Sie sich die Lebensgeschichte an, die Sie erzählen. Wenn sie negativ ist oder negative Abschnitte enthält, dann fragen Sie sich, wofür Sie diese negativen Teile benutzen.

Was ist der Zweck, den Sie damit verfolgen, Negatives in der Geschichte zu haben, die Sie über Ihr eigenes Leben erzählen? Was glauben Sie, damit tun zu müssen oder inwiefern benutzen Sie diese negativen Abschnitte als Vorwand für ein bestimmtes Verhalten beziehungsweise dafür, dass Sie etwas nicht tun? Ihre Not ist eine Illusion, die Sie benutzen, um bestimmte Selbstbilder aufrechtzuerhalten, die zentraler Bestandteil Ihres Drehbuchs sind. Wenn diese Geschichten und Ichvorstellungen leidvoll sind, dann fördern sie Sie nicht. Warum also halten Sie an ihnen fest und unterstützen sie noch weiter? Sobald Sie realisieren, dass Sie der Star, der Regisseur, der Produzent und der Drehbuchautor Ihrer eigenen Lebensgeschichte sind, können Sie sich frei entscheiden, wofür Sie sich ab jetzt engagieren möchten und ob Sie so weitermachen wollen oder nicht.

Ihre Geschichten begannen während Ihrer Kindheit in Ihrer Ursprungsfamilie. Diese Skripte aus der Kindheit, die Seelen- und Ahnengeschichten enthalten, bilden die grundlegenden Muster Ihres Lebens. Diese sind Ihnen aber nicht einfach irgendwie zugestoßen. Vielmehr haben *Sie selbst* sie geschrieben, weil Sie sich fürchteten, Ihr wahres Selbst zu sein und die Geschichte eines goldenen Lebens zu manifestieren. In uns stecken Hunderte, ja sogar Tausende von dunklen Skripten, die alle unsere Verschwörungen unterstützen. Wenn wir uns effektiv von diesen Verschwörungen befreien wollen, müssen wir begreifen, dass wir selbst die Drehbuchautoren unserer Lebensgeschichte sind, und die Einsicht in diese Verantwortung müssen wir gut und sinnvoll nutzen.

Das bedeutet, dass wir unsere Einstellung ändern werden – gegenüber unserem Selbst, unserem Leben, unseren Geschichten, unseren Schatten und unseren Verschwörungen. Diese veränderte Einstellung wird uns am Ende die am tiefsten versteckten Schichten des Unbewussten eröffnen, in denen unsere Idole verborgen sind.

Wir werden von der Heilung der Ahnenebene und der karmischen Seelenebene aufsteigen zur Heilung des kollektiven Unbewussten der Menschheit und des kollektiven Egos, des Prinzips von Trennung. Diese erhalten nämlich die Illusion aufrecht, das Universum sei getrennt und materiell, statt Licht, Liebe und Einssein zu sein. Es gibt auch die Astralebene, das dunkle Unbewusste oder die uranfängliche Abspaltung des Egos. Sie erscheint uns als dämonische oder dunkle Götter. Wir sind aber in der Lage, auch dies durch Liebe, Wunder und Gnade zu heilen.

Schließlich können wir die Urschuld in Angriff nehmen, den Fall aus dem Himmel, aus dem Bewusstsein der Einheit. Wir haben damit nach etwas Verheißungsvollem gestrebt: Herrscher unserer eigenen Welt zu sein, in der wir uns von Gott getrennt und Ihn ausgeschlossen hatten. Und nun können wir uns ja mal anschauen, wie gut uns das gelungen ist, wie gut es uns in unserer eigenen Welt geht und wie glücklich wir darin sind. Überhaupt nicht! Und selbstverständlich schieben wir Gott nun die Verantwortung für das zu, was wir in dieser Welt getan und gelassen haben.

Alle diese Entwicklungsschritte liegen vor uns, doch die Familienverschwörung hält diese tieferen, unbewussten Aspekte ebenso verborgen wie die unterbewussten Ebenen des gebrochenen Herzens, mit dem wir uns selbst sabotieren und der uns im Beruf, in der Partnerschaft und in der Familie beeinflusst. So sind wir wie verloren oder fühlen uns wie in der Hölle.

Wir erkennen die Gelegenheiten und Möglichkeiten nicht, uns selbst aus unserer Familienverschwörung zu befreien, und zwar durch Partnerschaften und Beziehungen! Denn in unserer Partnerschaft können wir Bonding, Herzensverbindung, neu begründen, indem wir unsere Anklagen, Vorwürfe und Grollmuster loslassen. Sobald wir damit in der Partnerschaft erfolgreich waren, öffnet uns das auch für unsere Ursprungsfamilie, die im Herzen unserer Beziehungsmuster und unserer jetzigen, eigenen Familie ist. Wir können den Code der Familienverschwörung knacken und den Grundbucheintrag für das Universum erhalten. Das ist sozusagen das Vorspiel dafür, dass wir unsere Mitgliedschaft im Himmel wieder annehmen. Falls Sie meinen, irgendjemand sollte vom Himmel ausgeschlossen sein, dann würde diese Einstellung Sie selbst ausschließen, weil Sie dieselben Ichvorstellungen in sich haben, die Sie vor sich sehen und bei anderen ablehnen. Das führt zu einer geistigen Spaltung, zu Konflikten und zu dem Bedürfnis des Egos, die Projektion zu verstecken, die es auf den Ebenen des Unterbewusstseins und der Seele gibt.

Der allererste Schritt, uns selbst zu befreien, besteht darin, Verantwortung für unser Leben zu übernehmen. Der zweite Schritt ist, zu erkennen, dass Leid und dunkle Emotionen aus Fehlern entstehen, die wir machen. Wir könnten stattdessen die Lektion lernen, die dahinter steht, und in der Folge unser Leben und unsere Emotionen verändern.

Wir sind in der Lage festzustellen, dass das Ziel in der Verwirklichung des Drehbuchs für das goldene Leben besteht, und dann können wir das Erwachen zu Einheit und Einssein realisieren, indem wir auf immer höhere Stufen der Erleuchtung gelangen. Sobald wir ein Ziel erreicht haben, kommt ein höheres in Sicht.

Aus negativen Mustern aussteigen

Wir gelangen zur Geschichte des goldenen Lebens, indem wir familiäre Prägungen erkennen und aus negativen Mustern aussteigen. Das schaffen wir, indem wir alle Fehler abschütteln, die wir begangen haben, als wir uns auf die Seite des Egos stellten. Dann sind wir frei, die Lektionen zu lernen und die Gaben anzunehmen und zu teilen, die uns anstelle der Fallen gegeben werden.

Das erfolgt durch Verbundenheit beziehungsweise Wiederherstellung von Verbindungslinien im Beziehungsleben. Auf einer grundlegenden Ebene ist alles Einheit. Unser Ziel besteht deshalb darin, die Illusion der Trennung zu überwinden und zu erkennen, dass die Verbindung mit der Einheit *immer* schon existiert hat.

Was eins ist, kann nicht aufgespalten oder abgetrennt werden. Wir können uns nur vorstellen oder davon träumen, dass dies geschehen sei. Unsere Reise der Heilung ist also die Erkenntnis, dass Verbundenheit bereits besteht. Wir vollziehen diese Heilung, indem wir uns von dem frei machen, was uns in Dunkelheit und Getrenntheit gefangen zu halten scheint. Das geschieht, indem wir Groll und Verurteilung aufgeben, um die Liebe und das Glück zu erfahren, die Verbundenheit mit sich bringt.

Erfahrung und Verwirklichung von Bonding

Die Manifestation von Verbundenheit entsteht aus Liebe und all den anderen Prinzipien von Heilung, die uns das wiederbringen, was wir verloren oder fortgeworfen haben. Je mehr wir uns auf Bonding einlassen und uns selbst aktiv verbinden, desto mehr Liebe scheint auf ganz natürliche Weise aus uns und durch uns.

Es geht dabei nicht so sehr um ein bestimmtes Verhalten, sondern um eine natürliche Ausstrahlung, die aus uns leuchtet, wenn die Dunkelheit in unserem Bewusstsein und Gemüt aufgelöst wird. Wir entscheiden uns für Liebe. Wir können unsere Liebe einem anderen Menschen zuwenden und sie ihn erreichen lassen. So verbinden wir uns mit einem Lichtfaden. Wenn genügend Lichtfäden vorhanden sind, werden sie zu einer Schnur. Wenn es genügend Lichtschnüre gibt, wird daraus ein Seil. Aus mehreren Seilen wird ein Tau. Aus zahlreichen Tauen wird eine Lichtbrücke. Und wenn es ausreichend Brücken gibt, kommt es auch zur Einheit. Aus Einheit wird Einigkeit. Und schließlich wird aus tief und weit reichender Einigkeit Einssein. Jeder Schritt führt vom Faden der Entzückung weiter zur ekstatischen Freude des Einsseins. Wenn Sie zu einer Quelle der Liebe werden, indem Sie sich von Licht zu Licht mit jedem verbinden, dem Sie begegnen, wird sich Ihr Leben vom Tun zum *Sein* entwickeln – rasch und leicht und ohne jede bewusste Anstrengung.

Liebe entsteht durch Ausdehnung und Öffnung. Sie besteht darin, das Allerbeste für einen anderen Menschen zu wünschen. Liebe ist, wenn wir uns selbst geben und mit anderen teilen, sodass sie erfüllter sind. Liebe hadert nicht, wie *Ein Kurs in Wundern* feststellt. Liebe möchte, dass nichts zwischen uns und dem anderen steht. Das bringt uns dazu, das loszulassen, was im Weg steht, denn es weist uns darauf hin, wo wir etwas mehr schätzen als die geliebte Person. Was der Liebe im Wege steht, zeigt uns auch an, wo wir versucht haben, ein Bedürfnis erfüllt zu bekommen, und wo wir gehadert haben, wenn dies nicht geschah.

Vergebung korrigiert unsere Wahrnehmungsfehler. Vergebung bedeutet, etwas »nach vorn zu geben«, das uns aus unserem Rückzug hervorholt und uns und andere wieder in Flow versetzt. Vergebung beseitigt sowohl Schuldgefühle als auch Befürchtungen. Sie bringt Verbundenheit mit sich und richtet unsere Wahrnehmung neu aus, sodass wir erkennen, dass unsere Bewertungen ein Fehler waren.

Alle unsere Bewertungen und Vorwürfe verstecken unsere Schuldgefühle – Schuldgefühle darüber, dass unsere verborgenen Selbstbilder den Verhaltensweisen ähnlich sind, für die wir andere verurteilt haben. Schuld kann sich aber auch einstellen, weil wir denen, denen wir dies auf der Seelenebene versprochen hatten, nicht aus ihrem Leid heraushelfen. Das führt dann meistens dazu, dass wir ihr Problem, ihr Leid und ihre Schuld erben. Vergebung verändert das vollständig und befreit uns beide. Indem wir unsere Hand ausstrecken und dem anderen Menschen helfen, machen wir ihn zu unserem Verbündeten. Dann wird auch er die Hand ausstrecken, um uns zu helfen, wenn es notwendig ist. Vergebung stellt Bonding wieder her und Bonding gibt uns Liebe und Erfolg mit Leichtigkeit. Vergebung bringt neuen Energiefluss sowohl für denjenigen, der vergibt, als auch für den, dem vergeben wird.

Aus Liebe und Vergebung entspringen alle anderen Heilungsprinzipien. Heilung bringt uns zunächst wieder in Beziehung und innige Verbindung mit uns selbst, dann mit anderen und schließlich mit Gott. Liebe und Vergebung sind die Mittel, mit denen Bonding die richtige Wahrnehmung wiederherstellt, um negative Emotionen zu zerstreuen und die Liebe und den Erfolg aufzubauen, nach denen wir uns sehnen. Wir lösen Muster der Selbstsabotage auf, geben Eigenangriffe auf und werden zuversichtlicher und friedvoller. Die Liebe für uns selbst und die Welt um uns herum wächst. Heilung macht unser Bewusstsein wieder heil und vereint die Welt draußen.

Wenn Sie Ihr eigenes Bewusstsein und Ihr personales Unbewusstes ebenso prüfen wie die Geschichte der Menschheit, werden Sie verstehen, dass es eine Menge zu tun und aufzuräumen gibt, bevor die Welt wieder zur Liebe und zur Gemeinschaft findet, bis schließlich der Himmel auf Erden kommt. Und doch hilft jeder Schritt, den *Sie* nach vorn tun, sowohl Ihnen selbst als auch der gesamten Menschheit. Jeder Hader, den Sie loslassen, bringt mehr Licht und gibt der Gnade mehr Raum. Das ist der Weg aus der Dunkelheit. Das ist der Hebel, um den Code der Familienverschwörung zu knacken. Aber es gibt noch ein weiteres wichtiges Prinzip der Heilung: die Erkenntnis, dass niemand Sie verletzt außer Sie selbst, und dass niemand Sie blockiert außer Sie selbst. So begreifen Sie, dass Sie selbst der Drehbuchautor Ihrer Familienverschwörung sind und dass Sie diese Verschwörung deshalb auch selbst wieder auflösen können – Schicht für Schicht, genau so, wie Sie sie aufgebaut haben.

Schicht um Schicht gewinnen Sie Ihre Freiheit zurück, Ihre Macht und Ihre Essenz. Sie gehen über die »tote Zone« hinaus und gelangen zu Partnerschaft, Freundschaft mit der Welt, Führungsfähigkeiten, Vision und schließlich zur Meisterschaft. Sobald Sie begreifen, dass alles, was in Ihrer Familie schmerzlich war, aufgrund Ihrer Furcht vor Größe, vor Ihrer Aufgabe und Bestimmung und vor dem goldenen Leben entstanden ist, realisieren Sie, dass Sie die Familienverschwörung selbst entschärfen können, und zwar genau so, wie Sie all Ihre Verschwörungen errichtet haben.

Gaben

Wir verfügen über mehr potenzielle Gaben, als wir uns vorstellen können. Sie warten nur auf unsere Bereitschaft, die Türen unseres Geistes zu öffnen, um sie anzunehmen und anzuwenden. Als ich Probleme und Traumen erforschte, fand ich heraus, dass sich hinter jedem von ihnen eine Gabe verbarg, die eigentlich dazu dienen sollte, unser Leben und das der Menschen um uns zu erleichtern. Bei Familientraumen oder schwierigen Problemen, die mit Familienmustern zu tun haben, warten entscheidende Gaben immer noch darauf, entdeckt und verwirklicht zu werden. Indem wir diese Gaben annehmen, verwirklichen wir ein

Teil unseres Lebensplans und unserer Bestimmung. Alles, was wir heilen, zielt auf unsere Bestimmung ab und bringt uns ein Stück näher zu ihr. Wir gewinnen neue Zuversicht und Selbstvertrauen sowie Fähigkeiten, die – wenn wir sie von Gnade erfüllen lassen – schöpferisch, ursprünglich und sogar wundersam sind. Je größer das Trauma ist, das wir erleiden beziehungsweise erlitten haben, desto größer ist die Gabe, die es in sich birgt. Eine Gabe anzunehmen und im Leben zu verwirklichen, ist eine einfache Möglichkeit, ein Trauma zu transformieren.

Nehmen wir den Fall von sexuellen Übergriffen, die ein Kind in der Familie erleidet. Auf einer gewissen Ebene ist das Kind versucht, sich selbst aufzuopfern, um die Familie zu retten. Das tun Kinder, indem sie das Leid der Familie auf sich nehmen und ausagieren. Ihr Opfer soll die Schuld und den Schmerz in der Familie »bezahlen«. Das funktioniert selbstverständlich kaum jemals. Manchmal weiß die Familie noch nicht einmal etwas von solchen Übergriffen, und die Person selbst verdrängt sie. Unter ganz seltenen Umständen klappt es aber doch, weil sich die Familie um die verletzte Person schart, sie unterstützt und sich gegenseitig hilft, sodass es zu einer neuen Ebene von Bonding kommt. Dies geschieht manchmal auch im Zusammenhang mit Krankheit. Wenn so etwas jedoch nicht funktioniert, wird es zu einem weiteren Teil des Traumas, der uns vom Leben zurückdrängt, zum Rückzug veranlasst, sodass wir im Laufe dieses ganzen Prozesses uns selbst oder bestimmte Selbstanteile verlieren.

Unter dieser obersten Schicht kann sich eine Ödipus-Verschwörung verstecken, deren Wurzeln so verwickelt zu sein scheinen, dass selbst erfahrene Therapeuten damit nicht klarkommen. Wenn es jedoch Übergriffe und Viktimisierung* gegeben hat, dann haben sie in der Regel mit sexuellen Fantasien und Unterwerfungsmustern in der Familie zu tun.

Unter diesem sexuellen Trauma liegen vielleicht die Heilgaben der Vergebung und Erlösung und meistens außerdem die Gaben der Sexualität, der sexuellen Heilung und der sexuellen Führung. Wo Unterwerfungsfantasien auftauchen, gibt es in der Regel die Gabe der Stärke oder der Ebenbürtigkeit. Es kann sich auch um Gaben handeln, die unserer Bestimmung zugute kommen, zum Beispiel die Gabe, ein Heiler zu sein.

Meistens haben wir auf der Seelenebene das Versprechen gegeben, diese Missbrauchstäter vor sich selbst zu retten. Vergebung bewirkt dies, und Gaben zu geben ist eine elegante Form, etwas *für jemanden zu geben,* also *zu vergeben.* Wenn wir unsere Gaben annehmen und mit anderen teilen, dann führt uns das zurück in die Fülle des goldenen Lebens.

Bei einer Methode, die ich öfter gebrauche, lade ich die betroffene Person ein, sich auf das einzustellen, was vor dem sexuellen Übergriff passiert war. Dann bitte ich sie, die Gabe zu öffnen, die sie von der Seelenebene mitgebracht hat, um den Täter vor sich selbst zu schützen. Wenn die betroffene Person dann gedanklich und in der Vorstellung diese Gabe mit dem Menschen teilt, der später den Übergriff zu verantworten hat, so erhält sie die Gabe des

* Vorgang, bei dem einer oder mehrere der Beteiligten zu Opfern werden beziehungsweise andere dazu machen. (Anm.d.Ü.)

Himmels, welche der Himmel dem Täter durch sie zukommen lassen will, weil er diese Gabe besonders benötigt.

Diese beiden Gaben – die persönliche Seelengabe und die Gabe des Himmels – heilen und erlösen die Vergangenheit und verwandeln sie in das, was sie hätte sein sollen. Damit wird verhindert, dass aus dem Geschehen das Muster eines sexuellen Traumas wird (außer, wenn ein früheres Trauma die natürliche Heilung dieser Situation blockiert). Und dann helfe ich den betroffenen Personen, all die Lebensgeschichten und Skripte loszulassen, in denen diese Thematik eine Rolle gespielt hat, und lade sie ein sich anzusehen, was an deren Stelle tritt.

Das Wesen des goldenen Lebens besteht darin, dass wir, sobald wir auf einen Mangel stoßen, das zur Verfügung stellen beziehungsweise herbeibringen, was fehlt. Anstatt Vorwürfe zu erheben oder aggressiv zu werden, erkennen wir, was uns helfen, retten und von innen her glücklich machen wird. Das ist die »Formel« des goldenen Lebens. Wir realisieren, dass die Gabe in uns ist. Und auch wenn wir glauben, dass dies nicht zutrifft, liegt sie doch unter Leid, Hader, Schuldgefühlen und Angst verborgen. Aber selbst wenn sie dort nicht wäre, würde der Himmel aufgrund seines Wesens die Gabe bereitstellen, die wir benötigen. Nicht nur die Seelengabe, die wir mitgebracht haben, gleicht also jeden Mangel um uns herum aus, sondern uns steht auch die Gabe des Himmels zur Verfügung, damit wir mit ihr das bereitstellen können, was fehlt. Erst wenn wir diese Gaben nicht nutzen, wird der Mangel real. Dann neigen wir dazu, anderen die Schuld dafür zu geben, dass unsere Bedürfnisse nicht erfüllt werden, und verhalten uns, als erwarteten wir das von ihnen. Dadurch »fangen« wir uns auch den Mangel oder das Leid eines anderen Menschen »ein«, dessen Bedürfnisse wir nicht erfüllt haben.

Im goldenen Leben gibt es keine Probleme, weil wir unsere Natur so akzeptiert haben, wie sie ist: liebevoll und wunderbar. Der Himmel hat – seinem Wesen entsprechend – das Gegenmittel für jede üble Situation gebracht, und wir empfangen seine Gabe, seine Gnade beziehungsweise sein Wunder. Sonst würde das Leid oder der Mangel auf uns übertragen und in uns eingeschlossen. Dann würden wir durchs Leben gehen und immer nach jemandem Ausschau halten, der unsere Bedürfnisse stillt. Das wäre eine Haltung, die nur zu gebrochenen Herzen oder Enttäuschung führt.

Gaben zu teilen ist eine Einstellung. Wir können im Alltag damit anfangen. Wir können beobachten, wem gegenüber wir Groll hegen und wem wir Vorwürfe zu machen versuchen. Groll ist das Ergebnis unerfüllter Bedürfnisse, und Bedürftigkeit ist eine Haltung, mit der *wir* etwas zu bekommen versuchen. Unsere Beschwerden und Anklagen können wir jeden Abend vor dem Zubettgehen untersuchen und jeden Morgen nach dem Aufwachen. Solche Umstände sind Lektionen für uns, damit wir realisieren, dass wir das besitzen, was sowohl uns als auch der anderen, an der Situation beteiligten Person fehlt.

Möchten Sie die Antworten und Lösungen oder die Probleme, die aus Vorwürfen und Anklagen entstehen? Sobald Sie sich entschließen zu geben, entscheiden Sie sich nicht für den Groll, den Sie hegen sollten, sondern erkennen, *welche* Gabe in Ihnen ist, die Sie annehmen und teilen sollen. Damit bestätigen und bestärken Sie Ihre eigene Ganzheit und Ihr Leben wird erfüllter und erfolgreicher. Die Alternative wäre, Bewertungen, Mangel, Opfergeschehen und Leid zu verstärken. Dann humpeln Sie durchs Leben anstatt zu hüpfen. Wenn Sie feststellen, dass sich jemand aufgrund von Bedürftigkeit oder Schwäche an Sie anlehnt, werden Sie ihm Ihre Hilfe nur dann verweigern, wenn Sie den Teil von sich selbst ablehnen, der genau dasselbe zu tun pflegte. Wenn Sie sich andererseits nicht selbst verurteilen, können Sie auf jeden Menschen einfühlsam eingehen und aus einer nie enden wollenden Quelle schöpfen, um ihm zu helfen. Denn das ist die Natur und das Wesen Ihres Seins und Ihre Gaben sowie jene des Himmels unterstützen Sie dabei.

Wir können das goldene Leben nie erreichen, solange wir voller Anklagen sind und das Gefühl des Mangels mit uns herumschleppen. Das goldene Leben ist erfüllt von Vertrauen, Erstaunen, Großzügigkeit und Intimität. Es ist diese Nähe, die Erfolg, Fülle und Humor bewirkt und die Fähigkeit, sich daran zu erfreuen. Mit dem goldenen Leben haben wir den Gipfel des Glücks erreicht, aber dennoch wissen wir, dass es noch mehr gibt. Das führt zur Geschichte vom »Himmel auf Erden« und schließlich zum Erwachen. Denn mit der Verwirklichung des goldenen Lebens in all seiner Schlichtheit beginnen wir, über die Träume dieses Lebens hinauszugehen. Wir erkennen, dass es hinter der Welt der Erscheinungen eine Tür gibt, die sich zu den Räumen und Feldern des Lichts öffnet, in denen noch mehr Liebe und Freude herrschen. Wir transzendieren die materielle Welt und erreichen höhere Ebenen der Beziehung und der Seligkeit, die alle einschließt. Wir lassen

Vorwürfe und Anklagen, emotionales Leid und Opfergeschehen mehr und mehr hinter uns. Scheinbar negative Erfahrungen werden zu Lektionen der Liebe und Vergebung. Wir bringen genau das in jede Situation, woran es ihr mangelt. Wir nutzen jede Situation als Sprungbrett, um auf höhere Ebenen zu gelangen, anstatt von Äußerlichkeiten abhängig zu sein. Das gelingt uns durch Vergebung und indem wir jene Gaben geben, die fehlen. Wir selbst werden zum Licht, damit sich jede Situation auf wahrere, positivere Weise entfaltet. Statt zu beurteilen, uns zu beklagen oder zornig zu werden, stellen wir das zur Verfügung, woran es gerade mangelt. Wir erwarten von der Außenwelt gar nicht, dass sie sich um uns kümmert. Wir werfen es den anderen Menschen nicht vor, wenn sie uns nicht das bieten, was wir brauchen. Vielmehr erkennen wir unser Wesen als Spirit und unsere Macht, das zu geben, was nötig ist. Wir wenden uns der inneren Quelle zu, um das zu empfangen, was wir brauchen, und stellen fest, dass dort Wunder und Liebe auf uns warten. So lösen sich die Grundlagen für unseren Groll auf und es kommt zu tieferer Verbundenheit, zu größerer Leichtigkeit, zu Energiefluss und Erfolg. Die lang verdrängte Fähigkeit, Wunder zu empfangen, kommt ans Tageslicht und wir erkennen: Genauso wie wir Wunder vom Himmel empfangen, bringen wir selbst anderen und der Welt Wunder – in jeder Situation, in der sie notwendig sind.

Alle Muster in unserer Familie begannen mit dem, was der deutsche Philosoph Martin Heidegger »Seinsvergessenheit« nennt. Er stellte fest, dass wir in einem Zeitalter des Vergessens leben. Doch aufgrund der Beschleunigung und Erhöhung unseres Bewusstseins beginnen wir uns wieder zu erinnern. Spirituelle Erinnerung erfolgt durch Liebe, Vergebung und das Loslassen all dessen, was als unwahr und unecht zwischen uns und andere getreten ist. Es ist die Erinnerung an Herzensverbundenheit und Partnerschaftlichkeit, die uns die Tür zur Erinnerung an unser *Sein* und das goldene Leben öffnet.

Wenn die Welt aufgrund der Beschleunigung des Bewusstseins, die derzeit stattfindet, in den nächsten Jahren das Stadium der Partnerschaft erreicht, gibt es eine gute Chance, dass eine ganze Reihe von Individuen, Paaren und Gemeinschaften die Ebene der Meisterschaft und der goldenen Lebensgeschichten erreicht.

Unsere Kindheitsmuster entstanden aufgrund von verlorener Herzensverbindung. Dies wiederum hat zu Schwäche und Furchtsamkeit geführt. Und weil wir in Unabhängigkeit befangen waren, dachten wir, es könne etwas Besseres geben als Liebe. Jene schmerzlichen Situationen, die von unserem Streben nach Durchsetzung unseres Willens bestimmt wurden, haben die leidvollen Muster in unserem Leben verursacht.

Doch jetzt können wir uns neu entscheiden – für Heilung und Bonding. Wir können die Gaben und die Freiheit entdecken, die mit Vergebung einhergehen. Wo Muster der Eigensabotage in uns vorhanden sind, gibt es gleichzeitig eine Goldmine an Gaben, die aus unserem Seelenbewusstsein und vom Himmel stammen und nur darauf warten, endlich entdeckt und empfangen zu werden. Die Lösung des Problems und die Gnadengaben, die alle Fallen und Muster auflösen würden, wurden in dem Moment bereitgestellt, in dem das Problem auftauchte. Diese Gaben und Lösungen können wir empfangen, sobald wir uns darüber bewusst werden, dass es ganz einfach ist, Antworten zu erhalten.

Die Schwierigkeit besteht *nicht* darin, die Antwort zu erhalten. Vielmehr haben wir das Engagement des Egos für Trennung zu sehr geschätzt, uns auf diese Weise selbst in Leid und Leugnung eingesperrt und so das Problem aufrechterhalten. Sobald wir indes bereit sind zu empfangen, öffnet sich die Tür zu unserer Seele und wir empfangen die Gaben des Himmels für uns.

9
Wege vorwärts

Es gibt eine Reihe von Wegen, die uns immer weiter vorwärtsführen, bis wir den pfadlosen Pfad der Meisterschaft erreicht haben. Wir können selbstverständlich alle gleichzeitig einschlagen, um vorwärtszugelangen. Die Wege beziehungsweise Methoden, die uns helfen, sind Heilung, Zentrierung und Bewusstseinskraft.

Heilung – der Weg der Wiederherstellung

Durch Heilung bringen wir Frieden dorthin, wo bisher Leid und Schmerzen waren. Wenn wir vergeben, verändert sich unsere Wahrnehmung und die Wahrheit erlangt wieder Geltung, sodass wir das zurückerhalten, was uns verloren ging. So kommen wir anderen und uns selbst näher. Wir nehmen die Welt strahlender wahr, unser Horizont erweitert sich und unser Leben wird erfüllter. Jedes Mal, wenn wir Hader, Vorwürfe und Anklagen loslassen, kommen wir dem goldenen Leben einen Schritt näher. Der Weg öffnet sich für Verbundenheit, und Angst, Leid und Schuld, die uns blockiert haben, lösen sich auf. Wenn wir vergeben, werden unsere Empfänglichkeit und Inspiration sowie die Fähigkeit zu lieben gestärkt – genauso wie Weisheit, Unschuld und Freiheit.

Der Weg der Vergebung

Es gibt zahlreiche Übungen zur Vergebung. Ich möchte Ihnen die vorstellen, die ich aus *Ein Kurs in Wundern* gelernt habe. Sie ist sehr einfach. Wenn Sie in Versuchung sind, jemanden zu bewerten, fragen Sie sich: »Würde ich mich dafür selbst verurteilen?«

Wenn Sie sich nicht dafür verurteilen würden, werden Sie auch die andere Person deswegen nicht verurteilen, und Sie beide sind frei.

Falls Sie sich jedoch auch selbst verurteilen würden, würden Sie die Schuldgefühle für das, was Sie an anderen verurteilen, bereits in sich tragen. Wollen Sie es sich da nicht noch einmal überlegen, ob Sie wirklich die andere Person und sich selbst angreifen und bestrafen möchten?

Die Brücke aus Licht

Wenn das, was zwischen Ihnen und einem anderen Menschen liegt, ein Gewässer wäre, was für ein Gewässer wäre es? Bauen Sie im Geiste eine Brücke aus Ihrem Licht bis zu dem Licht im anderen. Fahren Sie damit fort, bis Sie nebeneinanderstehen. Dann bauen Sie noch eine kleine, aparte Lichtbrücke, die Sie beide zu einem Licht werden lässt. Sie können alle paar Tage mal nachsehen, ob sich die

Distanz zwischen Ihnen und dem anderen verringert hat, und sich dann erneut über die Brücke aus Licht mit ihm oder ihr verbinden.

Sie können dies zum Beispiel auch mit Ihren Eltern machen, sogar während einer vielleicht schmerzvollen Auseinandersetzung. Dann stellen Sie sich vielleicht vor, dass Sie sich zwischen Ihren beiden Eltern auf einer Insel im Meer befinden. Bauen Sie jeweils eine Lichtbrücke zu beiden auf und dann auch zwischen beiden und zurück zu Ihnen selbst, bis es nur noch ein Licht gibt.

Zentrieren – Der Weg des Friedens

Indem wir meditieren oder Übungen machen, die uns in unsere Mitte bringen, werden wir friedvoller. Je weniger friedvoll wir sind, desto unfreundlicher sind wir, weil Stress ungeduldig macht. Je friedvoller wir sind, desto glücklicher, liebevoller und erfüllter sind wir. Frieden ist das Fundament des goldenen Lebens. Durch Frieden werden wir empfänglicher, öffnen uns für innere Führung und werden einfühlsamer, statt einfach unbedacht zu reagieren. Frieden bringt Licht und zerstreut Furcht, Sorgen und alle dunklen Emotionen.

Es gibt viele Arten von Meditation und Yoga, um den Geist zur Ruhe zu bringen und das Gemüt zu disziplinieren, um das Chaos hinter sich zu lassen und die Schönheit und Eleganz von Wahrheit und Ordnung zu erfahren und bezeugen zu können.

Eine weitere Möglichkeit, um den Code der Familienverschwörung zu knacken, bietet eine Zentrierungsübung, die zu mehr Frieden führt. Die erste Übung, die ich beschreibe, habe ich vor gut zehn Jahren entdeckt, zur zweiten wurde ich vor rund zwei Jahren inspiriert.

Erste Zentrierungsübung

In dieser ersten Übung zur Zentrierung bitten Sie einfach Ihr höheres Bewusstsein, den Heiligen Geist oder irgendeinen Ihrer »hochgestellten Freunde« (Engel, aufgestiegene Meister, Lichtwesen usw.), Sie, Ihre Familie oder diejenigen, mit denen Sie im Konflikt sind, zurück in die Mitte zu bringen, an diesen Ort des Friedens und der Unschuld. Und dann schauen Sie sich Ihre Situation aus der Perspektive dieser Mitte an.

Bitten Sie als Nächstes darum, in ein höheres Zentrum tiefer in Ihnen selbst gebracht zu werden, wo Sie noch größeren Frieden und Selbstwert spüren. Und nun blicken Sie von diesem Standpunkt aus erneut auf Ihre derzeitige Lage.

Dann bitten Sie erneut darum, in ein noch höheres, tiefer reichendes Zentrum von Frieden und Erfolg gebracht zu werden. Untersuchen Sie Ihre derzeitige Lage jetzt von diesem neuen Gesichtspunkt aus. Wie sieht sie aus, wie fühlt sie sich an?

Dann bitten Sie, auf ein wiederum höheres, noch tiefer in Ihnen liegendes Zentrum getragen zu werden, wo noch größerer Frieden und noch mehr Liebe herrschen. Betrachten Sie Ihre Situation von diesem Blickwinkel aus.

Und erneut bitten Sie Ihr höheres Bewusstsein, Sie in eine Mitte zu tragen, die sowohl höher als auch tiefer in Ihnen liegt. Auch von hier aus blicken Sie auf Ihre Lage und erspüren sie aus dieser Perspektive.

Noch ein Mal bitten Sie, in ein sechstes Zentrum getragen zu werden, das noch höher ist und zugleich tiefer in Ihnen liegt. Hier erleben Sie noch größeren Frieden, noch mehr Kreativität und Vision. Wie sehen Sie Ihre Lage von hier aus?

Und ein weiteres Mal bitten Sie, nun in eine siebente Mitte getragen zu werden, die erneut höher ist und noch tiefer in Ihnen liegt, in ein Zentrum von noch mehr Frieden und Licht.

Sie können diese Übung fortführen, indem Sie darum bitten, in eine immer höhere und zugleich tiefer in Ihnen liegende Mitte geführt zu werden, in immer neue Zentren des Lichts, bis sich die ganze Situation in Liebe und reines Licht verwandelt. Dabei können Sie beobachten, dass sich unterschiedliche Heileigenschaften zeigen, während Sie ein jeweils neues Zentrum erreichen.

Manchmal richte ich es so ein, dass die Zentrierungsübung den sieben Chakras von unten nach oben durch den Körper und dann weiter durch die sieben Chakras oberhalb des Kopfes folgt. Man kann sie genauso gut in die sieben

Chakras in der Erde richten, also unterhalb des Körpers. Das wirkt sich positiv aus, wenn es um die Reinigung von belasteten, unbewussten Bereichen des Bewusstseins geht. Der Aufstieg durch die höheren Chakras kann jedoch die gleiche Wirkung erzielen.

Diese Übung eignet sich hervorragend, um uns von alten Traumen und posttraumatischem Stress zu befreien. Wir gehen einfach zurück zu einem Trauma, so wie wir uns daran erinnern beziehungsweise es uns jetzt vorstellen. Dann führen wir die Zentrierungsübung aus, von einer Stufe zur nächsten, bis sich diese traumatische Erfahrung in eine Situation voll des tiefsten Friedens verwandelt, in der wir nur noch reines Licht und Liebe zu jedem Menschen erleben, der daran teilhat.

Vorbereitung auf die zweite Zentrierungsübung

Die zweite Zentrierungsübung eignet sich bei chronisch negativen Umständen oder Traumen. Diesmal bitten Sie Ihr höheres Bewusstsein oder einen Ihrer »hochgestellten Freunde«, in die innerste Mitte Ihres Geistes zu gehen, um die Übung zu fördern.

Sie stellen sich selbst die Frage, zu wie viel Prozent die Problemsituation oder das Trauma *Sie* aus Ihrer Mitte gebracht hat, und vertrauen darauf, dass Ihre Intuition Ihnen die richtige Antwort gibt.

Wenn es 30 Prozent oder weniger sind, ist eine Illusion entstanden. Sie meinen dann, dass Sie einen Schritt vorwärtsmachen, aber in Wahrheit gehen Sie auf einer Treppe, die nach unten führt.

Wenn die Situation oder das Trauma Sie zu 30 bis 80 Prozent aus Ihrer Mitte gebracht hat, erzeugt das betreffende Problem ständige Aufopferung.

Wenn es 80 bis 99% sind, hat die Thematik ein selbstzerstörerisches Muster erschaffen.

Wenn es 100% sind, ist ein wesentlicher Selbstanteil abgestorben.

Wenn es 200% sind, sind zwei Kernstücke des Selbst gestorben und so fort.

Mit Ihrem höheren Bewusstsein in seiner Mitte beobachten Sie selbst, wie sehr Sie aus Ihrem eigenen Zentrum geraten sind, und überlegen dann, wohin das in Ihrem Leben geführt hat.

Nun fragen Sie sich, wie viele Ichvorstellungen oder Selbst-Konzepte beziehungsweise Persönlichkeitsbilder Sie als Teil dieser Falle entwickelt haben. Wo befinden sich diese Ichvorstellungen hinsichtlich Ihrer Mitte?

In einem Workshop beziehen Sie die Teilnehmer ein. Sie stehen dann stellvertretend für die Menschen und Probleme, die für das Thema, das Sie zentrieren möchten, wichtig sind. Sie können eine Person auswählen, die das höhere Bewusstsein repräsentiert. Das wird die Übung insofern erleichtern, als diese Person nun die Teilnehmer, die bestimmte Menschen oder Probleme darstellen, bittet, nach und nach wieder in die Mitte zu kommen, bis alle im Zentrum vereint sind.

Wenn Sie die Übung allein für sich machen, können Sie die jeweilige Rolle immer selbst übernehmen und sich auf die entsprechende Position stellen. Spüren Sie einfach, so gut es geht, wie sich jede Person oder jedes Thema anfühlt, wenn Sie sie oder es bitten, zurück in die Mitte zu kommen.

Wenn es keinen gibt, der die Rolle des höheren Bewusstseins übernehmen kann, lassen Sie sich selbst auf die innere Führung ein und spüren intuitiv, welche Gestalt beziehungsweise welches Thema als Nächstes in die Mitte gebeten wird, bis alle Teile wieder vereint sind.

Das Thema zentrieren

Fragen Sie sich, wie viele unterbewusste Muster auf diese Situation einwirken. Schauen Sie, wie diese Muster in der Gegenüberstellung zu Ihrer Mitte aussehen und sich anfühlen. Sie können diese Übung in einem Zimmer machen, auf einem Blatt Papier oder rein gedanklich. Wo im Raum, auf dem Papier oder in Ihrer Vorstellung würden sich die unterbewussten Muster befinden, und zu welchem Prozentanteil haben Sie das Problem beeinflusst? Wie weit sind sie von Ihrer Mitte entfernt?

Fragen Sie dann, welcher Prozentanteil aus *Ihren Ahnenmustern stammt*. Und wie weit ist das von Ihrer Mitte entfernt?

Wenn Sie in einer Workshop-Situation sind, in der Sie andere Teilnehmer an einem Rollenspiel beteiligen können, dann stellen Sie die Person, die symbolisch für die Ahnenmuster steht, in der Anordnung der Personen und Themen im Raum auf.

Sie können das auch auf einem Blatt Papier vermerken, in Ihrer Vorstellung registrieren oder mit Gegenständen im Raum markieren, wenn Sie die »Aufstellung« allein vornehmen und ausagieren.

Als Nächstes fragen Sie, welcher Prozentanteil des Problems *aus früheren Leben kommt,* die sich karmisch auf die jetzige Situation auswirken. Wie weit ist dieses Muster von Ihrem Zentrum entfernt? Vermerken Sie auf dem Blatt Papier die entsprechende Konstellation beziehungsweise stellen Sie die betreffende Person entsprechend im Raum auf.

Danach fragen Sie nach dem Prozentanteil negativer *Einflüsse aus dem kollektiven Unbewussten.* Erneut stellen Sie im Rollenspiel die Person entsprechend auf beziehungsweise machen sich Notizen in Gedanken oder auf dem Papier.

Es folgen die Prozentanteile *aus dem kollektiven Ego,* dem Prinzip der Trennung und danach jene *aus dem astralen oder dunklen Unbewussten.* Wieder stellen Sie die Personen im Raum entsprechend auf beziehungsweise vermerken die Konstellation schriftlich oder in Gedanken.

Am Schluss folgt die Frage, welcher Prozentanteil aus dem »Fall« stammt beziehungsweise aus unserer »Urschuld«, der ersten und anhaltenden Trennung, und dem Bestreben, diese Trennung aufrechtzuerhalten.

Nun lassen Sie die Person die Rolle des höheren Bewusstseins beziehungsweise des höheren Selbst übernehmen. Nutzen Sie die Intuition dieser Person, um den Teil Ihres Geistes herbeizuwinken, der wieder in Ihre Mitte zurückgebracht werden muss. Wenn ein Selbstanteil zu mehr als 100 Prozent aus der Mitte gefallen ist, ist er gestorben.

Zuerst werden Sie wohl das höhere Bewusstsein einsetzen, um diese ganz abgestorbenen Selbstanteile wieder zum Leben zu erwecken. Dann veranlassen Sie das höhere Selbst, alle verlorenen Prozentanteile einen nach dem anderen zurück in die Mitte zu rufen. Wenn Sie das als Rollenspiel ausagieren, dann fühlen Sie sich so tief wie möglich ein, während Sie in Ihr Zentrum eintreten. Wenn diese negativen Prozentanteile in die Mitte gelangen, werden sie integriert und tragen zu einer neuen Ganzheit bei. Sie dienen auch als eine Art »Impfschutz« gegen künftige Negativität in jedem dieser Bereiche. Wenn die Übung vollständig abgeschlossen ist, spüren Sie noch einmal in die problematische Situation hinein. Wie fühlt sie sich jetzt an?

Die Macht des Geistes – der Weg des positiven Bewusstseins

Zu dieser Kategorie gehören: sich Ziele setzen, Vertrauen, sich seelisch Mut machen, Manifestation, sich etwas von ganzem Herzen wünschen, Hingabe, Gebet, Inanspruchnahme und Wunder. Dieser Ansatz nutzt den Geist auf positive Weise, um die angestrebten Zustände der Ganzheit, des Erfolgs und eines goldenen Lebens zu bewirken.

Sie können eine oder mehrere dieser Bewusstseinskräfte anwenden, um den Code der Familienverschwörung zu knacken und für sich selbst die Geschichte eines goldenen Lebens aufzubauen.

Ziele setzen

Es ist sehr hilfreich, sich langfristige Ziele zu setzen, zum Beispiel Erwachen, wahre Liebe oder das goldene Leben. Diese Ziele behalten Sie entweder im Kopf oder Sie schreiben sie auf. Neben den Langzeitzielen gibt es kurzfristige Ziele, die man genauer definieren kann. Diese Ziele sollte man sich auf jeden Fall aufschreiben. Wenn Sie ein bestimmtes Ziel vor Augen haben, streben Sie auf ganz natürliche Weise dorthin. Ein solches Ziel könnte sein, dass Sie einen Machtkampf in Ihrer Beziehung oder in der Familie überwinden wollen, oder dass Sie in Beruf oder Partnerschaft aus der »toten Zone« herauskommen möchten.

Als kurzfristig erreichbares Ziel könnten Sie sich anschließend zunächst die Entwicklung von Partnerschaftlichkeit setzen, danach von Führungsfähigkeiten, dann Vision, später Meisterschaft und die Geschichte eines goldenen Lebens und zum krönenden Abschluss Erwachen.*

Setzen Sie sich also Ihr höchstes Ziel und prüfen Sie, wo Ihr Beruf, Ihre Partnerschaft, Ihr Erfolg und Ihre Familie im Vergleich zu diesem Ziel sind. Dann setzen Sie

* Die genannten Ziele sind wichtige Stadien in der Persönlichkeitsentwicklung, wie sie der Autor mit seinem »Dreiecksmodell« der Entwicklung von Unabhängigkeit über Abhängigkeit (mit den Stadien Machtkampf und »tote Zone«) zu Partnerschaft (u.a. mit den Stadien Führungsfähigkeiten und Vision) hin zur Meisterschaft (mit Erwachen als Ziel) beschreibt.(Anm.d.Ü.)

sich das Ziel für die nächste Stufe und schauen sich an, was es für Ihre Beziehung, Ihre jetzige Familie und für Ihre Ursprungsfamilie bedeuten würde, wenn Sie diese nächste Stufe erreicht hätten.

Vertrauen

Vertrauen bedeutet, dass Sie sich entscheiden, die Kraft Ihres Geistes auf positive Weise einzusetzen. Unser Bewusstsein *muss* sich immer für irgendetwas engagieren. Sie entscheiden sich, ob Sie an Erfolg glauben oder an Angst. Mit Vertrauen betrachten wir eine Situation und entscheiden uns, unseren Geist positiv arbeiten zu lassen und zu wissen, dass alles gut wird. Wir spüren dann, dass sich alles auf bestmögliche Weise entwickelt. Vertrauen ist nicht das naive Leugnen von Umständen, das zu einem gebrochenen Herzen und zur Niederlage führt, sondern das zuversichtliche, unverzagte Bewusstsein, das seine Kraft konzentriert auf das Gute richtet, gleich, wie die Umstände aussehen. Es scheint paradox zu sein, aber wenn die Dinge schlecht aussehen, führt *Vertrauen* dazu, dass sich die Situation erfolgreich entfaltet.

Seit ich *Prozesse,* also wie sich Dinge entfalten, bewusst beobachte, habe ich mehr als fünfunddreißig Jahre damit zugebracht zu erforschen, wie sich etwas verändert und entwickelt. Ich habe therapeutische Prozesse studiert, das I Ging, philosophische Systeme wie den Taoismus, den Tarot, um zu sehen, wie sich Wirklichkeit zeigt, verändert und entfaltet. Nach all dieser Zeit beginne ich zu erkennen, dass immer dann, wenn ein *negativer Prozess* abläuft, es darunter beziehungsweise dahinter einen tieferen, wahreren Prozess gibt, der *immer positiv* ist. Es mag viele Schichten des negativen Prozesses geben, aber es gibt immer eine letzte Schicht oder Ebene, die wahr und positiv ist. Vertrauen orientiert sich instinktiv an dieser letzten Ebene, und ob sich diese letzte Schicht nun sofort zeigt oder erst nach einem halben Dutzend anderer Schichten, die sie zunächst verdecken – der positive Prozess entwickelt sich definitiv und wird das Positive aufzeigen. Unser *Vertrauen* führt uns unweigerlich zum glücklichsten Ergebnis.

Manifestation

Manifestation bedeutet, den Geist einzusetzen, um unsere Wirklichkeit so zu erschaffen, wie wir sie uns vorstellen. Das machen wir sowieso schon die ganze Zeit, ohne uns dessen bewusst zu sein. Manifestation nutzt diese Kraft ganz bewusst. Sonst entsteht die Wirklichkeit aufgrund von unüberlegten Wünschen, Glaubensmustern, unterbewussten Entscheidungen oder Entschlüssen, die wir zwar selbst getroffen, aber sofort verdrängt haben.

Es gibt verschiedene Möglichkeiten, um zu manifestieren. Auf die Form oder Methode kommt es gar nicht so sehr an. Eine Methode ist, sich vorzustellen, dass das, was Sie möchten, bereits passiert. Tief im Geist purzeln Vergangenheit und Zukunft in die Gegenwart, wie es auch in unseren Träumen geschieht. Der Geist fängt an, sich das, was wir uns vorstellen, so zu erfahren, als sei es bereits vorhanden. Als Folge davon macht er sich daran, das zu erschaffen, wovon wir wollen, dass es geschehe.

Die zweite Form der Manifestation ist ähnlich. Wir sehen, fühlen, hören oder spüren einfach, was wir gern geschehen ließen. Dann lassen wir es los und senden es so ins Universum, wie wir es uns vorgestellt haben – in der Gewissheit, dass es auch genau so zu uns zurückkommt. Manche Menschen meinen, dass die Kraft der Manifestation verstärkt und unser Erfolg beschleunigt wird, wenn wir so dankbar sind, als ob wir das, was wir möchten, bereits empfangen hätten.

Verwenden Sie im Hinblick auf Ihren Erfolg Ihre Lieblingsform der Manifestation, sei es nun Imagination, Visualisierung, Gefühl, Willenskraft, Gespür oder Gehör. Der Schlüssel ist die Konzentration der geistigen Kraft, der Kraft des Bewusstseins. Sie können innerhalb weniger Sekunden manifestieren, wenn Sie einmal das Gefühl dafür bekommen haben. Der Geist ist kurz vor dem Schlafengehen und kurz nach dem Aufwachen am offensten. Zu diesen Zeiten hat das Ego Sie weniger in seinem Griff. Das sind also gute Zeitpunkte, um langfristige Manifestationen oder auch einfach Manifestationen für den bevorstehenden Tag in Gang zu setzen.

Ich habe diese spezielle Methode häufig eingesetzt, um alle möglichen Dinge herbeizuführen. Wir verwenden diese Kraft die ganze Zeit, um unsere Welt und das, was in ihr geschieht, zu gestalten. Nun können wir sie auch bewusst einsetzen, um das bestmögliche Ergebnis zu erzielen.

Entschiedene Hingabe

Hingabe bedeutet, sich einer Person, einer Arbeit, einer Sache oder dem nächsten Schritt verbindlich zu widmen. Wenn wir uns selbst zu einhundert Prozent geben, werden wir zum nächsten Schritt getragen, und der führt uns immer an einen Ort, der besser ist als der, an dem wir jetzt sind, obwohl dort vielleicht größere Herausforderungen auf uns warten. Unsere nächste verbindliche Entscheidung wird uns natürlich über diese hinaus führen, auf einen noch besseren Weg mit vielleicht wieder anderen Herausforderungen. Aber wir schreiten immer auf einem besseren Weg voran und können durch die Macht der vollständigen Hingabe verlorene Selbstanteile wiedergewinnen.

Verbindliche Hingabe führt zu mehr Partnerschaftlichkeit und Balance im Leben, weil sie unsere männlichen und weiblichen Kräfte ausgleicht, unser Geben und Empfangen. So entsteht mehr Flow in unserem Leben, tiefere Intimität und größerer Erfolg.

Etwas aus ganzem Herzen wünschen

Das ist die positive Seite von Sehnsucht. Je mehr wir etwas möchten, desto sicherer passiert es auch, außer wenn dabei auch eine Bedürftigkeit und eine Verhaftung im Spiel ist, hinter denen sich Angst versteckt. Wenn wir etwas aus ganzem Herzen wünschen, bewirkt dies, dass es geschieht.

Wenn wir jedoch eine Bedürftigkeit in uns tragen, so führt diese zum inneren Widerstand gegen das, was wir uns vermeintlich wünschen, und wird es blockieren. Insgeheim schieben wir es dann von uns fort, weil wir unsere Unabhängigkeit nicht verlieren wollen. Das Ego hat uns nämlich davon überzeugt, dass Unabhängigkeit kostbarer sei als Verbundenheit und Empfänglichkeit.

Jede Sehnsucht wird früher oder später zu dem Wunsch nach Einheit und alles umfassenden Einsseins führen. Bis wir das erreichen, bleibt etwas in uns unbefriedigt. Auf dem Weg zur Einheit treibt uns die Sehnsucht voran und macht uns bereit, all das zu empfangen, was der Himmel uns geben möchte. Und das ist alles Gute.

In Anspruch nehmen

Inanspruchnahme ist eine Kraft des Geistes, die zuversichtlich den Auftrag gibt, dass sich die Wahrheit ausdrücken möge, die es ja immer gibt. Inanspruchnahme bestätigt und fordert das, was wahr ist und zu uns gehört. Mit weniger müssen wir uns auch nicht zufriedengeben. Wir erkennen dabei, dass Leiden und Mangel nicht dem Willen Gottes für uns entsprechen. Wie *Ein Kurs in Wundern* sagt: »Gott ist das, was allen alles gibt.« Das heißt, dass alles, was uns fehlt, aus dem Ego und den Glaubensmustern stammt, die das Ego uns aufgeschwatzt hat. Indem wir jedoch in Anspruch nehmen, was uns zusteht, laden wir nur das ein, was ohnehin zu uns gehört, und heißen damit die Wahrheit willkommen. Wir lassen strikt alle Egobindungen und Egomotive los, die uns von dem getrennt haben, was zu uns gehört, und setzen unsere Autorität als Kind Gottes ein, um alle guten Dinge zu haben, die wir verdienen.

Gebet

Wenn Menschen beten, bitten sie manchmal um Dinge. Um etwas zu bitten öffnet einfach die Tür für das, was uns gegeben werden soll. Wenn wir inbrünstig um etwas beten, fügen wir der Kraft unserer Bitte etwas aus unserem ganzen Herzen hinzu. Das Gebet bewirkt, dass wir uns öffnen, und wenn wir offen sind, können wir empfangen.

»Wenn der Empfangende bereit ist, erscheint der Gebende«, lautet ein alter Spruch, den ich vor ungefähr zwanzig Jahren geprägt habe. Die wahre Natur des Gebets ist die innige Verbindung und Vereinigung mit Gott. Wenn wir uns mit Gott vereinen, erleben wir die Liebe und die Macht Gottes, die uns erhält. Wir erkennen die Macht unseres eigenen Geistes und unseres Willens, der eins ist mit Gottes Willen und hinter dem deshalb die ganze Kraft steht. Wir begreifen, dass es außerhalb unserer selbst nichts gibt, was wir brauchen, da Gott in uns ist und wir alles, was wir zu ermangeln glaubten, ebenfalls in uns tragen.

Wahrheit

Wahrheit geht mit Licht einher und löst Täuschungen auf. Leid kann nur aus Dunkelheit entstehen und aus den Fehlern, die *wir* in unseren Familien machen. Das bedeutet, dass Leiden auch korrigiert werden kann, weil es eben nicht die Wahrheit ist. Wahrheit durchschneidet Herzensbruch, falsche Bindungen, irreführende Wünsche, Widerstände, verborgene Motive, Hass und das Bedürfnis, etwas von außerhalb unserer selbst zu bekommen.

Sie geht durch Bewertungen, Groll und Schuld hindurch sowie durch das Bestreben, uns selbst oder andere zu bestrafen. Wahrheit bringt uns voran. Sie zeigt uns den Weg zum Glück. Wir können Wahrheit als eine Naturkraft des Geistes anwenden, um Illusionen aufzulösen. *In jeder Situation können wir Wahrheit beschwören,* um einen besseren Weg zu finden.

In allen Umständen, in denen es Leid oder Mangel gibt, können wir erklären: »Dies ist nicht die Wahrheit. Dies ist nicht, was ich möchte. Das kann nicht der Wille Gottes für mich sein, da Gott nur mein Glück will. Dies entspricht nicht dem Willen Gottes für mich. Ich möchte die Wahrheit, weil mich die Wahrheit befreit.«

Es gibt eine alte hawaiianische Methode, die man »das Schwert der Wahrheit führen« nennt. Dabei stellen Sie sich vor, dass Sie dieses Schwert in Ihren Händen halten und es verwenden, um all das zu durchtrennen, was nicht Liebe und Glück ist. Sie benutzen es, um Verhaftungen, Täuschungen, Leid und Widerstand zu durchschneiden.

Wunder

Wunder gehören zu unserem natürlichen spirituellen Erbe. Leider haben die meisten Menschen dieses Erbe tief ins Unbewusste verdrängt. Wunder bauen auf dem Vertrauen auf, über eine gegenwärtige leidvolle Situation hinauszuschauen und eine echtere Wirklichkeit zu erkennen. Die Liebe, die wir einer Situation oder einer Person schenken, die ihrer bedürfen, wird zu einem Kanal, durch den die Liebe Gottes einströmen und sich über die Naturgesetze erheben kann. Wunder erschaffen Licht, bringen den »Ablass« von Leid und lösen Illusionen auf. Wunder sind Interventionen des Himmels, die zu uns gelangen, und die Spanne des Leidens auf Erden verringern, indem sie eine spezielle schmerzliche Situation transformieren. Ein Wunder ist die höchste Kraft des Geistes. Es erinnert uns an unsere wahre Wirklichkeit und Identität, daran, dass wir Spirit sind.

Die größten Fehler in Familien: 8 – Rivalitäten und Konkurrenzmuster

All unsere Konflikte mit anderen kommen aufgrund von Konkurrenzmustern zustande. Rivalitäten sind eine Verirrung, ein Fehler. Wettbewerbsdenken führt zu Konflikten in uns selbst und außerhalb unserer selbst. Das aufzugeben bedeutet nicht, sportliche Wettkämpfe oder Spiele aufzugeben oder nicht mehr nach Exzellenz im Beruf zu streben. Es heißt auch nicht, dass wir nun nicht mehr für das belohnt oder ausgezeichnet würden, was wir leisten. Vielmehr bedeutet es, dass wir die Betonung nicht mehr auf das *Gewinnen,* also auf einen *Sieg* legen, sondern stattdessen auf *Erfolg*.

Stellen Sie sich eine Welt vor, die nicht auf Angst, Mangel und Habgier beruht, sondern auf Gegenseitigkeit, Achtung und Zusammenarbeit. Das wäre doch eindeutig eine Welt, in der mehr Fülle besteht, an der jeder teilhaben kann. Es wäre eine Welt der Verbundenheit und der Freundschaftlichkeit. Wir würden erleben, dass jeder ein Mitglied im selben Team ist. Wenn die Welt Verbundenheit erfahren soll, dann geht das nur, wenn wir ein Leben führen, in dem wir aufhören uns selbst und andere zu Objekten zu machen, wie es im Konkurrenzdenken geschieht.

Rivalität basiert auf Angst, Trennung und Abspaltung. Wir versuchen, so viel wie möglich zu bekommen, während wir so wenig wie möglich geben. Wir versuchen zu nehmen, ohne in echten Kontakt zu gehen. Das beraubt die anderen Menschen und wir fühlen uns vielleicht, als ob wir gewonnen hätten, weil wir überlegen scheinen. Es schafft jedoch die Voraussetzungen für Streitigkeiten oder für einen Rückzug, der Leblosigkeit nach sich zieht – und das alles, weil wir versuchen, nicht zu verlieren. Bonding, Herzensverbindungen, beruht dagegen auf Wechselseitigkeit und Ebenbürtigkeit. Es schafft die Grundlage für eine natürliche Dynamik des Gebens und Empfangens. So überwinden wir Unabhängigkeit und entwickeln uns weiter. Wir gewinnen unsere weibliche Seite zurück, damit wir empfangen können und einfühlsam werden. Wir gelangen zu Partnerschaftlichkeit und zum Energiefluss der Interdependenz, der Verknüpfung und Verbindung.

Um Interdependenz zu erreichen, jenes Stadium des ebenbürtigen, achtsamen Austauschs, müssen wir uns unserer Angst stellen, die Vorstellung aufgeben, dass alles nach unserem Willen gehen soll, und schließlich das verlorene Bonding wieder wertschätzen. Wir befürchten, unsere Unabhängigkeit zu verlieren, und diese Angst erzeugt eine Ambivalenz in Bezug auf Liebe und Erfolg. Das Ego versucht das dadurch zu kompensieren, dass sich im Leben alles nur noch um uns selbst drehen soll und wir möglichst das meiste und Beste von allem bekommen sollen. Das führt einerseits zu Suchtmustern und zu Habgier, andererseits zu Aufopferung und Auseinandersetzungen, mit denen wir für die Schuldgefühle bezahlen, die uns wegen unserer Genusssucht plagen und deswegen, weil wir nur nehmen.

Wenn Familien verbunden sind, werden wir reif für eine neue Gesellschaftsform, eine neue Wirtschaftsordnung, eine neue Art, Geschäfte zu machen. Die Ressourcen, die Mittel und Möglichkeiten, die wir in Situationen verlieren, die auf Sieg und Niederlage beziehungsweise Gewinn und Verlust hin angelegt sind, erlangen wir zurück, wenn wir uns auf ein System einlassen, in dem alle Beteiligten gewinnen, also auf »Win-Win-Situationen«. Wenn wir uns dann weiterentwickeln, gibt es überhaupt nur noch Win-Situationen, weil wir zusammenarbeiten und uns als ein einziges Team betrachten. Wir wirken dann als ebenbürtige Partner zusammen und setzen uns dafür ein, dass das bestmögliche Ergebnis für alle erzielt wird.

Die verborgene Tigerin

Gerry kam zu mir in eine Sitzung, weil sie nichts mehr für ihren Freund empfinden konnte und sich fragte, ob es Zeit sei, Schluss zu machen. Obwohl sie zehn Jahre lang durch Höhen und Tiefen gegangen waren, empfand sie die Beziehung jetzt so, als ob es keine Gefühle mehr gäbe.

Ich erklärte ihr, dass jedes Paar irgendwann durch eine »tote Zone« geht, aber Gerrys Probleme schienen tiefer zu liegen. Sie steckte auf der Ebene der Unabhängigkeit fest und teilte mir mit, dass sie schon seit Jahren nicht mehr viel gefühlt habe.

Gerry war eine attraktive junge Frau. Als ich sie fragte, wann sie ihr Herz und ihre Fähigkeit zu fühlen verloren hatte, tauchte intuitiv das Alter von zwei Jahren in ihr auf, als ihre Schwester geboren worden war. In der Folge war Gerry in eine Trotzreaktion gefallen, die sich als Rückzug in sich selbst äußerte. Ich machte sie darauf aufmerksam, dass Rückzug eine Form von Wut ist, und fragte sie angesichts der Stärke ihrer Symptome, wie viele Wut- und Ärger-Verschwörungen sie in sich habe.

Gerry antwortete: »Siebenundvierzig.«

Die Abspaltungen der Dissoziation waren so tief, dass ich sie fragte, wie viele Schritte sie sich damals von ihrem Leben und ihrer Familie entfernt hatte. Sie antwortete: »Vierundfünfzig.« Als Nächstes fragte ich sie, wie viel von sich selbst sie damals fortgeworfen habe, und sie sagte: »Neunzig Prozent.«

Ich lud sie ein, diese neunzig Prozent wieder willkommen zu heißen, und das tat sie auch – mit geschlossenen Augen und einem süßen Lächeln. Als sie die Augen wieder öffnete, wirkte Gerry strahlender und ich bat sie, das zweijährige Mädchen in die Arme zu schließen und vorwärtszugehen, um die vierundfünfzig Schritte ihres Rückzugs vom Leben wieder einzuholen.

Als Gerry nach dieser Übung die Augen öffnete, war sie stärker und gefestigter. Dann bat ich sie, dem Himmel ihre Wut-Verschwörungen zurückzugeben und zu beobachten, welche Gabe sie dafür vom Himmel erhielt. Als Gerry einige Minuten später erneut die Augen öffnete, sagte sie, sie spüre eine neue Qualität von Vertrauen und fühle sich auch insgesamt stärker als jemals zuvor, so lange sie sich erinnern könne.

Wir entdeckten im Laufe der weiteren Arbeit, dass Gerry ihr gebrochenes Herz in Zusammenhang mit ihrer Schwester benutzt hatte, um sich vom Leben und sich selbst zurückzuziehen. Aber darunter lag noch eine andere Schicht der Dissoziation. Als wir darüber sprachen, wurde deutlich, dass Gerry eine Reihe von Ödipus-Verschwörungen in sich trug. Sie hatte ihr wegen der Geburt ihrer Schwester gebrochenes Herz benutzt um zu verbergen, dass sie sich gefühlt hatte, als habe sie Papa von Mama »gestohlen«. Sie hatte das gebrochene Herz also benutzt, um ihre (vermeintlichen) Konkurrenzmuster zu verstecken.

In der Folge hatte Gerry ihre Schönheit, ihre Feinheit und ihre Sexualität unterdrückt und auch ihre Aggression abgespalten und verdrängt, indem sie sie als schlecht verurteilte. Und so trug sie nun achtzehn Kämpfer-Schattengestalten in sich. Als Gerry diese Kämpfergestalten und ihre reine Energie wieder integrierte und die Ödipus-Verschwörung sowie die Verdrängung losließ, spürte sie allmählich ihr Herz, ihre Leidenschaft und ihre Sexualität wieder. Ich lud sie dann ein, ihre Schönheit und Attraktivität ebenso anzunehmen wie ihre Sexualität und ihre Aggression. Dann bat ich sie, es dem Himmel und ihrem höheren Selbst zu überlassen, die Aggression in Kraft zu verwandeln. Die verwandelte Aggression würde sich als ein großer Aktivposten für ihre Beziehung und ihr Leben erweisen.

Nach all diesen Übungen konnte Gerry ihr Herz, ihre Sexualität und ihre Lebensfreude wieder erfahren und leben. Ich erzählte ihr dann, dass sie die Eigenschaften einer Tigerin mit einem natürlich hohen Maß an sexueller Energie habe. Ihre Aggression diente der Verlagerung ihrer sexuellen Energie, aber sie hatte diese Energie so stark verdrängt, dass sie noch nicht einmal mehr ihre Gefühle spüren konnte. Die meisten »Tiger« erleben trotz ihrer Unabhängigkeit, dass sie zu viel fühlen. Ich hatte Gerry schon darauf aufmerksam gemacht, dass sie nie wirklich glücklich sein würde, wenn sie nicht ganz sie selbst war. Sie wollte eine Tigerin sein, um etwas in diesem Leben zu vollbringen. Doch wie die meisten Verschwörungen zeigte auch dieser Rückzug von sich selbst, von ihrer Persönlichkeit und ihren Zielen, dass sie Angst vor ihrer Bestimmung hatte und etwas in der Familie als Vorwand benutzte, um sich selbst wegzuwerfen. Die meiste Zeit ihres bisherigen Lebens war sie eine »verborgene Tigerin« gewesen.

In dieser Sitzung bestand meine Gabe für Gerry darin, ihr zu helfen, die zynische Einstellung zu überwinden, die begann, als sie sich mit zwei Jahren von sich selbst abgespalten und weggeworfen hatte.

Allmählich nahm Gerry ihre sexuelle Energie und Leidenschaft wieder an und verwendete diese Energie zusammen mit transformierter Aggression, um Chakra für Chakra weiter nach oben zu gelangen und dabei immer stärker und strahlender zu werden.

Dies begann mit dem *ersten* Chakra und den Energien der Vitalität und Sexualität.

Danach ging es weiter zum *zweiten* Chakra für Sexualität und Selbstwert,

dann zum *dritten* Chakra für Erfolg und Macht,

dann zum *vierten* Chakra, damit ihr Herz in wahrer Liebe erblühen konnte,

danach zum *fünften* Chakra am Hals, um Einfühlsamkeit, Kraft und Kommunikation zu stärken,

zum *sechsten* Chakra am dritten Auge, um Kreativität und die Fähigkeit der Vision zu fördern,

und zum *siebenten* Chakra für Segen, Gnade und Wunder.

Gerry ging als von ihren Ketten befreite Tigerin mit strahlendem Herzen aus den Sitzungen hervor. Sie sah, wie sie ihre Familie benutzt hatte, um sich zu verstecken und nicht zu zeigen. Das hatte die Dissoziation von ihrem Freund und ihrem Leben verursacht. Die Tigerin war nicht mehr verborgen und Gerry war glücklich, die Kraft ihres Herzens und ihre eigene Stärke wieder zu spüren.

10
Bonding – Die Essenz des goldenen Lebens

Bonding

In den frühen 1980er-Jahren, als ich immer mehr in tieferen Schichten des Bewusstseins arbeitete, begann ich das Prinzip zu verstehen: Es handelt sich immer um Beziehungen und deshalb sind alle Probleme Beziehungsprobleme. Die Symptome von Trennung zeigen sich in Schwierigkeiten in unseren Beziehungen. Überall dort, wo wir keine Verbundenheit erleben, entsteht früher oder später ein Thema oder sogar ein Problem. Jedes Problem und jedes Trauma sind anklagende Zeigefinger, die auf einen anderen Menschen weisen. Es gibt kein Problem, an dessen Wurzel nicht auch Groll und Vorwürfe stecken. Hader und Anklagen blockieren Segen, Gnade und Wunder. Anklagen und Urteile führen dazu, dass es zwischen uns und anderen zur Trennung kommt.

Im tiefsten Reich des Bewusstseins muss diese Trennung jedoch eine Illusion sein, da wir das reine Licht des Geistes sind. Physiker beschreiben dieses Licht ebenso wie Mystiker. Es wird verdeckt von Ichvorstellungen und aus diesen begrenzten Selbstbildern erwachsen Konflikte, Angst, Schuld,

Widerstände, Konkurrenzmuster und gebrochene Herzen. Auf den Rat des Egos hin führen Schuld und Schmerz in unserem Bewusstsein dazu, dass wir uns absondern, dass wir verdrängen und schließlich alles, was wir bewertet und von uns abgespalten haben, nach außen projizieren. Und doch gibt es in Wahrheit eine grundlegende Verbundenheit zwischen uns und anderen. Es gibt Verbindungen der Liebe zwischen uns. Je mehr wir verurteilt und uns dissoziiert haben, desto stärker werden diese Verbindungslinien des Lichts verdunkelt oder aufgrund von Leid scheinbar durchtrennt. Und dennoch gibt es unterhalb der Illusion der Trennung nur Verbundenheit und Bonding und noch tiefer darunter die Erfahrung von Einheit.

Alle Probleme entstehen aufgrund von Trennung. Wenn Liebe, neuerliche Verbindung und Vergebung uns also wieder zusammenbringen, wird die Verbundenheit, die es immer schon gab, erneut offenbar.

Bonding als Heilungsübung

Sich mit einem anderen Menschen vom Herzen her zu verbinden, heißt, auf einer tieferen Ebene mit ihm verbunden zu sein. Dies geschieht, wenn wir lieben, wenn wir geben und wenn wir helfen. Jemandem zu vergeben bedeutet, Vorwürfe zwischen sich auszuräumen. Dann kann echte Verbundenheit entstehen und es kann sogar Wunder geben. Mit jemandem verbunden zu sein heißt, sich im Bewusstsein verbunden zu wissen. Eine Möglichkeit einer so innigen Verbindung ist, dass wir uns als ein Wesen, als ein

Sein betrachten – dass wir alles spüren, was es zwischen uns gibt, damit wir uns dann wahrhaft vereinen* und dabei allen Schmerz, alles Leid und die Absonderung abschmelzen, die uns zu trennen scheinen. Wir sehen uns dann als ein Wesen mit zwei Körpern.

Diese Methode der Verbundenheit als zwei Körper eines einzigen Wesens wurde vor allem von buddhistischen Mönchen als Weg zur Erleuchtung entwickelt. Das ist echte Verbundenheit, die durch Einlassen auf echte Begegnung erzielt wird. Da sind Emotionen wie die Spreu, die zwischen uns weggeblasen wird, damit nur noch das Korn der Liebe übrig bleibt. Dies ist der Weg der mutigen weiblichen Kraft, die uns hilft, unser Herz zurückzugewinnen, das Männliche und das Weibliche in ein Gleichgewicht zu bringen und Partnerschaft zu erreichen.

Bonding, innige Verbundenheit, kann man auch erlangen, indem man sich eine Lichtschnur zwischen Menschen vorstellt, über die Licht hin und her läuft. In Situationen, in denen es mehr als zwei Menschen gibt, können wir uns vorstellen, dass diese Lichtschnur von uns ausgeht und zu jedem geht. Je mehr wir dies tun, desto mehr werden sich die Lichtverbindungen verändern und uns eine neue Wahrnehmung ermöglichen, mit der wir die Situation auf heilende Weise betrachten können. Wenn wir anderen nä-

* In der Vorlage spricht der Autor von »joining«. Im Deutschen sind jedoch »bonding« und »joining« praktisch gleichbedeutend. In der *Psychologie der Vision* wird diese Verbindung von »joining« in Seminaren zum Beispiel durch länger anhaltendes Schauen in die Augen eines anderen Menschen bewirkt. Zur weiteren Differenzierung von »joining« und »bonding« siehe auch *Es muss einen besseren Weg geben* im Anhang. (Anm.d.Ü.)

her kommen, erleben wir mehr Einheit und Probleme verschwinden. Die Situation verliert dann alles Schmerzliche und problematische Erfahrungen verwandeln sich in erlöste Erlebnisse.

Beim Bonding senden wir einfach Lichtlinien von uns zu jedem, der mit der Situation zu tun haben könnte, und lassen zwischen allen Beteiligten solche Lichtlinien entstehen. Damit, dass man diese Form der Verbindung in eine schlimme Situation aus der Vergangenheit bringt, kann man das Trauma und den posttraumatischen Stress transformieren. Gefühle, verlassen oder abgelehnt worden zu sein, und Herzensbrüche beginnen sich aufzulösen. Schuldgefühle haben keinen Bestand, wo wir wirklich miteinander verbunden sind, denn Schuld ist Rückzug und Verbindung ist Begegnung. In der innigen Begegnung mit anderen werden wir eins mit uns selbst und verändern die innere Topographie unseres Bewusstseins genauso wie unsere äußeren Beziehungen. Damit sind wir auch in der Lage, uns noch mehr für Gnade zu öffnen. Wenn wir uns verbinden, haben wir eine Verbindung mit dem Himmel. Wenn wir einen anderen Menschen lieben, öffnet uns das nicht nur für himmlische Gefühle, sondern auch für den Himmel selbst.

Bonding erzeugt Flow, Verbundenheit bringt Energiefluss hervor. Damit stellen sich auch Erfolg und Leichtigkeit ein. Wenn wir uns also für die Verbindung mit jenen öffnen, die uns nahe stehen oder denen gegenüber wir Groll hegen, dann bringt uns das neben der Erfahrung von mehr Intimität und Freude auch mehr Erfolg. Wenn genug Verbundenheit entstanden ist, gelangt man zu echter Partnerschaft. Und wenn wir dann weitermachen, werden wir eins, und zwar in einem Maße, dass wir nur noch staunen können. Wenn wir ganz mit etwas oder jemandem eins geworden sind, erfahren wir Ekstase. Wir schauen dann über unsere geschützten Bewertungen hinaus und erfahren in der Folge Liebe und Schönheit. Bonding öffnet uns für das Leben und die Mitmenschen, für Glück und Chancen.

Der deutsche Dichter Rilke hat einmal davon gesprochen, dass man sich einem Kunstwerk nur mit Liebe nähern sollte. Wie viel mehr verdienen es Menschen, dass wir ihnen mit einer Liebe begegnen, die uns verbindet. Der russische Poet Jewtuschenko hat gesagt, dass Menschen Mysterien sind, jeder einzelne eine Welt für sich. Diese Mysterien erkennen wir nur, wenn wir sie mit den Augen der Liebe betrachten, denn Bewertungen zeigen uns nur das, was unsere eigenen Schuldgefühle auf einen anderen Menschen gemalt haben.

Wir können alle Vorwürfe durch Liebe und Wunder ersetzen. Lassen wir Freude zum vorherrschenden Gefühl werden, da Freude unsere Verbundenheit stärkt und die Mauern des Egos zum Einstürzen bringt, die uns voneinander trennen. Bonding erlaubt zunächst Authentizität, danach Kreativität. Wir sind dann wir selbst und handeln auf eine Weise, die alle Menschen vorwärtsbringt. Zuwendung in Verbundenheit ist die Antwort auf eine Welt der Absonderung.

In unserer Zeit, in der sich die Bewusstseinsentwicklung beschleunigt hat, findet tiefere Verbundenheit statt. Das Bewusstsein der Welt wächst in Partnerschaftlichkeit hinein. Mit der Verbundenheit von Partnerschaft handeln Menschen mehr und mehr im Sinne von gemeinsamem

Nutzen und geteiltem Leid. Die Ethik von Bonding erzeugt Partnerschaft und das führt zu mehr Leichtigkeit, sodass wir noch größere Herausforderungen gemeinsam bestehen können.

Und wenn wir die Verbundenheit untereinander weiter vertiefen, finden wir auch neue gemeinsame Antworten. Die auf Konkurrenzmuster und Rivalitätsdenken eingestellten Muster der Habgier werden durch Gemeinschaftlichkeit, Verbundenheit und Fülle ersetzt. Es gibt mehr Freundschaft anstatt der »Jeder-für-sich-selbst-Haltung«, die für Unabhängigkeit so charakteristisch ist. Bonding gleicht unser Geben und Empfangen aus. Es balanciert auch unsere Männlichkeit und unsere Weiblichkeit aus, sodass wir nicht länger in einer übertriebenen Männlichkeit verharren mit ihrer Unfähigkeit zu empfangen und der Leblosigkeit und dem Burnout, zu denen sie führt.

Schon seit Langem bin ich davon überzeugt, dass Bonding die Erde vor den vorhergesagten Katastrophen und Kataklysmen der Zukunft bewahren wird. Verbundenheit führt zu einer Entwicklung des Bewusstseins auf dem ganzen Planeten. Das wird das kollektive Unbewusste der Menschheit heilen und auch alle dunklen Stellen der Weltgeschichte. Damit wird auch das kollektive Ego abgeschwächt, das Prinzip der Trennung, das im Alltag unserer Welt ständig Unheil anrichtet.

Wenn wir den Code der Familienverschwörung geknackt haben, bleiben nur noch Verbundenheit und Partnerschaft. Indem wir uns jeden Tag neu für Bonding statt für Bewertungen entscheiden, machen wir unsere weibliche Seite mit ihrer Fähigkeit zu empfangen wieder lebendig, und damit lassen wir Belohnung und Freude an unserer Arbeit und am Leben zu. Diese Verbundenheit erlaubt uns dann, die tief im Unterbewusstsein eingebetteten Muster aufzugeben, die mit unserer ursprünglichen Opfererfahrung zu tun haben. Damals ging es um Wut und Rache in der Beziehung zu unseren Eltern und um unsere Unabhängigkeit. Wir können dann das gespaltene Bewusstsein aufgeben, hinter dem wir unsere Auflehnung, unsere Muster und unsere Gegensatz-Geschichten verstecken, die allesamt eine Rebellion gegen unsere Natur, gegen den Spirit und gegen Gott darstellen.

Über Bonding können wir eine globale Gemeinschaft aufbauen, die Grenzen, Rassen, Religionen und andere Glaubensmuster überwindet, die wir benutzt haben, um Trennung zu erreichen. Mit Bonding gelangen wir zu Integration und zu einer Haltung, die Machtkämpfe und Unterschiede überbrückt. Damit bekommen wir das Beste beider Seiten. Mit Verbundenheit wird jeder der Bestmögliche und alles das Bestmögliche und das Leben wird leicht. Kreativität und Vision stellen sich ein. Die chronischen Probleme, die Negativität und die Verschwörungen der Menschen gegen sich selbst fallen weg und die Menschen leben ihre Bestimmung. So leisten sie einen enormen Beitrag, um ihre heiligen Seelenversprechen einzulösen.

Bonding führt nicht zu jener langweiligen Gleichheit, die als Folge von Unterdrückung oder Starrheit entsteht. Vielmehr kommt es zur Vielfalt einer Gemeinschaft, die Harmonie und glückliche Übereinstimmung erzeugt. Wir werden von Freude berührt. Wir werden veranlasst, Vielfalt zuzulassen. Originalität und Genie werden alltäglich.

Wir haben die Leblosigkeit der Familienverschwörung überwunden. Wir brauchen keine bewussten Grenzen mehr zu errichten, um uns vor Aufopferung und Fusion zu schützen, was ohnehin nur zu einem nie enden wollenden Kampf führen würde. Auf der unterbewussten Ebene der Rollen und auf der unbewussten Ebene der Skripte und Verschwörungen kommt es eben zu Fusion und Aufopferung. Dagegen bewusste Grenzen zu errichten, würde ständige Aufmerksamkeit erfordern. Und Grenzen zu setzen wird einen nie zur Partnerschaft bringen, weil das bewusste Setzen von Grenzen zu leicht vom Ego und seinem Bedürfnis nach dissoziierter Unabhängigkeit vereinnahmt und missbraucht wird. Grenzen werden durch das Wiederherstellen von Verbundenheit auf ganz natürliche und mühelose Weise gesetzt.

Es bedarf nur einer kleinen Bemühung unsererseits, um uns zu verbinden. Dass es überhaupt einen gewissen Einsatz braucht, liegt an unseren Abwehrhaltungen. Es geht in Wahrheit darum, die Illusion der Getrenntheit zu beseitigen. Unsere Bemühung stellt Bonding als die wahre Ordnung wieder her, und danach geht alles mühelos vonstatten. Nur durch Verbundenheit entstehen Ebenbürtigkeit, Gegenseitigkeit und Freundschaft. Und nur, wenn wir diese erleben, erhaschen wir einen Einblick in das goldene Leben.

Evolution ist einfach nur größere Verbundenheit, die zu größerer Freiheit führt und zu Unschuld. Bonding öffnet den Geist für Inspiration und nimmt die große Bürde der Familie von unseren Schultern. Wenn wir unsere Familien auf dem Rücken schleppen, tragen wir ziemlich sicher auch die Welt auf unseren Schultern.

Vor vielen Jahren hat mein Freund, Dr. Christian Larsen, der Begründer der Spiraldynamik (einer speziellen Methode, um Beschwerden des Körpers auf der Grundlage von physikalischen Erkenntnissen zu heilen) gesagt, meine Plattfüße seien ein sicheres Anzeichen dafür, dass ich meinte, die Welt auf meinen Schultern tragen zu müssen. Ich weiß, dass dies begann, als ich als kleiner Junge anfing, die Familie zu tragen, um mich selbst zu verstecken. Meine Familie und unsere Probleme wurden zum besten Vorwand, um in die Falle zu tappen und verborgen zu bleiben.

Nun, da ich begonnen habe, den Code der Familienverschwörung zu knacken, entwickle ich zum ersten Mal in meinem Leben Fußgewölbe. Aber mehr noch als leicht gewölbte Füße machen die innere Freiheit, die ich erreicht habe, und die Liebe, die ich für andere empfinde, mein Leben reich. Während die Verbundenheit immer weiter wächst und ich immer mehr versteckte Vorwürfe, alten Hader und Missverständnisse finde und loslasse, erfreue ich mich an dem Erfolg, der damit einhergeht. Ich schaffe jetzt viermal so viel Arbeit, wie ich vor zwanzig Jahren leisten konnte, und sie fällt mir leichter und macht mehr Spaß. Ich weiß, dass der Weg, auf dem es im Leben vorwärtsgeht, auf Bonding beruht, auf Verbundenheit und auf deren Ecksteinen Liebe, Vergebung, Hingabe und Empfänglichkeit.

Verbundenheit macht die ganze Welt sicherer und gütiger. Sie wirkt auf eine freundschaftliche Lebensweise hin und baut Fülle und spielerische Kreativität auf. Ich hatte meine Unabhängigkeit zugunsten eines besseren Weges aufgegeben. »Nach meinem Willen« war noch nie die richtige Lösung. Wenn ich mich jetzt selbst dabei ertappe, dass ich in der Trennung bin, lasse ich meinen Eigenwillen zugunsten des wahren und besseren Weges los. So sind Leblosigkeit und Burnout zu Erfahrungen aus der Vergangenheit geworden.

Bonding macht uns nicht nur lebendig, sondern sorgt auch dafür, dass wir selbst zu Menschen werden, die Leben in jede Situation bringen. Und das ist es, was uns erfüllt. Auch wird die Welt auf diese Weise ein viel lustigerer Ort, weil wir wieder zu unserem eigenen Lachen zurückfinden.

Vor ungefähr acht Jahren erreichte ich einen Ort der inspirierten Erforschung tief im Geiste, an dem mir offenbar wurde, *dass unsere Generation versprochen hat, Bonding zurückzubringen.* Das ist natürlich eine große Aufgabe. Um sie zu erfüllen, müssen wir die dunklen Geschichten und die selbstgerechte Entrüstung überwinden, die aus der Familien- und der Ödipus-Verschwörung stammen. Bonding bringt immer mehr Bewusstheit mit sich und wenn echte Bewusstheit zunimmt, wächst auch die Freude.

Die größten Fehler in Familien: 9 – Festhalten

Immer wenn ich in einem Workshop oder einer persönlichen Coaching-Sitzung mit einem neuen Klienten arbeite, höre ich auf das, was er mir sagen möchte. Manche Klienten möchten ihre Lebensgeschichte erzählen. In den vielen Jahren habe ich sehr viel über Geldprobleme, Gewalttätigkeit, sexuellen Missbrauch und Beziehungsprobleme aller Art gehört. Wenn es um einen Verlust durch den Tod eines

Menschen geht oder um eine Exbeziehung, die der Klient nicht loslassen kann, beginne ich an dieser Stelle. Ich habe herausgefunden, dass ein Verlust, den der Klient nicht hat verwinden können, ein Schlüsselereignis darstellt, um das man sich zuerst kümmern muss, bevor man andere Traumen wirkungsvoll behandeln kann.

Dass der betreffende Klient seit einer bestimmten Zeit an einem Verlust leidet, bedeutet, dass die Trauer noch nicht abgeschlossen ist und sich Depression eingestellt hat. Wenn ich Menschen helfe, den Prozess des Loslassens abzuschließen, heilen sie, wenden sich vom Tod ab und dem Leben wieder zu. Ich habe festgestellt: Wenn Menschen aufgrund eines Verlustes, den sie erlitten haben, niedergeschlagen sind, sind sie nicht sehr ansprechbar dafür, sich mit dem zu beschäftigen, was sie noch heilen müssen, bevor ihre Trauer wirklich abgeschlossen ist.

Man kann einen Menschen jedoch motivieren loszulassen, indem man erklärt, dass eine tiefere Verbundenheit erst stattfinden kann, nachdem die Verhaftung gelöst wurde. Denn dass eine Person über ihren Körper hinausgegangen ist, bedeutet ja nicht, dass die Beziehung vorbei oder die Kommunikation beendet wäre. Ich frage die Klienten dann, was ihrer Ansicht nach die Erinnerung an den Menschen, der gestorben ist, mehr ehren würde: dass sie den Verlust so schwer nehmen oder dass sie loslassen, um all die Liebe zu spüren, die dieser Mensch ihnen gegeben hat, um sie mit anderen zu teilen? Noch jedes Mal haben mir die Klienten auf diese Frage versichert, dass der verstorbene Mensch überhaupt nicht glücklich wäre, wenn die Hinterbliebenen niedergeschlagen wären oder den Kopf hängen ließen. Alle haben bestätigt, dass die Menschen »auf der anderen Seite« definitiv wünschen, dass ihr Leben gefeiert wird, indem man es loslässt und stattdessen all die Liebe spürt, die sie für die »Hiesigen« hatten und noch haben. Ich erinnere die Klienten auch daran, welche Auswirkungen ihre Niedergeschlagenheit auf ihre Partner und Kinder hat. Bisher konnten noch alle die Verhaftung an den Verstorbenen lösen und ihn oder sie an Gott oder das Leben übergeben. Das ist eines der größten Geschenke, das sie ihnen geben konnten – weil es ja auch eines der besten Geschenke ist, welches sie selbst je erhalten haben.

An einer Beziehung festzuhalten, die vorbei ist, kann genauso verderblich sein, wie sich dem Tod zuzuwenden. Die einzige Hoffnung in Beziehungen oder auch nur die geringe Chance, doch wieder mit dem anderen zusammenzukommen, besteht darin, vollständig loszulassen.*

Ich habe im Unterbewusstsein verblüffende Beweise dafür gefunden, dass wir keinen Menschen verlieren und dass keine Beziehung endet, solange nicht beide übereinstimmend davon ausgehen, dass es vorbei ist. Dies geschieht vielleicht nicht bewusst, aber es passiert immer. Wenn es sich um eine wichtige Beziehung handelt, dann kann deren Beendigung eine Lektion sein, die uns unsere Seele zu lernen aufgegeben hat. Falls wir früher noch nicht gelernt haben loszulassen, dann ist das jetzt eine echte Herausforderung für uns. Jeder Verlust ist das Signal für eine bevorstehende Neugeburt, die stattfindet, sobald wir loslassen.

* Siehe auch mein Buch: *50 Wege loszulassen und glücklich zu sein: Wegweiser, Vergangenes loszulassen und glücklich in der Gegenwart zu leben;* erschienen bei Via Nova 2007. (Anm.d.A.)

Ich habe festgestellt, dass sich eine bessere Situation immer dann einstellt, wenn wir wirklich loslassen!

Loszulassen erzeugt Flow, bringt Energiefluss hervor. Festhalten bewirkt, dass wir in einer miserablen Emotion stecken bleiben, bringt einen geliebten Menschen aber nicht zurück. Festhalten führt nur zu Trauer, Schuldgefühlen und Niedergeschlagenheit. Unsere Fähigkeit, negative Gefühle und Ereignisse von früher loszulassen, macht es hingegen möglich, dass sich das Leben in einem leichten Fluss weiter entfaltet. Festhalten ist eine der schlimmsten Fallen des Lebens. Was auch immer in unserem Leben »schlecht« gewesen sein mag, es kann Schicht für Schicht geheilt werden, und zwar ein für alle Mal. Es hängt nur davon ab, wie sehr wir loslassen.

Zu viele von uns sind deprimiert, weil sie die Familie, so wie sie in den glücklichen Tagen war, nie losgelassen haben. Das zieht alle möglichen negativen Wirkungen nach sich, zum Beispiel für unsere Fähigkeit, Erfolg im Leben zu haben und ein glücklicher Partner beziehungsweise eine glückliche Partnerin zu sein.

Wenn wir nicht loslassen, bleibt ein Teil von uns in der Vergangenheit stecken und wir können nicht weiter vorwärts auf eine neue Ebene des Erfolgs gehen. Es ist paradox, stimmt aber: Wenn wir loslassen, nutzen wir das, was wir verloren haben, als Sprungbrett für eine Neugeburt. Es ist Zeit, die Vergangenheit loszulassen, weil dann der Horizont unserer Zukunft größer und heller wird und wir uns weiter öffnen können, um die Gegenwart zu empfangen und zu genießen.

Das Idol der Depression

Ein Idol ist ein falscher Gott, den wir anbeten, weil wir meinen, er würde uns retten oder glücklich machen. Die beste Verteidigung für ein Idol, die beste Möglichkeit, seine Existenz zu erhalten, besteht darin, es in die tiefsten Schichten unseres Unbewussten zu verbannen. Ich habe Idole vor Jahren bei der Lektüre von *Ein Kurs in Wundern* entdeckt. Seither habe ich viele Belege gefunden, die das Modell von Idolen als besonders tiefe Falle bestätigen. Ich habe aber auch Wege gefunden, um sie zu heilen und zu beseitigen. Wie die meisten Fallen des Unbewussten sind auch Idole davon abhängig, unentdeckt zu bleiben. Sobald wir sie entdecken, fangen wir an zu überlegen, ob sie die gewaltigen Bemühungen wert sind, die wir zu ihrer Verteidigung und Anbetung aufgewandt haben. Es gibt scheinbar eher positive Idole wie Geld, Macht, Ruhm, Drogen, Essen, Sexualität, Verliebtheit, Beziehungen, Selbstbilder und den Körper. Andere sehen schon auf den ersten Blick dunkel und schmerzhaft aus: Kreuzigung, Grausamkeit, Leid, Krankheit, Angst, Schuld, Rache und so fort. Zur letzten Gruppe gehört auch Depression beziehungsweise Niedergeschlagenheit.

Die Weltgesundheitsorganisation (WHO) hat Depression als Nummer eins unter allen Gesundheitsbeschwerden ausgemacht. Sie ist sogar noch weiter verbreitet als Krebs und Herz-Kreislauf-Erkrankungen. Depression entsteht aufgrund dessen, was wir nicht haben verwinden können. Sie ist eine nicht abgeschlossene Trauer, ein nicht beendetes emotionales Problemthema. Depression trennt uns und veranlasst uns, uns von anderen und der Welt zurückzuziehen. Sie verschärft den Teufelskreis von Trauer und Schuld und wir ziehen uns noch weiter zurück. Wenn wir einen Verlust erlitten haben, dann war das ein Verlust von etwas, das uns nicht länger dienen konnte. Depression ist der Verlust, über den wir irgendwie nie hinwegkommen. Sie macht uns taub für den Aufruf zur Neugeburt auf einer neuen Ebene.

In der Arbeit mit Klienten habe ich in Zusammenhang mit der Entfaltung des Unterbewusstseins eine meiner größten Überraschungen erlebt. Ich habe festgestellt, dass es Verluste gibt, die aufgrund von Glaubensmustern, der eigenen Absicht (!) und einem Mangel an Wertschätzung für das, was verloren geht, entstehen. Auf der Ebene des Unbewussten kann ein Verlust als Seelenlektion arrangiert sein, um unser Bewusstsein zu erhöhen und zu erweitern. Alle drei Antriebskräfte können zu Verlust führen, obwohl dieser Mechanismus meistens abgespalten, geleugnet und verdrängt wird. Wenn wir zum Beispiel eine eng verbundene Familie nicht schätzen, kann das in dem Bestreben, Unabhängigkeit zu erlangen, zu einem Verlust führen. Wenn wir absichtsvoll etwas verlieren, dann nur deshalb, weil wir meinen, dafür etwas Besseres gewinnen zu können. Die Verantwortung für die eigenen Verluste zu übernehmen ist ein wesentlicher Schritt zu Eigenverantwortung und menschlicher Reife. Dass wir uns selbst zur Rechenschaft ziehen bedeutet, dass wir zu hundert Prozent für alles verantwortlich zeichnen, was uns je geschehen ist, und uns zugleich als völlig unschuldig betrachten – trotz unserer fehlerhaften oder irrtümlichen Entscheidungen und dem Leid, das wir als deren Konsequenz erfahren.

In den 1970er-Jahren habe ich begonnen, diese Art von Verlust in Beziehungen zu erforschen, aber es hat einige Jahre gedauert, um die Mosaiksteinchen zusammenzusetzen und zu erkennen, dass das Gesamtbild von Verlust auf bestimmten Wirkprinzipien beruht, die verallgemeinert werden können. Ich bemerkte, dass eine Beziehung niemals verloren ging, wenn nicht beide Partner sie beenden wollten – trotz des offenbaren Schmerzes, der zumindest für einen der beiden Partner »bewies«, dass er das »Opfer« war und vermeintlich keine Trennung gewollt hatte. Auf einer unterbewussten Ebene entscheiden immer beide Partner, dass eine Beziehung vorbei ist, obwohl einer oder beide dies unter Umständen vor sich verbergen. Ich fand heraus, dass die Beziehung entweder abgelaufen war, weil die Partner all das gelernt hatten, was sie miteinander lernen wollten, oder weil beide Partner Angst vor der nächsthöheren Ebene von Zuwendung und Bindung hatten. Ich sah, dass der Bruch einer Beziehung von beiden Partnern gewählt worden war und dass diese Entscheidung dann verdrängt wurde.

Aufgrund dieser Erfahrungen entdeckte ich allmählich, dass dasselbe auch in Familien passierte, in denen es gebrochene Herzen, Verlust oder sonst irgendein Trauma gab. Schließlich fand ich heraus, dass alle Formen von Traumen, die uns derart beeinflussen, dass wir uns vom Leben zurückziehen, auf einer Ebene des Unterbewusstseins oder des Unbewussten bereits beschlossen worden waren, damit wir eine bestimmte Seelenlektion lernen.

All diese Entdeckungen waren ziemlich überraschend, aber sie brachten viele Themen in eine übersichtliche Perspektive und zeigten einen Ausweg aus einer traumatischen

Vergangenheit auf. Ich wiederhole: Verantwortlichkeit bedeutet, dass wir einerseits zu hundert Prozent für alles verantwortlich sind, was uns geschieht, und dass wir ebenso zu hundert Prozent unschuldig sind.

Wir können Depression als etwas betrachten, das wir noch nicht losgelassen haben. Wenn wir etwas nicht losgelassen haben, haben wir beschlossen, es zu verlieren und diese Absicht ins Unbewusste abzuschieben. Wenn wir überlegen, warum wir denn unbedingt einen Verlust erleiden wollen, kommen wir auf Muster wie Aufmerksamkeit erlangen zu wollen, jemand Besonderer sein zu wollen, Rachegelüste, Minderwertigkeitsgefühle, Schuld abzahlen zu wollen, unsere Angst zu beschützen anstatt sie anzuschauen und aufzulösen, Suche nach Vorwänden aller Art, der Wunsch, Recht zu behalten und viele andere.

Auf einer noch tieferen Ebene und unterhalb all dieser Muster versuchen wir, Gott durch Idole zu ersetzen. Das Idol namens Depression zählt auch dazu. Ein unbewusstes Motiv für das Idol Depression ist, dass wir Gott für unseren Verlust anklagen und angreifen, ihm also die Schuld dafür zuschieben. Indem wir Gott »beweisen«, dass er »falsch« liegt, können wir unser Ego auf den Thron des Himmels setzen und siegen im letzten und höchsten Autoritätskonflikt – zumindest meinen wir das. Es hört sich vielleicht grotesk an, aber ich bin mit zu vielen Klienten in zu vielen Sitzungen genau an diesen Punkt gekommen, um dieses Prinzip nicht als solches zu erkennen, wenn ich es sehe.

Wenn Klienten diese Ebene geklärt hatten, fielen schwierige Muster von ihnen ab und Frieden und Erfolg traten an deren Stelle. Der Erfolg stellt sich ein, weil wir uns wieder mit uns selbst verbinden und weil das natürliche Bonding wiederhergestellt wird, wenn ein Loslassen stattgefunden hat. Das trifft vor allem dann zu, wenn man Idole loslässt, weil sie uns auf einer derart tiefen Ebene programmieren.

Je mehr wir loslassen, desto mehr Raum entsteht für entschlossene Hingabe, das Schlüsselelement, das Erfolg und Intimität hervorbringt. Sobald wir all unsere Idole der Depression losgelassen haben, füllen wir den Raum auf ganz natürliche Weise mit einer Liebesgeschichte für unser Leben. Dann schreiben wir ein Kapitel dieser Geschichte nach dem anderen für uns selbst. Wir öffnen uns auch für die Gabe des Himmels: das Heilen unserer Angst und Bedürftigkeit, die aufgrund unserer verlorenen Verbundenheit entstanden sind. Damit wir diese Geschenke empfangen können, müssen wir zunächst aufhören, unsere Idole des Verlusts und der Depression sowie die nachgeordneten Idole der Angst, der Wut, der Bedürftigkeit und schließlich das Idol der Ichvorstellungen zu würdigen und hochzuhalten. Wir wollten ein Ego aufbauen, das wir in einem Körper beherbergt haben, um uns Gottes Einheit zu entziehen. Sich Gottes Einheit zu entziehen bildet die Buchstaben EGO.*

Wenn wir genug davon haben, dass wir von uns selbst, von anderen, von der Natur, dem Leben und der Gnade getrennt sind – und das ist die Wurzel allen Übels und all unserer Probleme –, sind wir vielleicht bereit, neue und andere Entscheidungen zu treffen, die uns zu mehr Einheit des Bewusstseins und zum Skript des goldenen Lebens zu-

* Wortspiel aus dem Englischen: Evading God's Oneness = EGO; etwa: Gottes Einheit vermeiden. (Anm.d.Ü.)

rückbringen. Wenn wir anfangen, Verantwortung für unsere Verluste zu übernehmen, beginnen wir auch, die tiefer liegende Verschwörung zu erkennen, die Verschwörung gegen die Liebe und gegen unsere Bestimmung. Unsere ersten Verluste haben uns von unserer Familie und dem goldenen Leben entfernt. Wir haben die Liebe und das Einheitsbewusstsein aufgegeben, um so zu sein wie jeder andere. Wenn wir diese umfassende Sabotage unserer eigenen Kraft, der Lebensfreude und der Fähigkeit, Zugang zum Göttlichen zu erlangen, als solche erkennen, motiviert uns das vielleicht, diese Idole, Verschwörungen und Sabotagemuster zugunsten von Ganzheitlichkeit, Liebe und einer natürlichen Weise, uns selbst ganz zu geben, loszulassen.

Übung

Wenn Sie bereit sind, das Idol der Niedergeschlagenheit aufzugeben, fragen Sie sich, wie viele Idole des Verlusts und der Depression Sie in sich tragen. Wenn Ihnen das nicht so leicht fällt, raten Sie einfach.

Dann fragen Sie sich, wie viele Idole der Angst, der Wut und der Ichkonzepte Sie mit Ihren Idolen der Niedergeschlagenheit verknüpft haben. Ihre Intuition kann Ihnen bewusst machen, wie viele Idole Sie insgesamt haben, sodass Sie dann alle loslassen können.

Danach fragen Sie sich, wie viele dieser Idole – Verlust, Angst, Wut und Ichkonzepte – über Ihre Vorfahren auf Sie gekommen sind, jeweils von der mütterlichen und von der väterlichen Seite her.

Als Nächstes fragen Sie sich, wie viele dieser Idole Sie von der Seelenebene mitgebracht haben. Sie werden zu den Idolen, die Sie bereits haben, dazugezählt. In dieser Übung wollen wir kein einziges Idol behalten.

Falls Sie irgendeinen Widerstand gegenüber dieser Übung spüren, geht das darauf zurück, dass Sie glauben, Ihre Idole des Verlusts oder der Niedergeschlagenheit könnten Ihnen irgendeinen Vorteil verschaffen. Wenn Sie also diesen Widerstand spüren, fragen Sie sich selbst, wozu Sie diese Idole benutzen. Welchen Zweck erfüllen sie? Was sollen sie für Sie leisten? Sobald die Gründe ans Tageslicht kommen, können Sie untersuchen, ob Sie wirklich bekommen haben, was Sie sich von Ihren Idolen erwartet hatten. Hat es funktioniert, und falls ja, sind Sie damit glücklich geworden?

Sobald dieser Teil der Übung fertig ist, stellen Sie sich vor, dass Sie in den Tempel Ihres Geistes einziehen. Gehen Sie in das Herz Ihres Tempels, dorthin, wo der Altar ist. Möchten Sie all diese Idole auf Ihrem Altar behalten als Opfergaben für die Menschen, die Sie lieben, als Ihr Opfer an das Leben und Gott? Oder möchten Sie dort lieber die Gaben des Göttlichen haben?

Wenn Sie sich für Letzteres entscheiden, können Sie einfach aufhören, sich für all diese Idole zu engagieren und in sie »zu investieren«. Werfen Sie die Idole von Ihrem Altar. Die Engel können Ihnen dabei helfen. Sobald die Idole vom Altar entfernt sind, treten die Lilien der Vergebung an ihre Stelle. Danach wird ein Licht in der Mitte Ihres Altars erstrahlen und ein Geschenk, ganz speziell für Sie, wird dort hingestellt. Empfangen Sie diese Gabe und freuen Sie sich daran.

Dann gestatten Sie sich als Ihre eigene Gabe die Verbundenheit, das Bonding, wodurch in Ihren Beziehungen und in Ihrer Familie eine Geschichte der Liebe lebendig wird, und als Geschenk des Himmels die Heilung Ihrer Bedürftigkeit. Spüren Sie, wie das alles zu Ihnen kommt, und teilen Sie diese Gaben mit einem Menschen aus Ihrer Ursprungsfamilie und mit einer Person in Ihrer jetzigen Familie beziehungsweise mit Ihrem Partner. Diese Gaben mit anderen zu teilen macht sie stärker und lässt Sie erkennen, dass dies ein Geschenk ist, das Sie selbst geben können.

Ihr chronisches Problem

Rita war eine Klientin, die ich schon mehrere Male gesehen hatte, hauptsächlich in Workshops. Sie war ganz begeistert, wie gut es in ihrer Arbeit klappte und wie wunderbar glücklich ihre Beziehung war. Alles schien gut zu sein, aber ich konzentrierte mich auf ihren Geldmangel. Sie meinte dazu nur: »Ach, das« – als sei ihr chronisches Geldproblem schon immer da gewesen und bliebe ihr auch erhalten.

Ich fragte sie, wann ihres Wissens nach ihr Kampf mit Gott begonnen hatte, der ja durch ihren ständigen Geldmangel angezeigt wurde. »War das«, fragte ich sie, »vor, während oder nach deiner Geburt?«

Rita antwortete, es sei während ihrer Geburt gewesen. Ich hatte ihr schon gesagt, dass Gott, der Liebe ist, ihr alles geben wolle. Rita meinte: »Gott ist Liebe, aber Er kann mir kein Geld geben. Er war bei meiner Geburt gar nicht dabei. Und man sieht ihn ja noch nicht einmal.«

Ich fragte Rita, ob sie versucht habe, Gott mit ihren Körperaugen zu sehen statt mit ihrem geistigen Auge. Widerwillig gab sie zu, dass sie es nur mit ihren physischen Augen versucht habe, fügte aber schmollend hinzu: »Gott ist nicht Geld. Gott ist Liebe.«

Ich antwortete, dass der Heilige Geist, der Gott in unserer Alltags-Traumwelt ist, eine universelle Inspiration verkörpert, die sich als Geld oder alles andere offenbart, was wir auf dieser Ebene der menschlichen Existenz brauchen. Wir können diese Inspiration einfach empfangen, um die Angst zu heilen, die das Empfangen verhindert – solange wir uns diesem Empfangen nicht selbst in den Weg stellen und dagegen ankämpfen.

Ich fragte Rita, warum sie gegen Gott ankämpfe, und sie stellte fest, dass das mit ihrer Mutter begonnen hatte, die bei ihrer Geburt nicht für sie da gewesen war, weil sie unter Narkose stand. Ich wies sie darauf hin, dass dies – die Tatsache, dass ihre Mutter aufgrund der Narkose nicht für Rita präsent war – einfach eine andere Art war zu sagen, dass sie sich schon von Geburt an entschieden hatte, unabhängig zu sein und alles selbst zu machen. Und genau das hatte sie zu einer armen Mittelklassefrau gemacht.

Wir gingen zu ihrer Geburt zurück und fanden den Teil von ihr, der damals abgestorben war. Sie hatte ihn in ihrem Magen begraben, der ihr in der Woche vor der Sitzung Probleme gemacht hatte. Ich nahm Rita mit in ihren Magen, wo sie dem Baby, das bei der Geburt gestorben war, den heiligen Atem des Lebens einhauchte.

Dann leitete ich sie an, diesen Aspekt ihrer selbst wieder mit sich zu verbinden, ihn zu lieben und zu integrieren, indem sie die »Drähte« zwischen Herz und Geist, die damals durchgeschnitten worden waren, nun wieder miteinander verband. Dann ließ ich Rita wieder eine Herzensverbindung mit ihrer Mutter, mit sich selbst und mit Gott herstellen. Das erlaubte ihr, all die Liebe zu spüren, die ihre Mutter und Gott für sie hatten. Gleichzeitig spürte sie auch ihre Liebe zu sich selbst wieder.

Am Ende der Sitzung stellte Rita fest, dass sie die Lösung zur Behebung ihres chronischen Geldmangels gefunden hatte. Sie ging in fröhlicher Stimmung und spürte, dass sie jetzt noch mehr Grund hatte, glücklich zu sein.

11
Das goldene Leben

Die Geschichte des goldenen Lebens

Das goldene Leben ist uns näher, als wir denken, wenn wir nur die Vergeltungsmuster aufgeben würden, die sich gegen unsere Eltern und gegen Gott richten. Unsere Familien waren einfach nur der Vorwand, den wir brauchten, um uns zu verstecken. Wir schieben unseren Eltern die Schuld für unser Leben zu, werden nie richtig erwachsen und entwickeln keine reife Interdependenz, keine ebenbürtige Partnerschaftlichkeit. Viele von uns wollen gar nicht glücklich sein und ihren Eltern die Befriedigung zugestehen zu sehen, dass sie gute Arbeit geleistet haben. Das klingt vielleicht absurd, aber Sie wären überrascht zu hören, in wie vielen Coaching-Sitzungen ich genau das gehört habe.

Wenn wir das goldene Leben erfahren möchten, müssen wir alle Vorwürfe und jeden Groll aufgeben, damit die Wunder, die Gottes Willen für uns entsprechen, an deren Stelle treten und uns vor uns selbst retten können. Wunder offenbaren Liebe und innige Verbindung – die Grundlagen für die Geschichte des goldenen Lebens. Wenn wir all unsere Vorwürfe und Anklagen loslassen, wird uns sowohl unsere eigene Unschuld enthüllt als auch die aller anderen. Das ist der Eckstein für Liebe, Verbundenheit und unsere

Fähigkeit, uns so wohl zu fühlen, dass alles golden aussieht und sich golden anfühlt. Diese Unschuld macht jeden Tag zu einem Tag unserer Liebe, der Liebe Gottes und der Erfahrung eines umfassenden, tiefen Friedens. Und damit öffnen wir uns auch für all die Liebe, die unsere Freunde und Angehörigen schon immer für uns hatten. Wir erkennen, dass ihre negativen Verhaltensweisen aufgrund ihrer Verletzungen entstanden sind und dass dahinter eine dringende Bitte um unsere Hilfe steckte. Wir erkennen dann auch, dass das Leid, das wir von unseren Eltern geerbt haben, ein komplettes Missverständnis war. Ich habe mit einem Klienten nach dem anderen gearbeitet, und alle konnten sich – nachdem sie die Irrtümer ihrer Kindheit geheilt hatten – für ein Leben in Liebe öffnen, das sie sich bislang nie selbst zugestanden hatten. Wenn wir die Tür vor denen verschließen, die uns nahe stehen, schließen wir gleichzeitig die Tür zur Liebe Gottes, zu Gnade und Segen und zu unserem eigenen Spirit.

Wir haben uns zu lange selbst verleugnet. Wir haben uns zu lange draußen im Kalten vor der Tür stehen lassen. Das Verlangen nach Trennung war genau der Grund, warum der »Fall« passiert ist. Und wie beim »Fall« ist die »Erbsünde«, die daraus entsteht, die *Wurzel* aller Schichten unserer Schuldgefühle, für die wir indes die Umwelt verantwortlich gemacht haben. Diese »Urschuld« bewirkt, dass unser Glaubensmuster der Getrenntheit aufrechterhalten bleibt.

Wir haben unsere Schuldgefühle und unsere Vorwürfe als Teil eines Autoritätskonflikts von kosmischem Ausmaß benutzt. Das hat mit der Auflehnung gegen Gott angefangen, sich bis zu unseren Eltern übertragen und spielt sich nun in unseren Familien ab. Wir haben das, *was wir getan haben,* unseren Eltern vorgeworfen und uns deshalb von unseren Familien zurückgezogen. Und so schieben wir unseren Eltern genau für die Dinge die Schuld zu, vor denen wir sie und uns selbst zu retten gekommen sind. Indem wir unseren Eltern helfen, anstatt sie zu bekämpfen, erlösen wir uns selbst und lernen die heiligen Versprechen kennen, die wir gegeben haben, um unseren Beitrag dem Leben gegenüber zu leisten.

Das bringt Erfüllung, Sinn und schöpferische Vision in unser Leben. Damit bereiten wir uns vor, über den Dualismus hinauszugehen, zurück zu Frieden und unserem *Wesen.* Wir erkennen, dass unser Verhalten eine Form der Kompensation war, um unser Minderwertigkeitsgefühl ebenso zu verdecken wie Schuldgefühle und Versagensängste, die wir benutzt haben, um uns vor unserem *Wesen* und unserem *Sein* zu verbergen und vor der Einheit von SEIN.

Früher oder später werden wir umkehren. Wenn wir von unseren Problemen träumen, die durch Trennung und Hader verursacht wurden, gibt uns Gott in Seiner Barmherzigkeit sofort eine Lösung. Es ist dieselbe Lösung wie für die uranfängliche Erfahrung von Getrenntheit, den Fall. Die Antwort wurde schon gegeben. Aber wir engagieren uns weiterhin und immer noch für Trennung und unser eigenes Ego beziehungsweise unsere Ichidentität. Es stellt sich also nicht die Frage, ob wir das goldene Leben annehmen, sondern wann wir endlich den Mut dazu aufbringen. Das goldene Leben ist ein Riesenschritt in Richtung Glück und auf dem Weg zurück zur Einheit.

Wenn man sich den Zustand der Welt und unserer Familien ansieht, würden wir wirklich herausragen, wenn wir ein goldenes Leben führten – einfach schon deshalb, weil so wenige andere Menschen es tun. Wenn wir ein goldenes Leben lebten, würden wir zu Leuchttürmen, die anderen Menschen zeigen, was möglich ist. Eine Person, die ein goldenes Leben verwirklicht, ist voller Liebe und Mitgefühl. Solche Menschen strahlen Frieden und Lebensfreude aus. Sie sind offen und empfänglich für Segen. Sie heißen Liebe und Wunder willkommen. Sie sind lebendige Schätze und eine Brücke zum Himmel, die Gott durch ihre eigene Liebe wirklich werden lassen. Es sind spirituelle Wesen, die Liebe, Glück und Mitgefühl feiern und genießen.

Die Angst, die uns veranlasst hat, die Schönheit der Geschichte des goldenen Lebens links liegen zu lassen, ist genau die Angst, der wir uns stellen müssen, wenn wir über die »tote Zone«* hinausgehen wollen, in der die meisten Leute stecken bleiben. Das ist übrigens so etwas wie eine »Zone der Bequemlichkeit«, in der wir uns gern erholen beziehungsweise verstecken. In Japan gibt es den Aphorismus »Der Nagel, der hervorschaut, wird eingeschlagen«. Das versinnbildlicht die Angst, die wir davor haben, selbst zu leuchten. Würden wir Frieden, Unschuld und Herzensverbindungen zu unserem Ziel machen – und sie alle sind Teil der Geschichte des goldenen Lebens – müssten wir

* In der Vorlage »Dead Zone«; bezieht sich, wie früher erwähnt, auf ein Stadium in der Phase der »Unabhängigkeit«, die auf die Entwicklungsphase der »Abhängigkeit« folgt und bevor man die Lebensphase der Partnerschaftlichkeit verwirklicht. Teil eines Persönlichkeitsmodells, das im Buch *Es muss einen besseren Weg geben* näher beschrieben wird. (Anm.d.Ü.)

uns davor nicht so sehr fürchten. Um diesen Frieden zu erlangen, brauchen wir Vergebung und müssen alten Hader loslassen. Das muss so sehr zu einer Lebenshaltung für uns werden, dass wir erkennen, dass alles Negative nur ein Fehler war. Wir haben unsere Fehler und unser Leid dazu benutzt, vor uns selbst davonzulaufen, vor dem goldenen Leben und dem Himmel. Die Aggression, die wir durch Bewertungen und Vorwürfe aussenden, kommt zu uns zurück. Wir können keinen Seelenfrieden haben, solange wir anderen Menschen Vorwürfe machen. Wir können nicht offen und empfänglich sein, wenn wir streiten. Frieden ist eine Voraussetzung für Liebe, Fülle und Erfolg. Frieden ehrt uns und die Welt. Mit Frieden gehen wir über die Konsumhaltung hinaus, mit der wir versuchen, etwas zu bekommen, das außerhalb unserer selbst ist und uns glücklich machen soll.

Im goldenen Leben gehen wir leichtfüßig durch die Welt und empfangen und geben so viel mehr. Je mehr wir geben, desto mehr empfangen wir. Anstatt uns in einer nach unten gerichteten Spirale des Mangels, der Aufzehrung und der immer härteren Arbeit zu bewegen, um auch nur am selben Platz zu bleiben, erleben wir eine aufwärts gerichtete Spirale des Erfolgs. Stress fällt ab und löst sich in Frieden auf, weil wir keinen Antrieb mehr spüren, uns wichtig zu machen, wenn überall so viel Freude erlebt werden kann. Wenn wir Frieden haben, ist es nicht nötig, sich zu verteidigen oder abzutrennen. Ganz natürlich sind wir mit allem und jedem um uns herum verbunden, und in dieser Verbundenheit erleben wir Freude. Es gibt nicht unbedingt etwas zu tun oder irgendwohin zu gehen. Wir freuen uns am stillen Geist und erfahren die göttliche Gegenwart. Wir warten auf innere Führung, bevor wir irgendetwas tun, und auch dann lassen wir das, wozu wir aufgerufen sind, voller Leichtigkeit geschehen.

Im goldenen Leben müssen wir nicht mehr unbedingt Spuren in der Welt hinterlassen. Wir achten stattdessen auf Liebe, vergeben und erleben als Folge davon Glück und Seligkeit. Wir tun, was wir wünschen oder wozu wir inspiriert sind. Wir erkennen, dass alles Beziehung ist, und unser Ziel wird die Geschichte des goldenen Lebens. Es gibt nichts zu schaffen und zu leisten, es sei denn, dass wir das als Aufgabe *erhalten*. Und wenn wir dorthin geführt und dazu inspiriert werden, spüren wir die Freude am Erfüllen dieser Aufgabe. Wenn wir nicht glücklich sind, erkennen wir, dass es eine Stelle gibt, an der wir keine Herzensverbindung haben und prüfen unser Leben daraufhin, wem wir nicht vergeben haben. Indem wir Verurteilungen und Bewertungen aufgeben und Vergebung an ihre Stelle setzen, lernen wir unsere alltägliche Kraft der Vergebung kennen und erfahren, wie sie die vielen Schichten eines chronischen Problems heilen kann. Wir vergeben einfach immer wieder und immer weiter, bis wir schließlich die unbewussten Wurzeln der Angst enträtselt und aufgelöst haben. Vergebung stellt erst Frieden wieder her und bringt dann Glückseligkeit hervor.

Wir streben dann danach, mehr vom Himmel und weniger von uns zu haben. Wir sind schnell bereit, problematische Ichbilder aufzugeben. Wir geben Glaubensmuster gerne auf, um uns nur den Geboten Gottes zu unterstellen. So können wir ein Leben der Wunder und der Transzendenz führen und uns von der Gnade zeigen lassen, wie wir über die Begrenzungen durch unsere eigenen Glaubensmuster und die kollektiv vereinbarte Realität hinaus gelangen. Wir sehen uns Situationen an, um festzustellen, was darin fehlt, damit wir unser Bewusstsein für das öffnen können, was gebraucht wird, und unsere Seelengaben mit anderen teilen können, weil sie genau dafür bestimmt sind. Wir sind glücklich und für alles sehr dankbar, und das fängt bei unseren Familien an. Wir empfangen das Geschenk der Freigebigkeit des Himmels, um jede Situation zu transformieren. Wir arbeiten nicht mehr für andere und noch nicht einmal mehr für uns selbst. Wir leben für die Erlösung der Welt. Wir arbeiten für Gott, und doch ist es unsere eigene Heilung, die es uns möglich macht, uns an unsere Ganzheit zu erinnern und an die Glückseligkeit, die ganz natürlich aus Ganzheitlichkeit und Frieden entspringt.

Dann gibt es weder die Dringlichkeit drückender Pflichten noch die Leidenschaft der Kreativität, obwohl wir schöpferisch und einfallsreich sind. Wir leben im Glanz unseres *Seins* und werden uns dabei immer bewusster, dass wir ein Geist im Geiste Gottes sind. Das Sein segnet uns und wir stoßen es nicht mehr von uns, wie wir es früher getan hatten, um unsere Trennung aufrechtzuerhalten. Wir lassen zu, dass die Gaben Gottes uns erfüllen, und teilen sie mit unserer ganzen Umwelt. Die Macht des Bewusstseins, die kurz davor ist, sich als Spirit zu erkennen, ist stärker geworden als alles andere, was wir bis jetzt in unserem Leben erreicht haben.

Es ist an der Zeit zu erkennen, dass es ein goldenes Leben gibt und dass wir unsere eigene Lebensgeschichte Kapitel für Kapitel in eine Geschichte des goldenen Lebens verwandeln können. Sobald wir bemerken, dass es eine Geschichte des goldenen Lebens gibt und wir dieses goldene Leben sogar besaßen, bevor wir es aufgegeben haben, können wir unseren Blick erneut darauf richten. Da wir dann das goldene Leben als Ziel vor uns haben, können wir uns dafür entscheiden und es uns von ganzem Herzen wünschen. Wir können darum beten und es für uns in Anspruch nehmen. Wir können darauf bauen und vertrauen. Wir können den Hindernissen auf dem Weg dorthin vergeben, denn nur wir selbst können unseren Erfolg vereiteln. Wir haben andere Menschen als Werkzeuge benutzt, um uns zu sabotieren oder anzugreifen, obwohl sie auf einer tieferen Ebene unseren eigenen Selbstbildern entsprochen haben.

Wir können diese Ichvorstellungen *annehmen*, ihnen *verzeihen* und sie *integrieren*, um wieder Flow in unserem Leben und unserem Bewusstsein herzustellen. Wir können um die Wunder bitten, die das goldene Leben auf leichte und segensreiche Weise hervorbringen. Die Geschichte des goldenen Lebens ist nur einen Wimpernschlag entfernt von der Geschichte des »Himmels auf der Erde« und zwei Wimpernschläge vom Erwachen. Das ist das glücklichste Leben, das man sich vorstellen kann. Es ist unsere Bestimmung. Wir haben diese Bestimmung in dem Augenblick erhalten, in dem wir dachten, wir hätten dieses goldene Leben weggeworfen. Wir können es wieder willkommen heißen. Es ist Zeit, dass es wiederhergestellt wird. Erkennen wir, dass es schon in uns ist, damit wir es annehmen können. Die Bestimmung unserer Geschichte des goldenen

Lebens erlangt eine neue Ebene von Wirklichkeit, in der nicht mehr Trennung und Dualismus als erstrebenswert gelten, sondern die Liebe und Gnade, die das SEIN allen Wesen verleiht. Daraus entstehen Freude und Glück. Daraus entsteht das goldene Leben. Es ist eine Abkürzung auf dem Weg zur Einheit, da Liebe immer und unweigerlich zu Liebe aufruft.

Bill hatte schon alles versucht

Bill hatte alles versucht, damit sein Geschäft wieder besser lief. Eine Weile hatte er seine Angestellten schwer unter Druck gesetzt, aber ohne irgendwelche positiven Wirkungen. Dann änderte er seine Haltung und ging weicher mit ihnen um, zeigte mehr Interesse und Anteilnahme, aber auch das ohne sichtbare Wirkung. Dann bat er seine Angestellten um Feedback zum Geschäft. Die meisten hatten ihm das geantwortet, was Bill wohl hören wollte, aber eine Frau im Laden hatte es noch nicht einmal für wert gefunden zu reagieren. Als Bill zu mir kam, hatte er gerade die beiden leitenden Mitarbeiter, von denen einer Mitbegründer der Firma war, zu einer Konferenz eingeladen, bei der besprochen werden sollte, was man noch versuchen könne, um Verkauf und Umsatz zu steigern. Unter seiner harten oder weichen Schale im Verhalten gegenüber seinen Angestellten war der Kanadier Bill ein wirklich netter Kerl, der das Beste für seine Firma und seine Angestellten wollte. Er war einfach mit seinem Latein am Ende und wusste nicht, wie er seine Ziele würde erreichen können.

Als Erstes half ich ihm, die letzten beiden Kapitel seines Lebens als Chef des Unternehmens zu integrieren. Ich wies ihn an, seine harte und seine weichere Seite sowie alle gegensätzlichen Aspekte in jeweils eine Hand zu nehmen. Dann ließ ich ihn all diese Aspekte bis auf ihr reines Licht und ihre innere Energie »abschmelzen«, sodass nur noch das von ihnen übrig blieb, was sie als Bausteine des Universums in ihrer Essenz waren. Als Bill erkannte, dass sie nun einander gleich waren, ließ ich ihn die beiden reinen Energien, die übrig geblieben waren, in eine einzige integrieren. Als er das tat, berichtete er, dass er sich ein klein wenig zuversichtlicher fühle, aber nicht viel.

Wenn Bill etwas präsentierte, hatte er unter anderem das Problem, dass er nichts fühlte. Das ist ein sicheres Zeichen dafür, dass man auf der Ebene der Unabhängigkeit feststeckt. Ich sagte ihm, ich würde mein Bestes geben, damit er in der Zeit, die uns zur Verfügung stand, sein Herz wieder finden könne, und dass die beiden Themen – seine Firma wieder zum Laufen zu bringen und sein Herz zurückzugewinnen – miteinander verknüpft waren. Bill hatte eine bestimmte Ausdrucksweise benutzt, die mich auf die Tatsache hinwies, dass er noch im Stadium der Erwartungen steckte, einem der schwierigsten Stadien für Geschäfte und Beziehungen. Ich leitete ihn an, seine Minderwertigkeitsgefühle, seine Erwartungen und seine Forderungen zu integrieren. Sobald er seine Forderungen und Erwartungen mit seinen Gefühlen der Angst und des Mangels an Selbstwert (die dafür nämlich Kompensationen darstellen) integriert hatte, spürte er mehr Frieden und Energiefluss.

Als Nächstes führte ich ihn dorthin zurück, wo er spürte, dass er sein Herz verloren hatte. Das war, als er zwei Jahre alt war und seine Eltern sich hatten scheiden lassen. Seine Mutter hatte die Familie verlassen und er hatte sie seither nie wiedergesehen. Als Bill fünf Jahre alt war, hatte sein Vater wieder geheiratet und seine neue Mutter hatte ihn wie ihren eigenen Sohn aufgezogen. Bill erzählte mir, dass er sich an nichts mehr aus der Zeit, bevor er fünf war, erinnere. Seine Intuition hatte dennoch sofort das Thema hervorgebracht, dass er sein Herz mit zwei Jahren verloren hatte. Ich sagte Bill, dass seine leibliche Mutter sein Herz symbolisiere und dass es möglich sei, sein verlorenes Herz zurückzugewinnen und das machtvolle und liebevolle Erbe von zwei Müttern zu erlangen, wenn er die Erfahrung, die er mit zwei Jahren gemacht hatte, zu heilen bereit wäre.

Mit zwei Jahren hatte er als Folge der Streitigkeiten, der Scheidung und des Verschwindens seiner Mutter beschlossen, Opfer zu sein – und dabei war alles vermeintlich auch noch seine eigene Schuld. Das hatte zur Verankerung von Selbstwertmangel geführt, zum Glaubensmuster der Sünde und zu einem Verlangen, sich selbst zu bestrafen. Auf diese Weise sabotierte er, was er aufbaute oder blieb in seinen Geschäften bestenfalls stehen.

Als ich Bill zu diesem Zeitpunkt, als er zwei Jahre alt war, zurückführte, konnte er die Situation als Erwachsener betrachten und die Ansicht loslassen, er sei an etwas schuld gewesen. Wir konnten eine Bonding-Übung durchführen, in der wir das Licht in ihm und seinen Eltern so miteinander verbanden, dass es zu einem einzigen Licht wurde. Das half Bill, sein gebrochenes Herz zu heilen und die zerschlagenen Träume ebenso loszulassen wie die Schuld, die sich in ihm festgesetzt hatte.

Dann half ich ihm, seine geplatzten Träume ebenso zu integrieren wie seine derzeitige Abwehrhaltung durch Kontrolle zusammen mit dem Herzensbruch und den Rachegelüsten, durch die er sich selbst weggeworfen hatte. Bills Kontrollmuster in der Firma hatten zu Machtkämpfen und einer Blockade des Fortschreitens geführt. Sobald er diese Aspekte integriert hatte, fühlte er sich wieder viel mehr er selbst und auch liebenswert. Dann lud ich Bill ein, sein Herz wieder willkommen zu heißen sowie den Teil seiner selbst, den er aufgrund von Rachegefühlen fortgeworfen hatte. Danach fragte ich ihn, wie viele Terroristen-Schattengestalten er in sich trug, die ihn im Geschäft und im Leben sabotierten. »Dreiundzwanzig«, antwortete er.

Ich bat ihn, sich die dreiundzwanzig Terroristen vorzustellen – in einer Reihe vor ihm – und sich darauf zu besinnen, wie sie auf sein Leben wirkten. Dann ließ ich ihn alle dreiundzwanzig zu einem riesigen Terroristen verschmelzen und forderte Bill auf, dort hineinzugehen, da dies keine feste Gestalt, sondern eher ein dreidimensionales Hologramm war. Er trat in das Hologramm hinein und sah das Tor zur Initiation, das sich darin befand. Er ging hindurch und beschrieb den Ort, an den er kam. Er war voller wunderschöner Wolken und Licht. Ich schlug Bill vor, seine Mitarbeiter mit an diesen Platz zu bringen.

Als all das erledigt war, fühlte sich Bill sehr viel besser. Aber es gab immer noch etwas zu tun. Bill hatte immer noch Schuldgefühle. Nach ein paar Fragen wurde deutlich, dass Bill, seit er zwei Jahre alt war, eine Ödipus-Verschwörung mit sich herumtrug und sich selbst dafür anklagte, seine Mutter von seinem Vater »gestohlen« zu haben. Das musste er dann vertuschen, womit zusammenhing, dass seine Mutter für immer verschwand.

Als Bill seine Ödipus-Verschwörungen losließ, entdeckte er, dass er außerdem sowohl die Sex-Verschwörung als auch die Sünde-und-Karma-Verschwörung loslassen musste. Als er das tat, spürte er einen sehr viel größeren Selbstwert. Bill lächelte zum ersten Mal während der ganzen Sitzung und merkte, dass er nun die Mittel hatte, um seine Firma wieder auf den richtigen Weg zu bringen. *Er fühlte,* dass es einen Weg vorwärts gab, obwohl er ihn noch nicht recht sehen konnte. Bill hatte sein Herz und seinen Mut zurückgewonnen.

Zum Abschluss leitete ich Bill an, mit der Projektion auf diese sehr mächtige, negative, paranoide Frau zu arbeiten, die den Fragebogen nicht ausgefüllt hatte. Als er erkannte, dass es sich bei ihren Eigenschaften um eigene, auf sie projizierte Ichbilder seiner selbst handelte, die er abgeurteilt und von sich abgespalten hatte, war Bill bereit, diese Selbstbilder zu akzeptieren, ihnen zu vergeben und sie wieder zu integrieren. Bill fühlte sich nun bereit und fähig, diese Frau als starke und hilfreiche Kraft wieder ins Team zu bringen und mit dem ganzen Team vorwärts zu gehen.

Der Schlüssel zur Freiheit – Eine Zusammenfassung

Meine Forschungen über die Familie haben mich gelehrt, dass uns ein goldenes Leben möglich ist. Wir haben es aufgegeben, und zwar aufgrund unserer Auflehnung und einer Schwäche für Egomuster, mit denen wir uns selbst und unsere Umgebung angegriffen haben. Die daraus folgende Trennung haben wir durch Trotzreaktionen noch weiter vertieft, und so haben wir den Zustand eines glücklichen Bewusstseins »weggeworfen«. Als wir unsere Herzensbindung mit unserer Familie aufgaben, war das zuvor beschriebene Trauma der Preis, den wir für unsere unwahre Unabhängigkeit bezahlt haben. Dementsprechend entwickelten sich in unserem alltäglichen Leben dann Angst- und Schuldgefühle, Bedürftigkeit und Opferhaltungen. Diese »Opfergeschichte« haben wir benutzt, um Rache zu üben, aber in Wirklichkeit waren wir es, die all das taten, wofür wir unsere Eltern angeklagt haben. Sie hatten einfach nur unserer Hilfe bedurft.

Wir haben Ahnenmuster und Seelenmuster wiederholt, um uns selbst zu blockieren, anstatt unsere Lektionen zu lernen, aktiv vorwärtszugehen und uns weiterzuentwickeln. Wir haben unsere Kindheitstraumen als Entschuldigung beziehungsweise Vorwand benutzt, um uns vor uns selbst zu verstecken und unserer Bestimmung sowie unserem Auftrag aus dem Weg zu gehen.

Um die Geschichte des goldenen Lebens zu erfahren, müssen wir den Weg des Egos verlassen und den Weg der Heilung gehen, auf dem wir das wiederherstellen und erneuern können, was wir fortgeworfen haben. Es ist Zeit, dass wir Glücklichsein zu unserem Maßstab machen und erneut den Mut aufbringen, voller Freude auf dem Weg voranzuschreiten zu dem, was verloren war, aber wiedergefunden werden kann. Wir werden tiefen Frieden entdecken und die Liebe und Fülle erkennen, die uns angeboten wird. Wir werden zu einer Brücke zwischen Himmel und Erde und helfen unseren Brüdern und Schwestern, ihre Selbstsabotage und ihre Eigenangriffe aufzugeben.

Die Welt wird wohlwollend und gütig aussehen, wenn wir unschuldig werden, und wir werden von Schönheit umgeben sein. Wir werden die Freude wiederentdecken, die aus einer tieferen Einheit kommt. Wir werden Licht in die Dunkelheit bringen und ein neues Zeitalter der Partnerschaftlichkeit herbeiführen.

To lose the world of every kind of pain
is to change your mind about yourself.
A Course in Miracles

Eine mögliche deutsche Übertragung:
Um die Welt von jeder Art von Leid zu lösen
musst du dein Denken über dich selbst verändern.
Ein Kurs in Wundern

Dank

Ich danke meiner Familie – Lency, Christopher und J'aime – für ihre Unterstützung.

Dank an meine Mitarbeiter im Büro, Charlie, Shawna und meine Sekretärin, Sunny, die geholfen haben, alles andere in Gang zu halten, damit ich dieses Buch schreiben konnte.

Ich danke auch meinem Freund Eric Taylor, der als Lektor dieses Buch entscheidend klarer und lesbarer gemacht hat.

Und meinem Agenten und Freund Wulfing von Rohr, der erwähnt werden muss, weil er ein Heim für dieses Buch gefunden hat.

Schließlich möchte ich *A Course in Miracles (Ein Kurs in Wundern)* dankbar erwähnen, weil dieses Buch ein so wundervoller Schatz der Heilung ist.

Anhang

Weitere Bücher von Chuck Spezzano

100 Geheimnisse der Liebe, Heyne, München 2005
Folge dem Ruf deines Herzens, Heyne, München 2007
Von ganzem Herzen lieben, Heyne, München 2009
Wenn es verletzt, ist es keine Liebe, Arkana, München 2005
Beziehungs-Notfall-Set, Arkana, München 2009
Chuck und Lency Spezzano: *Das ABC der glücklichen Beziehungen,* Heyne, München 2007
Chuck und Lency Spezzano: *Es muss einen besseren Weg geben. Die Grundprinzipien der Psychology of Vision,* Via Nova, Petersberg 2008
Karten der Heilung. 90 Karten mit Begleitbuch – Das große Set zur Psychologie der Vision, AGM Urania, CH-Neuhausen 2004

Kontaktinformationen

Psychology of Vision
Englische Webseite: www.psychologyofvision.com
Deutsche Webseiten: Auf der Homepage *Deutsch* anklicken; dann Deutschland, Österreich oder Schweiz anklicken; oder: www.psychologyofvision-dach.com

Postanschrift:
Psychology of Vision DACH
c/o Susanne Ernst
Vom Staal-Weg 3
CH-4500 Solothurn
Tel: +41 (0)78 638 27 70; Fax: +41 (0)32 622 89

Folge dem Ruf deines Herzens

Chuck Spezzano
Folge dem Ruf deines Herzens

192 Seiten
ISBN 978-3-453-70078-9